第 3 版
★
微课版

移动电子商务
基础与实务

黄轲 金晓 裴蕾 / 主编　　邓红 陈丽 刘平 / 副主编

人民邮电出版社
北 京

图书在版编目（CIP）数据

移动电子商务基础与实务：微课版 / 黄轲，金晓，裴蕾 主编. -- 3版. -- 北京：人民邮电出版社，2024.3

电子商务类专业创新型人才培养系列教材

ISBN 978-7-115-63726-0

Ⅰ. ①移… Ⅱ. ①黄… ②金… ③裴… Ⅲ. ①移动电子商务－教材 Ⅳ. ①F713.36

中国国家版本馆CIP数据核字(2024)第033695号

内 容 提 要

本书系统地介绍了移动电子商务的基础知识与实务，主要内容包括移动电子商务概述、移动电子商务技术基础、移动电子商务平台、移动端网店运营与管理、移动营销、移动电子商务数据分析、移动电子商务客户关系管理、移动电子商务支付与安全管理等。

本书每章均以本章导读、学习目标、案例导入、知识讲解、知识提示、素养小课堂、实践训练、思考与练习的结构进行讲述。全书不仅注重讲解移动电子商务的理论知识，还详细讲解了移动电子商务的具体应用和实务操作，通过大量图示和操作步骤，指导读者快速有效地掌握移动电子商务应用的重点知识。

本书可作为高等院校电子商务、市场营销等相关专业的教材，同时还可供移动电子商务领域相关从业人员学习和参考。

◆ 主　　编　黄　轲　金　晓　裴　蕾
　　副主编　邓　红　陈　丽　刘　平
　　责任编辑　林明易
　　责任印制　王　郁　彭志环

◆ 人民邮电出版社出版发行　　北京市丰台区成寿寺路 11 号
　　邮编　100164　电子邮件　315@ptpress.com.cn
　　网址　https://www.ptpress.com.cn
　　保定市中画美凯印刷有限公司印刷

◆ 开本：787×1092　1/16
　　印张：12.5　　　　　　　　　　　2024 年 3 月第 3 版
　　字数：265 千字　　　　　　　　2025 年 5 月河北第 5 次印刷

定价：49.80 元

读者服务热线：(010)81055256　印装质量热线：(010)81055316
反盗版热线：(010)81055315

前言

随着移动互联网时代的到来以及智能手机的普及，移动电子商务快速崛起并成为电子商务的新发展趋势。大数据、虚拟现实（Virtual Reality，VR）、增强现实（Augmented Reality，AR）、人工智能（Artificial Intelligence，AI）等新技术的诞生和不断发展，给移动电子商务带来新的机遇和挑战。与此同时，移动电子商务的高速发展对移动电子商务人才提出了更高的要求。一方面，从业者需要具备移动电子商务相关的专业知识和实操能力；另一方面，从业者还需要拥有对市场行情、行业发展趋势等的分析判断能力。

党的二十大报告指出：“教育、科技、人才是全面建设社会主义现代化国家的基础性、战略性支撑。”为培养有志于从事移动电子商务行业的实用型人才，并适应移动电子商务行业的发展现状，编者在保留第 2 版特色的基础上，对教材的内容和案例进行全面修订与更新。本书结合移动电子商务实际岗位需求，不仅介绍了从事移动电子商务工作必备的理论知识，还重点讲解了相关的实务操作，以培养和提高读者的动手能力。通过学习本书，读者能够运用现代化商贸理论和电子信息化专业手段，更好地从事与移动电子商务相关的工作。

1. 本书目标与内容

本书旨在让读者系统地学习移动电子商务的概念、发展趋势、技术基础及主要商业模式，熟悉移动电子商务平台、客户关系管理、支付与安全管理，掌握移动端网店的运营与管理、移动营销和数据分析的基本操作。通过学习本书，读者可以为进一步深入学习、掌握移动电子商务建站技术、网络营销策划、新媒体运营、数据运营等中高级技能打下坚实的基础。

本书共 8 章，分为以下 4 个部分的内容。

◇ **移动电子商务基础知识（第 1 章～第 3 章）**：这部分主要讲解移动电子商务的概念、特点、商业模式、应用领域、价值链、发展概况，以及移动电子商务涉及的技术和常见的移动电子商务平台，帮助读者从整体上对移动电子商务有初步的认识和理解。这部分新增了大数据、VR 与 AR、人工智能等新兴技术的介绍，并对移动电子商务平台的内容进行了更新。

◇ **移动电子商务实操运营（第 4 章～第 6 章）**：这部分主要讲解网店定位、选品与定价、网店装修、文案写作、网店营销推广、网店客服服务等移动端网店运营与管理的知识；H5 营销、二维码营销、LBS 营销、微信营销、微博营销、社群营销、短视频营销、直播营销和移动广告等移动营销方法的应用；移动电子商务数据分析的主要内容、常用方

前言

法和工具等。这部分主要新增移动端网店运营与管理的实战内容，以在淘宝、抖音上开设网店为例，进行移动端网店运营与管理的实战演练。

♦ **移动电子商务客户关系管理（第 7 章）**：这部分为新增章节，主要从客户信息管理、客户满意度管理、客户忠诚度管理和智能客服等方面讲解移动电子商务客户关系管理的相关知识。

♦ **移动电子商务支付与安全管理（第 8 章）**：这部分主要讲解移动电子商务支付与安全管理的相关知识，包括移动支付、第三方移动支付和移动电子商务安全管理等。

2. 本书特色

编者在调研众多院校目前主流的教学方式和教学内容等基础上，有针对性地组织了本书内容并进行教学结构设计。本书的特色如下。

♦ **本章导读**：在每章最前面精练概括本章知识点，为读者指出本章的学习内容。

♦ **学习目标**：在本章导读之后，明确读者学习本章的知识目标、能力目标和素养目标。

♦ **案例导入**：在知识讲解前给出一个真实环境下的引导案例，并分析案例资料带来的启示，引导读者学会思考。

♦ **知识讲解**：根据读者的阅读习惯，对必备的理论知识进行全面讲解，并使用大量图片、表格等，对理论知识加以形象化说明，帮助读者提高学习效率。

♦ **知识提示**：对一些较难理解、容易引起歧义的知识，通过设置"知识提示"栏目加以解释、补充和延伸，使读者可以更加深入地理解相关知识。

♦ **素养小课堂**：针对每章的重点知识内容设置"素养小课堂"栏目，读者在学习素养知识的同时汲取砥砺奋进的力量，强化社会责任意识和奉献意识。

♦ **实践训练**：对每章所讲的内容进行梳理，结合实际运用情况，根据实训背景、实训要求和实施过程安排读者进行实践训练，进一步熟悉移动电子商务的具体应用并掌握相关操作。

♦ **思考与练习**：结合每章讲解的内容给出若干难度适中的练习题及案例阅读与思考题，读者通过思考与练习可以进一步理解和巩固每章知识。

本书提供了配套的微课视频，读者使用手机扫描书中二维码即可观看。此外，本书还提供了丰富的立体化教学资源，包括 PPT 课件、教学大纲、电子教案、课程标准等，选书教师可以登录人邮教育社区（www.ryjiaoyu.com）搜索本书书名或书号来获取相关资源。

本书由黄轲、金晓、裴蕾任主编，由邓红、陈丽、刘平任副主编。本书在编写过程中参考了大量书籍和网站的内容，在此对相关作者一并致谢！虽然编者在本书编写过程中倾注了大量心血，但恐百密之中仍有疏漏之处，恳请广大读者批评指正。

编　者

2024 年 1 月

CONTENTS

目录

目录

4

第4章 移动端网店运营与
管理 ………………60

5

第5章 移动营销 …………107

6

第6章　移动电子商务数据
分析·········140

目录

7

第 7 章　移动电子商务客户
　　　关系管理 ⋯⋯⋯⋯ 160

8

第 8 章　移动电子商务支付
　　　与安全管理 ⋯⋯⋯ 177

1

移动电子商务概述

本章导读

科技进步为人们开展商务活动带来无限可能。在消费领域，互联网的普及应用和网络技术的成熟，使电子商务异军突起并迅速发展，随之而来的移动互联网和移动通信技术的发展更是迎合了人们随时随地进行商务活动的需求，于是移动电子商务应运而生。本章将详细介绍移动电子商务的基础概念和知识，使读者对移动电子商务有较为深入的了解。

学习目标

【知识目标】

│ 了解移动电子商务的概念、特点、商业模式和应用领域。

│ 了解移动电子商务的价值链。

│ 熟悉移动电子商务的发展概况。

【能力目标】

│ 能够分辨移动电子商务平台的商业模式和应用领域。

│ 能够把握移动电子商务的发展趋势。

【素养目标】

│ 深刻理解党的二十大报告提出的"建设全民终身学习的学习型社会、学习型大国"，树立终身学习的志向。

│ 树立职业意识和正确的职业道德观。

案例导入

移动电子商务对人们衣食住行的影响

移动电子商务逐渐走向成熟，并影响着人们生活的方方面面，相关手机应用程序（Application，App）也层出不穷。这些App为人们的衣食住行提供了极大的便利，这一点，"80后"王女士深有体会。和其他的"80后"一样，王女士亲身经历了电子商务从PC（Personal Computer，个人计算机）端到移动端的转变，并深刻感受到移动电子商务的普及对人们生活方式的巨大影响。

如今，王女士的手机上安装了各种类型的App。例如，淘宝、京东等购物类App可以让王女士随时随地购买衣服、鞋包、日用品等；曹操出行、T3出行等交通出行服务类App可以让王女士在城市的任意地点预订出行路线并乘坐车辆，方便自己出行；美团外卖App可以让王女士实现线上订餐；微信App可以让王女士一边与好友聊天，一边进行移动支付；音乐类、视频类App可以让王女士听音乐、看电影……另外，对于偶尔使用的工具类App，王女士会直接在微信中调出相应的小程序，相较于App需要下载和安装，微信小程序无须下载和安装就可以直接使用，且占用内存小、运行速度快，操作简单。总之，各类必备的App与微信小程序可以满足王女士的基本生活需求。

启示： 随着移动互联网与智能手机的普及，各种App开始出现，这预示着移动电子商务的时代已经到来，移动电子商务成为当前及未来主流的电子商务模式。

1.1 认识移动电子商务

在移动通信技术的推动下，基于互联网的PC端传统电子商务逐渐发展为移动电子商务。电子商务在移动网络中的应用越来越广泛，并成为人们日常生活中越来越重要的商务活动方式。

1.1.1 移动电子商务的概念与特点

移动电子商务与传统电子商务在大体上有着相似性，因为移动电子商务是由传统电子商务演变而来的。简单地讲，移动电子商务就是基于移动互联网，利用智能手机、平板电脑及笔记本电脑等移动终端进行商务活动。

移动电子商务充分结合了互联网技术、移动通信技术及其他信息处理技术。消费者可以随时随地进行线上购物、交易等商务活动。相较于传统电子商务，移动电子商务具备以下特点。

1．开放性

移动电子商务的无线化接入方式使得任何人都很容易进入网络世界，从而使网络范围延伸更广、程度更深。

2．即时性

由于移动电子商务利用移动终端进行商务活动，因此消费者的电子商务活动不受时间和地点限制。消费者不仅可以在移动的状态下工作、社交、购物，还可以在移动的状态下满足自身即时产生的需求，如获得相关的信息或服务。

3．便捷性

移动终端体积小，操作简单，便于消费者携带。消费者可以利用移动终端的拍照功能保存商品的外观、店铺环境等图片信息。此外，消费者还可以在购物或签订合同时，利用移动终端及时传递和确认这些信息。

4．连通性

具有相同爱好或兴趣的消费者，可以通过使用移动终端聊天的方式连接到一起，形成多个社交圈。商家可以在这些社交圈中推荐商品，并及时获得消费者的反馈信息，帮助其改善自身的商品或服务。

5．可定位性

移动终端使用了全球定位技术，因此商家或企业可以利用全球定位技术对手持移动终端的消费者进行精准定位。

6．提供定制化服务

由于移动终端具有比 PC 端更高的可连通性与可定位性，因此移动电子商务企业可以更好地发挥主动性，为不同消费者提供定制化服务。例如，推出基于大量活跃消费者和潜在消费者信息的个性化信息服务。另外，利用无线服务提供商提供的人口统计信息和消费者当前位置信息，企业可以进行更有针对性的广告宣传，从而满足消费者的个性化需求。

7．支付更加方便快捷

消费者借助移动支付技术可以随时随地完成支付，相较于传统电子商务，移动支付更加方便快捷。

1.1.2　移动电子商务的商业模式

商业模式是指为实现消费者价值最大化，把能使企业运行的内外各要素整合起来，形成一个完整的、高效率的、具有独特核心竞争力的系统，并在满足消费者需求的同时使系统达成持续盈利目标的整体解决方案。移动电子商务常见的商业模式包括以下 5 种。

1．消费者对消费者电子商务（Consumer to Consumer，C2C）[①]

C2C 是消费者与消费者在移动端的电子商务平台进行交易的一种商业模式。目前，国

---

① C2C 又可以译作顾客对顾客电子商务，顾客也可称为消费者，余同。

4 内主要的 C2C 平台有淘宝、闲鱼、转转等。该模式下，C2C 平台中的消费者往往身兼多职，既是买方，又是卖方。C2C 平台通常只为买卖双方提供在线交易的场所，而不直接参与交易，其主要通过向平台中的卖方提供广告服务（如广告位、竞价排名等）、技术服务（如物流服务、支付服务、店铺装修工具、数据分析工具等）等获得收益。

2. 企业对消费者电子商务（Business to Consumer，B2C）

B2C 是企业在移动端向消费者销售商品或服务的一种商业模式，即网络零售。根据经营主体的不同，B2C 可以分为平台型 B2C 和自营型 B2C 两种模式。平台型 B2C 是指企业建立向其他企业和消费者提供交易的平台，该平台起着信誉保证和中间联系人的作用，不直接参与商品销售等环节，平台型 B2C 典型代表是天猫。自营型 B2C 是指企业自建移动电子商务平台并自主采购、销售商品，完成售后服务等环节，其典型代表有京东、苏宁易购和唯品会等。一些自营型 B2C 为了商品更丰富且更好地利用已有的网站资源，如京东、苏宁易购、唯品会等都相继开放了企业入驻功能，在自营业务的同时，覆盖其他有意向入驻的企业。

3. 消费者对企业电子商务（Consumer to Business，C2B）

C2B 是在 B2C 的基础上发展而来的一种商业模式，本质上它仍是企业向消费者销售商品，但在该模式下，应该先有消费者产生需求而后有企业生产，即消费者先向企业提出需求，企业再根据需求组织生产。C2B 模式一般情况下是消费者根据自身需求定制商品和价格（即由消费者发布需要的商品和要求的价格），或主动参与商品设计、生产和定价。C2B 的最大特点是消费者占据主导地位，消费者可以根据个人喜好和需求，进行个性化商业定制，得到所需要的商品或服务。目前，C2B 模式主要应用于服装定制、家具定制等领域。

4. 企业对企业电子商务（Business to Business，B2B）

B2B 是指企业与企业之间通过移动互联网进行商务活动的一种商业模式。B2B 的典型代表有速卖通和敦煌网等。在这些平台中，各个企业都可以找到合适的合作对象，进行谈判、订货、签约、付款、索赔处理、商品发送管理和运输跟踪等活动。

5. 线上线下商务（Online to Offline，O2O）

O2O 是指将线下的商务机会与互联网结合在一起，让互联网成为线下交易的"前台"，实现线上购买、线下服务。O2O 主要针对在网上无法实际体验或使用的服务和项目，如餐饮、健身、旅游和美容美发等。美团、饿了么等都是 O2O 模式的典型代表。

1.1.3 移动电子商务的应用领域

移动通信技术的发展和智能手机（以下简称手机）的普及，为移动电子商务的应用打下了坚实基础。可以说，移动电子商务的应用进入了人们工作和生活的方方面面，应用领域非常广泛。

1. 移动购物

随着移动电子商务的发展，不仅传统电子商务企业纷纷进军移动电子商务市场，如淘宝 App、京东 App 等购物类 App，还涌现出许多新兴的购物类 App，如拼多多 App、考拉海购 App 等。用户可以随时随地通过这些 App 进行网上购物，如购买服装、数码产品、生鲜食品、洗护用品等。此外，除了传统的商品类购物，票务类购物也逐渐兴起，图 1-1 所示为淘票票 App 的首页，用户可以通过淘票票 App 订购电影票、演唱会门票、音乐节门票等。

2. 移动娱乐

移动电子商务不受空间和时间的限制，人们只需通过手机等移动终端即可接入，娱乐方式变得更加简单方便。同时，娱乐种类也更丰富，包括微信、QQ 等以即时通信为主要功能的 App，微博、今日头条等以信息服务为主的 App，音乐、游戏和视频等以纯娱乐为主的 App 等。图 1-2 所示为音乐 App 的典型代表——网易云音乐 App 的首页，用户可以使用该 App 播放歌曲、购买专辑和演唱会门票，也可以使用音乐社交、在线 KTV 等功能。

3. 移动办公

移动办公摆脱了传统办公对工作时间和场所的限制，人们可以通过手机、平板电脑等移动终端登录移动办公平台，实现移动办公。移动办公的内容主要包括文件共享、远程会议、远程内部办公网络访问等。移动办公的典型平台有腾讯会议、飞书和钉钉等。图 1-3 所示为钉钉 App 的"工作台"界面，用户通过钉钉 App 可以实现考勤打卡、OA 审批、视频会议等服务。

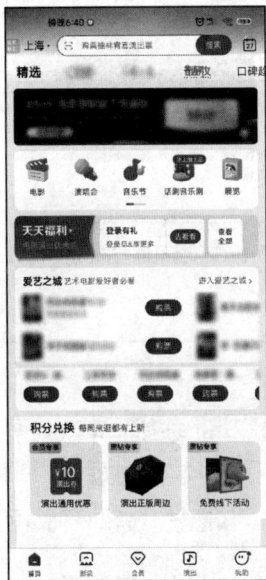

图1-1 淘票票App的首页　　图1-2 网易云音乐App的首页　　图1-3 钉钉App的"工作台"界面

4. 移动金融

移动金融主要包括手机银行、移动股票和移动支付等。

● **手机银行:** 用户可以通过手机银行 App 获取金融服务，如账户余额查询、转账付款、话费充值、生活缴费等，图1-4所示为中国工商银行 App 的首页。

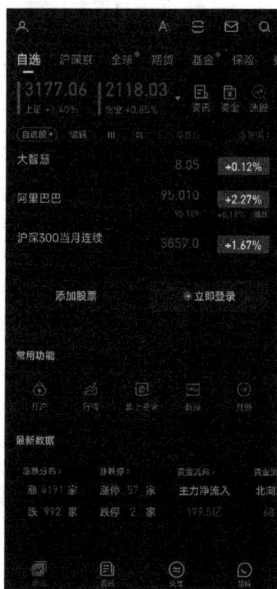

- **移动股票：** 用户可以使用同花顺、大智慧等 App 查询和浏览金融信息，以快速掌握金融市场动向，图1-5所示为大智慧 App 的首页。

- **移动支付：** 用户可以使用支付宝、云闪付等 App 进行移动支付。

5. 移动教育

移动教育打破了传统教育的局限性，人们可以通过各种移动教育平台，利用零散时间进行碎片化学习。移动教育平台的教育资源丰富，用户学习不再受内容限制；移动教育平台的交互功能强大，可以自动跟踪并记录用户的学习过程，满足用户的个性化学习需求。移动教育平台的典型代表有网易云课堂、腾讯课堂、中国大学 MOOC 等 App，图1-6所示为腾讯课堂 App 的首页。

图1-4 中国工商银行App的首页　　　图1-5 大智慧App的首页　　　图1-6 腾讯课堂App的首页

素养小课堂

党的二十大报告强调"推进教育数字化，建设全民终身学习的学习型社会、学习型大国"。因此，在信息化时代，利用数字化资源与技术进行终身学习对每个人来说都非常重要，尤其是青少年群体，更应该培养主动学习的意识和能力，借助互联网上丰富的资源提升自我。

6. 移动出行

智能设备的快速普及和城市生活节奏的逐步加快，让移动出行服务成为可能。而人们消费能力的不断提高和消费需求的不断细分，让更加多样化、高质量的出行服务得到快速发展。移动出行服务在满足各类出行需求、提升用户出行体验和改善城市交通效率方面表现出色，便捷和高质量的移动出行服务也使用户逐步养成线上使用和消费习惯，其涵盖城市叫车、共享单车、汽车分时租赁、车辆充电加油、在线停车和代驾等服务。移动出行的典型平台有哈啰、T3出行和嘀嗒出行等，图1-7所示为哈啰App的首页。

7. 移动旅游

与传统旅游相比，移动旅游以移动终端为媒介，使人们在旅游过程中涉及旅游产品或服务的咨询、预订、支付等操作更便捷。用户利用移动旅游平台既可以查询旅游目的地的相关信息，如旅游目的地的天气、景区票价、交通路线等；也可以随时随地预订旅游产品、酒店、景区门票、观光车票等。预订时，用户还可查看其他用户的评价以决定是否预订。此外，移动旅游平台不仅是一个旅游产品交易的平台，还是旅游爱好者交流的社区，用户可以写下有关出游的感受、攻略等，在分享感受的同时，既可以供其他用户参考，还可以获得其他用户的反馈和认可，进而获得满足感。国内常见的移动旅游平台包括携程旅行、去哪儿旅行、途牛旅游、飞猪、马蜂窝等。图1-8所示为去哪儿旅行App的首页。

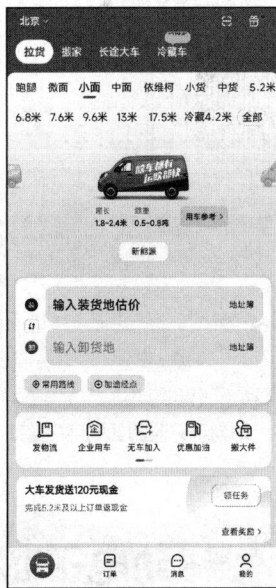

8. 移动物流

移动物流是移动电子商务近几年发展比较快速的一种应用。移动物流应用中，一种是提供同城或跨城货运服务，典型的平台是货拉拉，图1-9所示为货拉拉App的首页；另一种是提供快递服务，典型的平台是菜鸟，用户可通过该平台联系快递公司寄快递，也可以查询快递信息。

图1-7　哈啰App的首页　　　图1-8　去哪儿旅行App的首页　　　图1-9　货拉拉App的首页

9. 移动医疗

移动医疗是利用移动互联技术平台向用户提供医疗健康服务的一种应用，其主要包括可穿戴设备与移动医疗平台两部分。

- **可穿戴设备：**可穿戴设备可以长期收集用户的健康数据，并通过相关 App 分析用户的身体状况、判断用户可能存在的健康风险，提醒用户提早预防或诊治。图 1-10 所示为华为手环监测到的用户健康数据。同时，根据可穿戴设备记录的数据，医生也更容易制订有针对性的治疗方案。

- **移动医疗平台：**目前，移动医疗平台已经打通医疗诊前、诊中与诊后的全过程，例如，诊前的挂号、建档、咨询、导诊，诊中的诊断与治疗，诊后的慢性病管理等。用户在移动医疗平台上，不仅可以挂号、问诊、买药，还可以学习医学知识。目前典型的移动医疗平台有平安健康、春雨医生等。图 1-11 所示为春雨医生 App 的首页。

10. 移动营销

电子商务业务向移动终端的转移带动了营销的移动化，通过移动营销，企业可以更快速、更便利地传递信息并与用户互动。移动营销能够帮助企业更快地抢占移动互联网市场，促进线上线下消费市场的整合。移动营销具有目标群体明确、信息传递及时和互动性强等特点，是目前非常流行的营销方式，如微博营销、微信营销等。图 1-12 所示为某博主发布的微博营销内容。

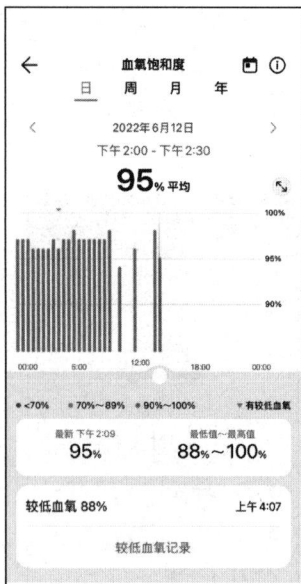

图1-10　华为手环监测到的用户健康数据　　图1-11　春雨医生App的首页　　图1-12　某博主发布的微博营销内容

1.2　移动电子商务的价值链

移动电子商务的价值链可以体现移动电子商务业务实现的所有环节。了解移动电子商务的价值链，可以从整体上认识移动电子商务的体系结构，从而为移动电子商务企业规划和建立合适的移动电子商务应用系统并提供理论依据。

1.2.1　移动电子商务价值链的定义

价值链（Value Chain）的概念首先由哈佛大学商学院教授迈克尔·波特（Michael E.Porter）于1985年在《竞争优势》一书中提出。价值链理论如今被广泛应用于服务行业，其认为："每一个企业都是在设计、生产、销售和发送其商品的过程中进行种种活动的集合体，所有的这些活动可以用一个价值链来表明。"企业的价值创造是由一系列活动构成的，这些活动可分为基本活动和辅助活动两类。基本活动包括内部后勤、生产作业、外部后勤、市场和销售、服务等；而辅助活动则包括采购、技术开发、人力资源管理和企业基础设施等。这些互不相同但又相互关联的生产经营活动，构成了一个创造价值的动态过程，即价值链。企业的价值链及其进行单个活动的方式，反映了该企业的历史、战略、实施战略的方式，以及活动自身的主要经济状况。

移动电子商务价值链是指移动电子商务平台直接或间接地进行商品或服务的创造、提供、传递和维持，并在获取利润的过程中形成的价值传递的链式结构。与企业价值链有所区别，企业价值链是企业通过一系列活动创造价值的动态过程。而移动电子商务价值链使不同类型的企业打破了行业界限，使同处一条价值链中的企业之间不仅是一种简单的买卖关系，也是一种保持着战略合作的关系。一是因为现代商务交易复杂化，交易的参与者不仅只有供需双方，还涉及其他多方企业；二是因为通信工具和信息技术的进步，打破了企业发展的界限，使不同行业的联系更紧密，相互融合发展，共同参与到某些商务交易活动中。也就是说，企业的价值增长不再单纯地取决于企业自身，而是需要处于价值链不同环节的企业或个人，借助信息管理系统使业务流程更加紧密地连接在一起，进而提高对消费者快速响应的能力，实现多方共赢。

1.2.2　移动电子商务价值链的构成要素

在移动电子商务活动中，参与交易的个人、移动终端制造商、移动终端平台提供商、移动网络运营商、应用服务提供商、商品或服务提供商、支付服务机构和物流企业等，构成了移动电子商务的价值链，共同打造了一个创造价值的动态过程，通过业务合作，促进移动电子商务的总体发展。

1. 参与交易的个人

个人，可以是生产者，也可以是消费者；可以是卖方，也可以是买方。移动电子商务环境下，个人可以在"生产者"与"消费者"或"卖方"与"买方"之间进行角色转换，相较于传统商务和电子商务都要更为自由和灵活。例如，个人可以作为"卖方"，利用移动终端开设网上店铺，也可以同时作为"买方"，利用移动终端购买商品。

2. 移动终端制造商

没有移动终端就谈不上移动电子商务，移动终端制造商为移动电子商务创造了基本的条件，其主要负责移动终端设备的开发和推广，保证消费者能够顺利开展移动电子商务活动。具有代表性的移动终端制造商有华为、小米、OPPO 等。

3. 移动终端平台提供商

移动终端平台提供商主要提供移动终端搭载的操作系统。例如，鸿蒙（Harmony）、塞班（Symbian）、安卓（Android）、iOS 等操作系统。

4. 移动网络运营商

移动网络运营商包括中国移动、中国电信和中国联通等，其负责移动网络设施的建设与运营，为价值链上的各个构成要素提供通信的"桥梁"。

5. 应用服务提供商

移动电子商务应用服务提供商包括阿里巴巴、京东、百度、腾讯等互联网企业，其为终端用户（包括企业和消费者）提供商务交易平台及增值服务等。

6. 商品或服务提供商

商品或服务提供商主要是指消费者所购买商品或服务的生产者。移动电子商务环境下的商品或服务不再单纯指有形的商品或传统的服务，因此，在商品或服务的供应环节，商品或服务提供商不仅指的是原有的生产企业或传统服务提供者，也包括网络服务提供商、网络内容提供商，他们是数字产品的制造者或二次加工者。

7. 支付服务机构

支付服务机构用于实现移动电子商务交易活动的支付功能，如支付宝、财付通、快钱、易宝等。

8. 物流企业

物流企业是完成实物商品配送的企业。配送环节的重要参与者就是高度信息化的物流企业，如顺丰速运、圆通速递等。

1.3 移动电子商务的发展概况

移动电子商务模式下，电子商务的终端逐渐由计算机设备向移动设备转移，越来越多的消费者趋向于使用移动终端进行电子商务活动。

1.3.1 移动电子商务的发展历程

移动电子商务是在无线网络技术、移动通信技术和计算机应用技术的不断发展下逐渐兴起的，大致经历了以下 4 个发展阶段。

1. 第一阶段的移动电子商务

第一阶段的移动电子商务访问技术主要是以短信为基础，这种技术的实时性较差，不能立即回复消费者的查询请求。与此同时，由于短信信息长度的限制，消费者的查询请求也不能得到完整的回复。

2. 第二阶段的移动电子商务

第二阶段的移动电子商务主要基于无线应用协议（Wireless Application Protocol，WAP），WAP 可以使移动终端通过浏览器访问 WAP 所支持的网页，以实现信息的查询。这种方式初步解决了第一阶段的移动电子商务的缺陷。但由于访问 WAP 所支持的网页这一信息查询方式交互性较弱，移动电子商务系统的灵活性和便捷性不足，不能很好地满足消费者的需求。

3. 第三阶段的移动电子商务

第三阶段的移动电子商务使用面向服务的体系结构（Service-Oriented Architecture，SOA）提供综合的 Web 服务，它充分结合了无线应用协议、互联网协议（Internet Protocol，IP）、3G 移动通信技术、智能移动终端和移动定位技术等，大大提高了移动电子商务系统的交互性和安全性。

4. 第四阶段的移动电子商务

第四阶段的移动电子商务是目前移动电子商务的发展阶段，它是在 4G 移动通信技术和智能移动终端极大发展的基础上，结合大数据、VR 与 AR、人工智能等新兴技术，拓展移动电子商务的应用领域和使用场景，并提升消费者体验。

> **知识提示**
>
> 　　移动电子商务的发展与移动通信技术密切相关。虽然目前 4G 网络仍是基础建设最完善、信号最稳定和普及率最高的移动网络，但随着 5G 的兴起及其未来基础建设的逐步完善与全面普及，移动电子商务势必将进入新的发展阶段。从消费者体验来看，5G 具有更高的可靠性、安全性和网络传输速率。

1.3.2　移动电子商务的发展现状

据艾瑞咨询统计，2015 年，中国移动端购物规模达 2.1 万亿元，同比增长 123.8%，网购交易额 PC 端和移动端占比分别为 44.5% 和 55.5%，移动端成交额首次超过 PC 端。2016 年，移动端购物占整体网络购物交易规模的 68.2%，增长明显。2017 年、2018 年移动端购物占整体网络购物交易规模的 72.8%、74.6%，移动端购物交易额占比增长速度放缓，但仍呈上升趋势，数据表明电子商务由 PC 端向移动端转移是发展大趋势，移动端已超过 PC 端成为网购市场的主要消费平台。从消费者规模看，根据中国互联网络信息中心（CNNIC）发布的数据显示，截至 2022 年 12 月，我国网民规模达 10.67 亿，手机网民规模达 10.65 亿，网民使用手机上网的比例为 99.8%。由此可以看出，移动互联网已经成为我国主要的互联网使用方式之一，随着移动智能终端的普及，消费者的消费习惯已经形成，在此背景下传统电商巨头纷纷布局移动电商，众多新型移动电商平台不断涌现。

从移动应用角度看，即时通信类 App（如微信、QQ）、移动音乐视频类 App（如网易云音乐、腾讯视频、爱奇艺）、移动购物类 App（如淘宝）、移动支付类 App（如支付宝）等是消费者高频使用的 App 类型。从移动购物企业市场集中度看，现阶段，淘宝、京东、唯品会和苏宁易购等传统电子商务巨头在移动电子商务领域的优势仍存，在移动端整体网购交易规模中占据主导地位。其他企业主要以新的商业模式为突破口，其中以拼多多、抖音、快手为代表，它们的发展最为突出。拼多多致力于将娱乐社交的元素融入电子商务运营中，从 2015 年成立发展至今，它已成为与淘宝、京东等齐名的移动电子商务综合购物平台。抖音和快手是从娱乐类的短视频平台起步，在发展过程中主攻直播电商领域，如今也已经发展成移动电子商务综合购物平台的佼佼者。随着跨境、生鲜等垂直领域的兴起，大量相关的初创企业涌现，它们多从自媒体营销中寻找突破，其中以考拉海购等为代表的跨境电商和以朴朴超市等为代表的生鲜电商崛起较迅速。总体而言，老牌成熟企业成功转移至移动端，优势依旧，初创企业在新兴领域和新模式探索方面仍有一定的发展机会。

1.3.3　移动电子商务的发展趋势

移动电子商务的技术逐渐走向成熟，利用上下班等碎片化时间，通过移动设备进行网上购物、网上订餐、网上订票等已经成为人们日常生活中不可或缺的一部分。随着人们消费习惯和需求的改变，移动电子商务呈现以下几个方面的发展趋势。

1. 提供信息服务将成为移动电子商务的重要应用

随着大数据时代的到来，信息的价值日益凸显，在消费者进行购物、交易支付时，获取的信息对于促进交易的发生或间接引起交易具有非常大的作用。例如，消费者可以在移动终端设备上借助信息、邮件、标签读取等方式，获取股票行情、天气、旅行路线、电影场次、航班、游戏等各种内容业务的信息，这些信息的指引有助于企业引导消费者进行电子商务交易活动。因此，获取信息将成为各大移动电子商务企业初期考虑的重点。通过加强信息服务或植入广告促进消费，同时提升消费者对移动电子商务的认同感。

2. 移动终端应用更加注重页面展示

移动电子商务中的信息获取、交易支付等都和移动终端息息相关，对业务开展有着至关重要的影响。如今的 App 多如牛毛，很多移动终端应用的界面千篇一律。为了在众多的 App 中脱颖而出，移动电子商务平台更加重视 App 界面的人性化设计，以此展示更多的个性化商品推荐信息。另外，在购物类 App 中，有的 App 商品品类丰富，注重分类搜索；有的 App 则注重浏览，给消费者一种仿佛在逛街的感觉。

3. 移动电子商务企业的社交化应用成为热点

如今社交媒体已经渗透消费者生活的方方面面，越来越多消费者的购物行为受到社交推荐意见的影响，社交化为各电商行业带来新的流量入口。移动电商的社交化趋势使得购物更加生动、有趣，同时也能够帮助企业更好地了解消费者的需求和偏好，提高企业的营销效果。社交化的电子商务模式依托移动社交平台或电商平台内部开辟"社区"频道，利用粉丝效应分享商品、传播信息从而吸引消费者，在社交场景中激发消费者的购买欲望。

4. 技术创新融合推动移动电子商务向智能化发展

5G、VR、AR、人工智能等新兴技术在移动电子商务中的应用越来越深入、广泛，促进了移动电子商务的智能化发展，同时丰富了移动电子商务的应用场景，提升了消费者的使用体验。例如，运用大数据与人工智能技术，分析消费者行为和购物偏好，移动电子商务平台可以为消费者提供更加精准的个性化推荐和服务，提高消费者的购物体验和满意度。此外，移动电子商务平台还可以将人工智能技术应用在智能客服和物流自动化管理，提高运营效率并降低成本。

5. 跨境电商的崛起推动移动电子商务向全球化发展

随着我国人均购买力不断提高，以及互联网的普及、现代智能物流体系的优化升级、线上支付环境和生态系统的不断创新完善及政策法规的保驾护航，跨境电商发展迅速，这进一步推动了我国移动电子商务的全球化发展，我国在进出口贸易中也扮演着越来越重要的角色。据商务部发布的数据，跨境电商进出口总量增幅明显，2021 年，我国跨境电商进出口交易额为 1.92 万亿元，同比增长 18.6%，2022 年，我国跨境电商进出口交易额为 2.11 万亿元，同比增长 9.8%。这一趋势表明了跨境电子商务的巨大市场和潜力，为移动电子商务企业的全球化发展提供了更多的选择和机会。

6. 短视频、直播、新零售和即时零售等新型移动电子商务形式逐渐流行

近年来，短视频、直播、新零售和即时零售等新型移动电子商务形式逐渐流行，成为移动电子商务的新趋势。

- **短视频和直播：**通过短视频和直播，商家可以更加直观地向消费者展示商品，提升消费者的购物体验，同时也为消费者提供更加丰富多样的购物选择。众多移动电子商务平台纷纷开辟短视频和直播功能，以促进平台的发展。

- **新零售：**新零售是一种对以往零售模式的升级和创新，它结合线上和线下的购物体验，使消费者能够在任何时间、任何地点、任何设备上购物。线上和线下均拥有相应的店铺是新零售的必要条件。新零售旨在利用数字化、智能化和移动化的手段，为消费者提供更加便捷和个性化的购物体验。不仅一些传统的电子商务平台进行零售模式的升级，如天猫、京东等，也出现了一些新兴的新零售平台，如盒马、七鲜等。

- **即时零售：**即时零售是一种快速、方便的零售模式，它旨在利用快速的订单处理和配送，为消费者提供"即时"的商品。即时零售首先在外卖领域出现，随着外卖骑手配送的商品种类越来越丰富，外卖平台也从以餐饮配送为主演变成"万物配送到家"的平台，如饿了么。即时配送的便利性与商品种类的多元性吸引越来越多消费者选择即时零售。即时零售的兴起，不仅开拓了移动电子商务新的增长点，使得时效性和本地化属性强的消费需求在线上得到满足，还为线下实体商家带来新的发展机遇。

14

7. 全渠道、线上线下融合发展

移动电子商务时代，一方面网购环境和消费者的需求均有较大改变，消费者希望随时随地都能精准地购买到其所需的商品或服务；另一方面由于商品或服务供大于求，发展单一渠道的增量空间有限。因此，线上购物便利和线下消费体验的双向需求将带来线上和线下购物期望值的融合，未来全渠道、线上线下融合是移动电子商务的重要发展趋势。这意味着商家不仅需要注重在移动端（App、小程序）开展营销活动，还需要在 PC 端网页和实体店开展营销活动，为消费者创造全渠道的购物体验。

8. 安全性能优化成为移动电子商务平台的发展趋势

移动电子商务的使用离不开移动互联网，而移动互联网中本身存在的安全问题，也使得消费者面临着巨大的信息安全隐患。因此，移动电子商务研发者应充分意识到消费者在移动终端使用这一环节的安全问题。在这样的大环境下，制定有关安全性的标准和出台相应法律也将成为发展趋势；同时，也为相关的供应商和服务商提供了较多的创新机会，谁能够带来更安全可靠的移动应用，谁就能获得先机。

素养小课堂

除了关注移动电子商务的发展趋势，从业者应努力提升自身的职业技能以适应移动电子商务不断发展对相关人才提出的新要求。同时，从业者还需要具有良好的职业道德，忠于职守，自觉遵守行业法规和企业规章制度。

实践训练

实训1　了解移动电子商务岗位需求

【实训背景】

微课视频

了解移动电子商务
岗位需求

移动电子商务的高速发展，带来了大量的人才需求，新技术、新模式的应用，行业分工越来越细化，使从业范围变得更加广泛的同时，也对移动电子商务人才的专业知识和技能提出更高要求。应届毕业生要想从事移动电子商务的有关工作，需要了解移动电子商务岗位需求，为后续的就业创业做好准备。

【实训要求】

（1）了解移动电子商务岗位。

（2）了解移动电子商务岗位的岗位职责和任职要求。

【实施过程】

（1）查询移动电子商务涉及的相关岗位。应届毕业生要利用互联网或其他途径查找、了解移动电子商务的相关岗位。例如，商务部 2023 年 6 月发布的《中国电子商务报告（2022）》

指出，从就业岗位的类型看，电子商务专业人才主要分布在三类岗位，一是技术类岗位，主要从事软件/平台的设计与开发、数据分析、算法设计、数据库建设、软件测试与运维等相关的技术工作；二是运营类岗位，主要从事企业网络营销推广、内容运营、平台运营、客户服务、产品运营、新媒体运营、供应链服务、法律服务等平台与店铺运营类工作；三是综合管理类岗位，主要从事企业内部的规划、咨询、组织、协调、监督等工作，包括综合管理、项目经理、产品经理等岗位。在此基础上，可总结移动电子商务的主要岗位，如App开发设计、用户界面（User Interface，UI）设计、新媒体运营、移动网店运营、客户服务等。

（2）查询移动电子商务相关岗位的岗位职责和任职要求。应届毕业生应在智联招聘、BOSS直聘等招聘平台，查看移动电子商务相关岗位的岗位职责和任职要求。图1-13所示为某企业发布的电商类UI设计师的岗位职责和任职要求的招聘信息。

岗位职责：
1. 负责产品相关的界面的整体设计工作：包括PC端、移动端等；
2. 配合产品开发经理进行软件界面优化设计；
3. 负责产品及宣传相关平面设计工作；
4. 协助领导完成部门工作。

任职要求：
1. 大专及以上学历，平面广告、视觉设计、艺术类相关专业优先；
2. 熟练操作主流设计软件；
3. 有较强的审美能力，思维活跃，有创意，具备较强的视觉表达能力，能独立完成工作任务；
4. 良好的沟通协调能力，高度的责任心，执行力强，学习能力强；
5. 投简历请附2~3张作品，面试请带上自己作品。

图1-13　某企业发布的电商类UI设计师的岗位职责和任职要求的招聘信息

（3）总结移动电子商务岗位、岗位职责和任职要求。根据查询到的资料，总结移动电子商务的岗位、岗位职责和任职要求，如表1-1所示。

表1-1　总结移动电子商务的岗位、岗位职责和任职要求

岗位	岗位职责	任职要求
UI设计	根据公司产品设计需求，负责App、小程序等移动应用及PC端的界面设计和优化	① 熟悉UI设计规范，熟练使用Photoshop、Dreamweaver、Illustrator等设计软件； ② 有较强的创新能力和审美能力
新媒体运营	① 负责新媒体平台日常运营推广及数据分析； ② 负责新媒体内容信息搜集、设计、编辑、审校、发布及互动管理； ③ 配合营销人员通过新媒体平台开展营销工作	① 出色的文案创作和视频制作能力； ② 熟悉抖音、微信、微博等新媒体平台的运营操作； ③ 有较强的创新能力和沟通能力

实训2　制作移动电子商务就业计划书

【实训背景】

在了解移动电子商务的岗位需求后，应届毕业生应进行自我分析，根据自身情况选择

自己有意向的就业岗位。在明确职业目标的基础上，制订职业生涯目标和实施计划，让自己朝着目标奋斗，将计划落到实处，实现人生价值和理想。

【实训要求】

（1）根据自身情况选择合适的移动电子商务岗位。

（2）根据目标岗位制作可行的就业计划书。

【实施过程】

（1）自我分析。主要从兴趣爱好和职业能力两个方面进行自我分析，分析自己的优势，选择适合的、感兴趣的目标岗位，同时分析自身劣势，以在后期改善自身的不足。

（2）规划职业生涯目标。职业生涯目标分为短期目标（一至两年内的目标）、中期目标（三至五年内的目标）和长期目标（五年以上的目标）。

（3）制订实施计划。根据职业生涯目标，制订实施计划。

（4）制作移动电子商务就业计划书。根据自我分析、就业目标、职业生涯目标和实施计划的情况，制作移动电子商务就业计划书，表 1-2 所示为就业计划书示例。

表1-2　就业计划书示例

项目	详细描述
自我分析	优势：电子商务专业的应届毕业生；熟练掌握 Photoshop、剪映、Illustrator 等设计软件，能够独立完成电商作品的设计；关注行业热点、具有较强的学习能力； 劣势：审美能力较弱，缺少移动电子商务实践工作经验
就业目标	UI 设计师
职业生涯目标	第一阶段（短期目标）：从现在到毕业，成功应聘 UI 设计师岗位
	第二阶段（中期目标）：自毕业后到正式进入电子商务行业的 5 年内，晋升设计部主管类职务
	第三阶段（长期目标）：创立一家电商类设计与运营的公司
实施计划	第一阶段：① 每周浏览一次 UI 设计师网站学习优秀的 UI 设计作品，提升审美能力；② 每个月设计一个平面类作品，熟练掌握设计软件的使用技巧；③ 一学期参加一次电子商务类的平面设计比赛，增加 UI 设计实践经验，在实践中提升综合素质
	第二阶段：① 在工作实践中进一步熟悉各种平面设计软件，提升色彩搭配能力、排版能力和视觉设计能力；② 能够制订设计部门的工作流程与规范，指导员工按公司章程办事；能够妥善与其他相关部门进行沟通与协调，完成设计任务的对接，对创作方向进行沟通与确定；③ 能够对设计任务相关的风格、物料、内容等进行把控；④ 提升自我，学习移动电子商务运营（移动电子商务平台运营、移动店铺运营、企业营销运营）相关知识，培养自己成为移动电子商务领域的精设计、懂运营、会策划的全能型人才
	第三阶段：积累人脉和资源，分析移动电子商务行业现状和发展趋势，制订创业计划，创立移动电子商务设计与运营相关的公司

思考与练习

1. 单项选择题

（1）移动电子商务是指通过（　　）进行 B2B、B2C 或 C2C 等电子商务活动。

　　A. 手机　　　　　　B. 平板电脑　　　　C. 移动终端　　　　D. 笔记本电脑

（2）企业对消费者电子商务指的是（　　）。

　　A. C2C　　　　　　B. B2C　　　　　　C. C2B　　　　　　D. B2B

（3）腾讯会议、飞书和钉钉等平台属于移动电子商务在（　　）领域的应用。

　　A. 移动购物　　　　　　　　　　　B. 移动办公

　　C. 移动金融　　　　　　　　　　　D. 移动教育

（4）在移动电子商务的价值链中，（　　）为终端用户提供商务交易平台及增值服务等。

　　A. 移动终端制造商　　　　　　　　B. 移动终端平台提供商

　　C. 移动网络运营商　　　　　　　　D. 应用服务提供商

（5）基于 WAP 技术方式的移动电子商务系统属于（　　）的移动电子商务。

　　A. 第一阶段　　　　B. 第二阶段　　　　C. 第三阶段　　　　D. 第四阶段

2. 多项选择题

（1）下列选项中，属于移动终端设备的有（　　）。

　　A. 手机　　　　　　B. iPad　　　　　　C. 计算机　　　　　D. 笔记本电脑

（2）下列选项中，属于移动电子商务特点的有（　　）。

　　A. 开放性　　　　　B. 便捷性　　　　　C. 可定位性　　　　D. 即时性

（3）移动金融使人们可以随时随地通过移动终端设备开展金融业务，包括（　　）等。

　　A. 账户余额查询　　　　　　　　　B. 生活缴费

　　C. 股市行情查询　　　　　　　　　D. 话费充值

（4）随着消费者习惯和需求的改变，移动电子商务的发展趋势包括（　　）。

　　A. 社交化应用成为热点

　　B. 以企业和商品为电子商务活动的中心

　　C. 线上线下融合发展

　　D. 移动终端应用更加注重页面展示

3. 案例阅读与思考题

连锁生鲜超市品牌——盒马鲜生

　　盒马鲜生是阿里巴巴旗下以数据和技术驱动的新零售平台，旨在为消费者打造社区化的一站式新零售体验中心，用科技和人情味为消费者带来"鲜美生活"。盒马鲜生既是线下超市、餐饮店，又是线上购物平台。消费者可到实体门店购买商品，也可以通过盒马App下单，盒马鲜生实现了线上线下一体的全渠道融通。

众所周知，传统零售门店的特点是面积大、类目繁多，消费者在购物过程中往往会遇到想要的东西找不到、商品的质量和新鲜程度得不到保证、花费长时间排队结账、购买的商品太沉不便带回家等情况。而盒马鲜生运用全新的新零售理念，针对传统零售门店的缺点对零售模式进行了全面升级。其从消费者的体验出发，颠覆了传统零售的消费体验方式与经营模式，满足了消费者的各种消费需求，给消费者带来了前所未有的购物体验。

盒马鲜生新零售模式具有以下特点。

1. 商超与餐饮结合

盒马鲜生主推生鲜类食品，主要包括水果蔬菜、海鲜水产、餐饮熟食、酒水饮料、粮油零食等品类。盒马鲜生门店设有餐厅区，消费者可以一边逛一边吃，即在店内选购海鲜等食材后委托厨师直接加工、现场制作，实现即买即烹，品尝用新鲜食材制作的美食。

2. 仓店一体化

在仓储配送方面，盒马鲜生采用的是仓店一体化模式。仓店一体化是指前置仓与商超的一体化，也就是说，仓库是门店，门店也是仓库，创新性地将门店超市区域与仓库相结合以降低整体配送成本。在该模式下，以店为仓，商品由拣货员直接在门店货架上拣货，然后由配送员实现即时配送。

3. 打通线上线下

盒马鲜生的消费者会被指导安装专属的盒马App，然后在线上下单，打造线上线下闭环消费模式。消费者在盒马鲜生门店内看到的任意产品都可在盒马App中找到，并通过在线下单配送到家，避免自行提回家的麻烦，同时还可以让消费者自行挑选，让消费者对购物环境、商品和品质有更真切的感受，增强消费者的信任。同时，为了使线上线下的对接更为通畅，盒马鲜生还利用制作电子标签等手段统一管理线上线下销售的商品。

盒马鲜生创造性地在门店顶部设置了传送带，连接商品陈列区和后仓，以快速传送消费者线上订购的商品。一收到线上订单，拣货员便立即使用专用购物袋开始拣货，拣货完成后通过传送带传送到下一位拣货员手中，依次拣货完成后，再传送到后仓进行打包并安排配送。盒马鲜生利用传送带加快了拣货、打包、装箱的速度，确保在最短时间内完成拣货装箱。一般而言，消费者使用盒马App下单后，其只要位于门店3千米范围内，最快30分钟就可以收到商品。

结合上述案例资料，思考下列问题。

（1）盒马鲜生采用的是哪种商业模式？有何特点？

（2）盒马鲜生属于移动电子商务的哪个应用领域？

2

移动电子商务技术基础

本章导读

移动电子商务不仅仅是网上购物，还包括利用无线网络、移动互联网和移动终端进行各种数据处理、分享、交易等。因此，移动电子商务活动离不开各种技术的支持。越是看似功能简便、使用方便的移动电子商务业务，就越不能忽视其中隐藏着的各种技术。没有这些技术的支撑，移动电子商务活动的实现就无从谈起。本章主要介绍移动电子商务所涉及的主要技术。

学习目标

【知识目标】

掌握无线网络、移动通信、移动互联网的基础知识。

熟悉移动定位技术的基础知识。

熟悉大数据、VR、AR、人工智能的基础知识。

【能力目标】

能够分辨常见的无线网络连接设备和移动终端，并能设置无线路由器，组建简单的无线局域网。

能够分辨GPS、LBS、大数据、VR、AR和人工智能的应用类别。

【素养目标】

增强科技、文化自信，健全人格，树立正确的价值观。

与时俱进，培养扎实的基本功，为祖国的建设和发展作贡献。

案例导入

在线客服机器人

在移动电子商务中，消费者与客服人员之间主要通过即时通信软件进行沟通交流。这种方式与以电话沟通为主的传统客服相比，更加快捷、高效。但随着在网上购物的消费者越来越多，随之也出现了诸多问题。例如，接入渠道复杂，消费者信息无法共享；存在大量重复性问题和问答；问题多而客服人员少，导致响应时间慢等。随着人工智能技术的不断创新，智能化的在线客服机器人便应运而生。

目前市场上的在线客服机器人一般都包含以下几种功能。

（1）全天候在线。在线客服机器人的出现就是为了分担人工客服的工作压力，替代人工客服提供正常工作时间之外的服务，为消费者提供 7 天 ×24 小时在线、全年无休的无间断服务。

（2）全渠道接入。移动互联网的普及使得网页端页面不再是唯一的渠道入口，App、微信、微博等成为消费者更多使用的沟通方式，所以在线客服机器人需要支持全渠道接入。

（3）自然语言识别功能。自然语言识别功能是一个考察在线客服机器人能力的重要指标。在线客服机器人拥有优秀的自然语言识别能力，可以更好地理解人类语言，更好地满足消费者需求。例如，不同的消费者针对一个问题，可能有不同的提问方式，但客服机器人只需要抓取其中的关键字或词语，就可以及时回复标准化的答案。

（4）拥有完善的知识库。知识库相当于在线客服机器人的大脑，起初企业要帮助机器人建立一个知识库，并根据实际的工作需求在知识库中添加业务资料。当机器人接待消费者时，就会根据消费者的问题在知识库中自动搜索相应的回复。与此同时，在不断处理问题的过程中，在线客服机器人会不断完善知识库，自动收集相似问题和未知问题，通过深度学习智能匹配问题，以便之后更好地服务消费者。

（5）会话转接，人机协作。尽管在线客服机器人越来越智能，能够分担人工客服部分工作，但目前在线客服机器人无法完全替代人工客服，面对一些比较专业、复杂的问题，还是需要人工客服进行解答。因此，客服机器人如何对接人工客服，如何辅助人工客服回答问题（如实时提示人工坐席最佳匹配话术）是考察在线客服机器人智能化的重要项目。

启示：在线客服机器人的作用就是顶替人工客服回答一些基础性、重复性的问题，减少人工客服的重复性劳动，可以提高工作效率，降低人工成本。在线客服机器人只是人工智能在移动电子商务中应用的冰山一角。除了人工智能，大数据、VR 与 AR 等新兴技术在移动电子商务中也得到越来越广泛的应用，推动了移动电子商务的进一步发展。

2.1 无线网络

无线网络是支撑移动电子商务的基础技术之一。与有线网络相比，无线网络不再需要网线。只要具备无线网络，人们可以在任何地方、任何时间通过笔记本电脑、手机等设备开展移动电子商务活动，不再受限于网络接口的布线位置。

2.1.1 无线网络的概念和特点

无线网络是在有线网络的基础上，基于无线通信技术的快速发展而产生的，简单地说，无线网络是指不经线缆进行数据传输的计算机网络，其传输介质是无线电波。无线网络解决了有线网络的布线问题，其特点主要包括灵活性、可扩充性和经济实用性等。

- **灵活性：** 无线网络一般只需要安装一个或多个无线访问接入点设备，就能保证所覆盖区域都能连接到无线网络。位于无线网络覆盖范围内的各种设备的位置可以随时发生变化，不受空间和时间的限制。
- **可扩充性：** 与有线网络一个接口只能接入一个设备的特点相比，无线网络对接入设备的数量限制则小得多，它允许多个无线终端设备同时接入无线网络，并且能够很方便地组建更加广泛的大型网络，具有很强的可扩充性。
- **经济实用性：** 由于无线网络非常灵活，不用像有线网络一样需要准备大量的接入点以备不时之需，因此减少了资源浪费，节约了资金成本。

2.1.2 无线网络的分类

从不同的角度出发，可以将无线网络分为不同的类型。从覆盖范围的角度进行分类，无线网络可分为无线个人区域网、无线局域网、无线城域网和无线广域网。

1. 无线个人区域网

无线个人区域网（Wireless Personal Area Network，WPAN）为人们提供了一种小范围内无线通信的手段。该方式可以将电子设备用无线技术连接起来实现自组网络，而不需要使用无线接入点，目前主要的 WPAN 技术是蓝牙（Bluetooth）和红外通信。

- **蓝牙：** 蓝牙是一种短距离、低成本的无线传输应用技术，用于实现移动设备之间短距离（一般为 10 米左右）的数据交换。
- **红外通信：** 红外通信是指通过红外线进行数据传输的无线技术。由于红外线的波长较短，对障碍物的衍射能力差，且是一种点对点的直线传输方式（一般有效距离为 1～2 米），因而红外通信被广泛应用于小型近距离移动设备的数据交换，如笔记本电脑与手机之间进行数据交换。

2. 无线局域网

无线局域网（Wireless Local Area Network，WLAN）一般是使用Wi-Fi连接，在一定的局部范围内建立的网络。它同时具备局域网和无线网络的特征，既能提供传统有线局域网的功能，又能让人们不受时间、地理和空间的限制随时随地接入宽带网络。无线局域网是目前人们日常生活中使用最广泛的无线网络方式，具有安装便捷、使用灵活、维护方便等特点，适用于公司、校园大楼、公共场所（地铁站、机场等）等场合。

3. 无线城域网

无线城域网（Wireless Metropolitan Area Network，WMAN）指在地域上覆盖城市及其郊区范围的分布节点之间传输信息的本地分配无线网络。无线城域网一般使用无线电波或红外线进行数据传送，当有线宽带不能使用时，可以将无线城域网当作备用网络来使用。

4. 无线广域网

无线广域网（Wireless Wide Area Network，WWAN）是指一种利用无线网络把物理距离极为分散的局域网连接起来的通信方式。无线广域网的覆盖范围很大，常以国家或城市为单位进行覆盖。无线广域网能够实现大范围的局域网互联，被广泛应用于电力、医疗、税务、交通、银行和调度系统等领域。

2.1.3　无线网络的连接设备

要使终端设备连接并使用无线网络需要相关的无线网络连接设备，主要包括无线网卡、无线路由器和无线AP等。

1. 无线网卡

无线网卡是一种在无线局域网的覆盖下通过无线连接进行上网的无线终端设备，是无线信号的接收装置。无线网卡主要分为内置集成的无线网卡，如笔记本电脑、平板电脑、智能手机等内部均有集成的无线网卡；另外一种是外置无线网卡，如常见的PCI无线网卡、USB无线网卡等。

图2-1　PCI无线网卡

- **PCI无线网卡：** PCI无线网卡的尺寸较大，如图2-1所示，是计算机使用的无线网卡，具有稳定性较高的特点。
- **USB无线网卡：** USB无线网卡通过内置的无线Wi-Fi芯片和USB接口来连接计算机，计算机和笔记本电脑均可热插拔使用，如图2-2所示。USB无线网卡接口主要包括USB 2.0和USB 3.0，USB 3.0接口的传输速度更快，价格更高。

图2-2　USB无线网卡

2. 无线路由器

无线网卡只是无线信号的接收装置，要将安装有无线网卡的终端设备连接到无线网络，通常需要配合无线路由器使用，如图2-3所示。

无线路由器可以看作是具有路由功能的无线 AP。路由功能是指判断网络地址和选择路径的功能，它能将不同网络之间的数据信息进行"翻译"，以使它们能够相互"读"懂对方的数据，从而构成一个更大的网络。无线路由器向用户终端设备提供无线信号（Wi-Fi 信号），支持终端设备无线连接，无线路由器将多个设备连接起来就组成无线局域网，同时可以与光猫直接相连，用以实现互联网连接共享。

目前，无线路由器有百兆路由器和千兆路由器的区别。顾名思义，百兆路由器最高只支持 100Mbit/s 的速率，而千兆路由器最高可以支持 1000Mbit/s 的速率。目前主流的无线路由器是千兆路由器，其支持更快的数据传输速度、可满足更多用户同时在线的需求。无线网络可覆盖的距离一般为 10 ～ 30 米（室内），适用于家庭或小型公司使用。

知识提示

光猫是光纤调制解调器的简称，它是光纤的接入终端，可以将光信号转换为电信号，从而实现光纤上网。现在，互联网的主干线一般都使用光纤布线，光纤建网的成本比传统的铜缆建网成本更低，而且后期的维护成本也更低。互联网是因特网的俗称，也称国际互联网，它是一个全球性的网络，是由遍布全世界的众多大大小小的网络相互连接而成的计算机网络，它将全世界的计算机联系在一起。通过互联网，全世界的用户相互之间都可以实现信息交换。

3. 无线AP

无线 AP（Access Point）即无线接入点，用于把接入的有线网络转换为无线网络，如图 2-4 所示。无线 AP 包括扩展型 AP 和单纯型 AP。扩展型 AP 通常是指无线路由器。单纯型 AP 不具备路由功能，只提供无线信号发射和接收的功能，以形成无线信号的覆盖，使用时需要接入支持上网的路由器或交换机。它的网络覆盖范围比无线路由器大，可用来拓展网络传输距离，适用于大型企业或空间较大的公共场所（如机场）。

图2-3　无线路由器　　　　　　　　　　图2-4　无线AP

2.2 移动通信与移动互联网

目前主流的无线网络应用包括无线局域网和通过公共移动通信网实现的无线网络。移动互联网则是移动通信和互联网融合的产物。

2.2.1　移动通信

通过移动通信网实现的无线网络主要是借助移动电话接入互联网。这种上网方式需要移动电话开通上网功能才能接入网络。

1. 移动通信的概念

移动通信（Mobile Communication）是移动用户之间的通信，通信双方至少有一方处于运动中。移动通信包括两种情况：一种是移动用户之间的通信，另一种是移动用户与固定点用户之间的通信。

从网络角度进行分类，移动通信可以分为专用移动通信网和公共移动通信网。专用移动通信网是一个独立的移动通信系统，最具代表性的专用移动通信网是集群系统（Trunking System）。集群系统可以将有限的通信资源（信道）自动分配给大量用户共同使用，是一种十分高效的移动通信网。公共移动通信网一般采用蜂窝移动通信系统，其结构为覆盖半径在 10 千米以内的六边形。公共移动通信系统一般由 4 个部分组成，分别是移动台（Mobile Station，MS）、基站（Base Station，BS）、移动交换中心（Mobile Switching Center，MSC）和传输路线。MS 是移动通信使用的终端设备，可以是手机、平板电脑等便携设备，也可以是安装在车辆等移动物体上的设备。BS 是公共移动通信系统中的固定站台，用于和 MS 进行无线通信。BS 包含无线信道和安装在高建筑物上的发射、接收天线。每个基站都有对应的无线小区服务范围，其覆盖范围主要由基站的发射功率和天线的高度决定。MSC 是移动业务的交换中心，用于处理与交换信息，以及对整个系统进行集中控制管理。传输路线主要包括交换中心与基站之间、交换中心之间和固定网络之间的连接路线等。日常生活所用的电信、移动、联通等通信系统都是公共移动通信系统。

2. 移动通信的传播介质

为了保证移动用户能够接收到信号，移动通信必须通过无线电波进行传输。无线电波是指在自由空间（包括空气和真空）内传播的射频频段的电磁波，类似于池塘的波纹，可以看作是一种能量的传输形式。与光波类似，它的传播速度受到传播介质的影响，在空气中的传播速度略小于光速，但一般认为它等于光速。无线电波在空间中的传播方式主要包括直射、反射、折射、穿透、绕射（衍射）和散射 6 种，不同的传播方式下无线电波的信号强度不同。其中，直射是在没有阻挡物的自由空间中传播的方式，但在实际情况下，由于地面或室内各种物体的存在，无线电波的传播发生了不同的变化。因此，无线电波在移动通信环境中具有以下 3 个特点。

- **复杂性：** 移动通信的移动终端的天线高度一般较低，因此无线电波的传播路径容易受到地形（建筑物等）和人为环境（如工业噪声、机动车噪声等）的影响，这使信号变得更加复杂，容易发生散射、反射或叠加等情况。
- **随机移动性：** 移动通信的移动终端会随着环境的变化而变化，这就使基站与移动终端之间的传播路径不断发生变化，从而导致信号不断发生变化。

● **传播的开放性：**无线电波一般在空气中传播，具有开放的特点，这也是电波信号容易被严重干扰的原因，包括同频干扰、邻频干扰等。

3. 移动通信技术的发展

移动通信技术的发展大致经历了第一代移动通信技术（1G）至第五代移动通信技术（5G）的阶段。随着移动通信技术的发展，1G、2G 和 3G 逐渐被淘汰。4G 是目前主流的移动通信技术，5G 是新一代的移动通信技术。

（1）4G

4G 是集 3G 与 WLAN 于一体的，能够提供高速数据传输、高质量的音视频和图像的技术。在 3G 时代，附图的文字资讯已经随处可见，而在 4G 时代，文字资讯不再是主流，视频资讯变得更加常见。例如，短视频在微信、微博中随处可见，视频节目可以"随手获得"。同时商家利用 4G 技术通过视频、游戏、语音、图片等多媒体手段，更直观、全面地将信息传递给目标消费群体。与 3G 相比，4G 网络容量更大、体验性更好、速度更快，在宽带上网、视频通话和网上购物等方面为用户带来了更好的体验。根据国家统计局数据显示，截至 2023 年 6 月，我国移动电话用户总数为 17.1 亿户，4G 移动电话用户数为 8.83 亿户，占移动电话用户的 51.6%。随着 5G 移动电话用户数的增长，尽管 4G 移动电话用户数呈下降趋势（2021 年超过 10 亿户、2022 年超过 9 亿户），但 4G 网络仍是目前覆盖率最高、普及率最高的移动通信网络。

（2）5G

5G 的发展主要有两个驱动力：一是随着 4G 的全面商用，对下一代技术的讨论提上日程；二是随着移动数据的需求出现爆炸式增长趋势，现有的移动通信系统难以满足未来需求，急需研发新一代移动通信技术。与 2G、3G 和 4G 不同，5G 不是一种独立的全新无线接入技术，而是现有无线接入技术（包含 2G、3G、4G 和 Wi-Fi）的延伸，以及在整合一些新增加的技术后构成的综合性技术。从用户体验看，5G 具有更高的速率，用户只需要几秒即可下载一部高清电影，能够满足用户对虚拟现实、超高清视频等更高的网络体验需求。从行业应用看，5G 具有更高的可靠性，更低的时延，能够满足智能制造、自动驾驶等行业的特定应用需求，拓宽、融合产业的发展空间，支撑经济社会创新发展。

2019 年 6 月 6 日，工业和信息化部正式向中国电信、中国移动、中国联通、中国广电发放 5G 商用牌照，中国正式进入 5G 商用元年。工业和信息化部原部长、中国工业经济联合会会长在"看 2020 财经峰会"上表示：5G 网络建设需要大约 600 万个基站，5G 网络还需要 6 ～ 7 年时间实现全国覆盖。根据工业和信息化部披露的数据显示，截至 2022 年 10 月，5G 基站总数为 225 万个，占移动基站总数的 20.9%，5G 移动电话用户为 5.24 亿户，占移动电话用户的 31.1%；截至 2023 年 6 月，5G 基站总数达 293.7 万个，占移动基站总数的 26.0%，5G 移动电话用户达 6.76 亿户，占移动电话用户的 39.5%。由此可见，5G 网络建设正在稳步推进，将在预计的时间内实现全国覆盖。

知识提示

第六代移动通信技术（6G）已经进入研发阶段，6G 在数据传输速率、时延、移动性、定位能力等方面均优于 5G，6G 网络将是一个地面无线与卫星通信集成的全连接世界，以实现"万物互联"的目标。将卫星通信整合到 6G 移动通信，网络信号能够抵达全国任何一个偏远的乡村。

素养小课堂

随着全球 5G 网络的发展与进步，全球 5G 标准必要专利数量逐年攀升。中国信息通信研究院发布的《全球 5G 标准必要专利及标准提案研究报告（2023 年）》显示，在有效全球专利族排名前 10 的企业中，中国企业有 5 家，其中，华为排名第 1，中兴排名第 4，大唐电信、OPPO 和小米分别排名 8、9、10 位。目前，在 5G 领域，无论是技术实力，还是网络建设、终端适配、应用探索等，我国都处于领先地位。但 5G 产业链中的核心部件是芯片，我国的芯片产业总体落后于发达国家，好消息是 2023 年国内首款商用可重构 5G 射频收发芯片"破风 8676"研制成功，射频收发芯片是 5G 基站的核心芯片，"破风 8676"的成功研制有效提升了我国 5G 网络核心设备的自主可控度。值得一提的是，在全球 6G 专利排行方面，我国以 40.3% 的 6G 专利申请量占比高居榜首。

4G 网络时代下，互联网改变了人们的生活方式，作为跨时代的移动通信技术，5G 的普及应用将对人类的生产、生活产生广泛而深刻的影响。因此，在学习的过程中，我们应该与时俱进，对周围环境有清晰的认识，努力成为一名基础扎实、专业能力强的高素质创新人才，为祖国的建设和发展作贡献。

2.2.2 移动互联网

移动互联网（Mobile Internet，MI）整合了互联网与移动通信技术，是互联网的技术、平台、商业模式和应用与移动通信技术结合并实践的活动的总称。简而言之，移动互联网使人们能够通过移动终端，采用移动通信方式随时随地地使用互联网的各种服务。例如，通过移动互联网，人们可以使用手机、平板电脑等终端设备浏览新闻、在线搜索信息、在线聊天、收听音乐、观看视频及在线支付等。

1. 无线应用协议（WAP）与移动IP技术

终端设备能够接入互联网除了依赖移动通信技术，还涉及其他多种标准和技术，其中最主要的是无线应用协议（WAP）和移动 IP 技术。

- **无线应用协议（WAP）：** WAP 是移动终端访问无线信息服务的全球主要标准，也是使用移动数据以及增值业务的技术基础。WAP 定义了一种移动通信终端连接互联网的标准方式，提供了一个统一、开放的技术平台，使移动设备可以方便地访问以统一的内容格式表示的互联网及互联网的信息。它是目前大多数移动通信终端、设备制造商、无线通信服务商和基础设施提供商普遍采用的标准。

- **移动 IP 技术：** 移动 IP 技术在网络层改变 IP 协议，从而实现移动终端设备在互联网中无缝漫游。借助移动 IP 技术，节点从一条链路切换到另一条链路上时无须改变它的 IP 地址，也不必中断正在进行的通信。移动 IP 技术在一定程度上能够很好地支持移动电子商务的应用。

移动互联网整合了互联网与移动通信技术，将各类企业的大量信息及各种各样的业务引入移动互联网中，为企业搭建了一个满足业务和管理需要的移动信息化应用平台，提供全方位、标准化、一站式的企业移动商务服务和电子商务解决方案。移动互联网高效满足了用户随时随地访问互联网的需求，这是传统行业无法满足的。并且，由于移动终端的可定位性，企业能够便捷地为不同用户提供定制化的服务。但在移动互联网环境下，企业的业务能力受到无线网络的制约，尤其是受到移动通信网络传输性能的制约，它将直接影响企业的服务水平。

2. 移动终端

移动互联网是在移动通信技术和移动终端技术的飞速发展下产生的。如果只有移动通信技术快速发展，而移动终端技术止步不前，那么用户体验也无法得到改善。

移动终端（Mobile Terminal，MT）也称为移动通信终端，指在移动通信设备中，终止来自或送至网络的无线传输，并将终端设备的能力适配到无线传输的部分。移动终端拥有非常丰富的通信方式，既可以通过 4G 和 Wi-Fi 等无线网络进行通信，也可以通过蓝牙和红外线进行通信。移动电子商务中常见的移动终端包括手机、平板电脑、笔记本电脑、条码扫描器和条码打印机等。

- **手机：** 手机通常被视为结合个人信息管理功能和移动电话功能的手持设备。手机已从功能性手机发展到以 Android 系统、iOS 系统为代表的智能手机。智能手机是指"像个人计算机一样，具有独立的操作系统，可以由用户自行安装软件、游戏等第三方服务商提供的程序，通过此类程序来不断对手机的功能进行扩充，并可以通过移动通信网络来实现无线网络接入的这样一类手机的总称"。目前，虽然已推出 5G 智能手机（与 5G 网络相匹配），但 4G 手机仍是现阶段的主流智能手机。

- **平板电脑：** 平板电脑是一种小型、方便携带的个人计算机，以触摸屏作为基本的输入设备。它拥有的触摸屏允许用户通过触控笔或数字笔来进行作业，而不是传统的键盘或鼠标。

- **笔记本电脑：** 笔记本电脑也叫"便携式计算机"，是台式计算机的微缩和延伸，其最大的特点就是机身小巧、携带方便。笔记本电脑是用户更高需求下的产物，其发展趋势是更小、更薄、更轻。虽然机身小巧，但笔记本电脑的功能越来越强大，完全能满足人们移动办公、移动娱乐和移动购物等日常操作需求。

- **条码扫描器：** 条码扫描器，又称为条码阅读器、条码扫描枪，如图2-5所示，它是用于读取条码（包括一维码和二维码）所包含信息的阅读设备。其利用光学原理，把条码的内容解码后通过数据线或无线的方式传输到计算机或其他设备上。

图2-5　条码扫描器

- **条码打印机：** 条码打印机，顾名思义是一种专门用于打印条码的打印机，如图2-6所示，与普通打印机的最大区别就是条码打印机以碳带为打印介质完成打印，这种打印方式相较于普通打印方式而言，其优点在于它可以在无人看管的情况下完成连续高速打印。

图2-6　条码打印机

知识提示

　　手机、平板电脑或笔记本电脑是面向个人用户的终端设备；条码扫描器和条码打印机是面向商家的终端设备。其中，手机是移动电子商务中个人用户最常使用的终端设备，条码扫描器则常用于移动支付，如在超市结账时，售货员使用条码扫描器扫描用户移动终端设备上的二维码完成收款。

2.3　移动定位技术

　　人们很早就开始用地图来标示位置信息，但由于技术手段落后，只能通过参照物来进行事物的定位。后来，人们发明了罗盘、指南针，定位的能力和定位的精准度都得到显著提升。进入现代社会之后，随着科技的进步和人们对定位的要求越来越高，定位技术取得了飞跃性的发展。用于定位的设备和技术，也逐步从航海航空、测绘救灾、军事国防等领域，逐渐渗透到人们的日常生活中，成为人们娱乐和工作不可或缺的组成部分。安装在手机中的各类App提供有各种定位服务，这些服务里面就包括移动定位服务，其用来获取用户的位置信息，并在电子地图上表示出来。定位技术可应用于车辆导航、物流跟踪、外卖订餐、外出打车等服务。

2.3.1　GPS定位技术

　　全球定位系统（Global Positioning System，GPS）是目前使用非常广泛的卫星定位系统，卫星定位是利用人造地球卫星进行点位测量的技术。目前，GPS 被广泛应用于民用领域，包括野外考察、资源勘查、航海、航空、公交车辆调度、车辆监控与防盗等。

1. GPS的组成

GPS 主要由 3 个部分构成，包括空间部分、地面控制部分和用户设备部分。图 2-7 所示为 GPS 的结构示意图。

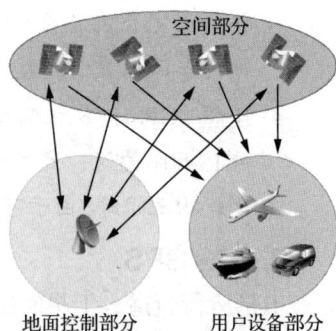

图2-7 GPS的结构示意图

- **空间部分：**GPS 的空间部分由 24 颗卫星组成（21 颗工作卫星和 3 颗备用卫星），它们均匀地分布在 6 个轨道面上（每个轨道面 4 颗卫星）。卫星轨道平面相对地球赤道面的倾角为 55°，轨道平均高度约 20200 千米，卫星运行周期约 12 恒星时（地球绕恒星自转一周时，GPS 卫星绕地球运行两周，即绕地球一周的时间为 12 恒星时）。卫星的分布使得用户在全球任何地方、任何时间都可至少观测到 4 颗卫星。每颗工作卫星都会发出用于导航定位的信号，GPS 正是利用这些信号来进行定位。

- **地面控制部分：**GPS 的地面控制部分由分布在全球的若干个跟踪站所组成的监控系统构成。根据作用的不同，这些跟踪站又被分为主控制站、监测站和注入站。主控制站的作用是根据各监测站对 GPS 的观测数据，计算出卫星的星历和卫星钟的改正参数等，并将这些数据通过注入站注入卫星中去；同时，它还对卫星进行控制，向卫星发布指令，当工作卫星出现故障时，调度备用卫星替代失效的工作卫星。监测站设有 GPS 用户接收机、原子钟、收集当地气象数据的传感器和进行数据初步处理的计算机，主要用于获取卫星观测数据并将这些数据传送至主控制站。注入站的作用是将主控制站计算出的卫星星历和卫星钟的改正参数等注入卫星中去。

- **用户设备部分：**GPS 用户设备部分即 GPS 接收机，主要由 GPS 接收机硬件和相应的数据处理软件组成。GPS 测量出已知位置的卫星到 GPS 接收机的距离，然后综合多颗卫星的数据就可知道 GPS 接收机的具体位置。GPS 接收机硬件包括接收机主机、天线和电源，主要用于接收卫星发射的信号，以获得定位信息，并经过简单的数据处理实现定位和实时导航；数据处理软件指各种后处理软件包（后处理指某一阶段性工作后进行的步骤），它通常由厂家提供，主要用于对卫星数据进行精加工，以便获得精确的定位结果。手机内置的 GPS 模块和天线，就相当于 GPS 接收机，负责 GPS 数据的接收和处理。这些数据被手机操作系统或 App（百度地图等）调用，以达到精确定位的目的。

2. GPS定位的优缺点

GPS 定位的优缺点分别如下。

- **优点：**可实现全球性、全天候定位；定位精度较高；定位速度较快，手机定位软件初次定位在1分钟以内；操作简单，定位的自动化程度高；可同时测量定位目标的平面位置和高度。

● **缺点：** GPS接收机需要内置GPS天线和GPS芯片等模块，并且GPS接收机需要支持IS-801协议；定位精度受GPS接收机所处环境的影响较大，如用户在室内或高大建筑物之间时，由于可见的GPS卫星数量较少，定位精度将降低，甚至无法完成定位。

3. 差分GPS

卫星运行轨道、卫星时钟存在误差，大气对流层、电离层和建筑物等会干扰信号，这些情况使得GPS的定位精度大大降低。为提高定位精度，GPS的民用领域普遍采用差分GPS技术。

采用差分GPS技术提高定位精度，通常的做法是将GPS接收机安装在基准站（基准站是对卫星导航信号进行长期连续观测，并由通信设施将观测数据实时或定时传送至数据中心的地面固定观测站）上进行观测。根据基准站的准确坐标，计算出基准站到卫星的距离修正数，并由基准站将数据实时发送出去。用户的GPS接收机在进行GPS观测的同时，接收到基准站发送的修正数，然后将其与GPS接收机自身的观测值进行比较，消去大部分误差，得到更加精准的定位。

知识提示

除了GPS，目前还有中国的北斗（BDS）、欧盟的伽利略（Galileo）、俄罗斯的格洛纳斯（GLONASS）等技术成熟的卫星导航系统。我国正在大力推动北斗卫星导航系统的商用，其能为全球用户提供全天候、全天时、高精度的定位、导航和授时服务。

2.3.2 基于位置的服务技术

基于位置的服务（Location Based Service，LBS）属于基站（Base Station，BS）定位，它通过基础运营商（中国移动、中国电信、中国联通）的无线通信网络或外部定位方式（GPS等）获取移动终端用户的位置信息。它是在地理信息系统（Geographic Information System，GIS）的支持下，为用户提供相应服务的一种增值服务。

1. LBS的定位原理

LBS的概念是从美国发展起来的，它起源于GPS，当GPS民用化以后，产生了大量以定位为核心功能的应用形式。进入21世纪后，LBS及其涉及的技术在电子商务领域广泛应用、大放异彩。LBS定位的大致原理是，用户手机测量不同基站的下行导频信号，得到各个基站的信号到达时刻或到达时间差，根据测量结果，再结合基站的坐标，就能够计算出用户手机的坐标值。LBS定位的精度取决于基站的数量及覆盖范围。基站数量越多，密度越高，定位精度也就越高；基站与用户手机之间的障碍物少一些，定位精度也会有所提升。这也说明了，用户在偏远地区无法实现准确定位或无法定位的原因是偏远地区的基站数量少，所以无法准确定位或无法定位。

2. LBS的应用

LBS是近年来十分被看好的业务，无论是用户还是企业对LBS都有着广泛的需求。目前，LBS在移动电子商务中的应用包括以下几个方面。

- **实时位置追踪：** 实时位置追踪是指通过移动设备实时获取车辆或设备携带者所处的位置信息，其应用十分广泛，如跑步、骑行类App为用户提供运动数据（见图2-8），儿童手表借助实时位置追踪让家长实时掌握孩子的行踪（见图2-9），快递公司、出租车调度中心借助实时位置追踪实时掌握车辆的位置信息等。

- **出行导航：** LBS的出行导航应用是指通过定位系统引导用户从一个地点移动到目的地。用户在相关平台（如百度地图、高德地图等）中输入目的地后，系统能够在用户所在位置和目的地之间选择最佳路线，并以图形方式展示路线图（见图2-10），在行进过程中为用户提示方向（如"沿当前道路直行200米后右转"）。

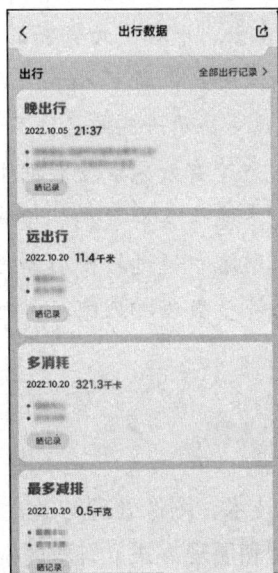

图2-8　运动数据　　　　图2-9　儿童手表的追踪功能　　　　图2-10　出行导航路线图

- **位置查询：** 位置查询是指对地理位置进行搜索后查询出该位置的具体信息，涉及交通、饮食、住宿、游玩等方面。例如，用户在百度地图中搜索某一位置，进入该位置专属界面，可以查看该位置的详细地址（××省××市××区××街道××号），相关的图片，用户评价，周边美食、景点、超市、酒店及公交站等信息。

- **个性化信息推送：** 个性化信息推送是指移动应用根据用户的位置，向用户主动推送周边用户发布的内容，以及衣食住行等各方面信息，满足用户社交和日常生活需求。

2.4 新兴技术

随着科学技术的快速发展，大数据、VR 与 AR，以及人工智能等新兴技术的出现与应用，为移动电子商务注入了新的活力，推动了移动电子商务的发展。

2.4.1 大数据

数据是指存储在某种介质上的包含信息的物理符号。进入电子时代，人们生产数据的能力得到飞速的提升，生产的数据量大大增加，这些数据的增加最终促使大数据的产生。大数据是指无法在一定时间范围内用常规软件工具进行捕捉、管理、处理的数据集合。

大数据技术是指为了传送、存储、分析和应用大数据而采用的软件和硬件技术，也可将其看作面向数据的高性能计算系统。大数据技术在移动电子商务中的应用主要体现在以下两个方面。

- **推荐系统：** 推荐系统可以向用户提供信息和建议，如商品推荐、新闻推荐、视频推荐等，而实现推荐的过程就需要依赖大数据。用户在访问平台时，平台会记录和分析用户行为并建立模型，将该模型与数据库中的信息匹配后，产生推荐信息。为了实现精准推荐，平台需要存储海量的用户访问信息，并基于大数据的分析，推荐与用户行为相符、用户可能感兴趣的内容。例如，用户在淘宝 App 上购买了一双运动鞋，之后再打开淘宝 App 主页，推荐购买区就会显示一些同类商品。

- **搜索引擎系统：** 搜索引擎是非常常见的大数据系统，为了有效完成互联网上数量巨大的信息收集、分类和处理工作，搜索引擎系统大多基于集群架构。搜索引擎的发展历程为大数据研究积累了宝贵的经验，用户在网络中通过搜索引擎搜索并浏览信息时，就需要将关键词与搜索引擎数据库中的海量数据相匹配，并把符合用户搜索需求的数据呈现给用户。

2.4.2 VR与AR

VR 与 AR 是结合了仿真技术、计算机图形学、人机接口技术、图像处理与模式识别、传感技术、人工智能等多项技术的交叉技术，两者在实现原理和展现方式上有所区别。

1. VR

VR 是利用计算机技术与硬件设备构建三维空间，模拟具备高度真实感的虚拟环境，并使用户能够自然地与该虚拟环境进行交互的一种技术。模拟环境是利用计算机技术模拟出来的现实中的世界，故称为虚拟现实。VR 主要的特征，就是让用户成为并感受到自己是计算机所创造的模拟环境中的一部分，并得到模拟环境真实的反馈，如推动模拟环境中的物体时，物体会向力的方向移动、翻倒、掉落等。

在移动电子商务中，VR 常应用于影视娱乐、旅游、教育、购物等领域。

- **影视娱乐：** 影视娱乐是 VR 应用较广泛的领域，其中又以 VR 观影和 VR 游戏为主要应用场景。VR 观影使用户不仅可以观看到具有立体效果的视频，还可以实现

360°全景观影，使用户获得沉浸式的观影体验。在VR游戏环境里，用户在虚拟世界里利用双眼直接观察游戏世界，有较强的交互性、真实感和沉浸感。此外，VR也可应用于体育赛事直播、音乐演出等领域。

- **旅游：** VR为旅游带来了全新的体验方式，它将景区的美丽风光真实还原至虚拟空间内，并且提供导览功能，用户可在里面快速找到自己想要观看的景点，并且可以以第一视角全方位、多角度地欣赏景区美景，足不出户即可开启身临其境的奇幻旅程。图2-11为VR旅游应用首页。

- **教育：** VR在教育领域有着广泛的应用，它能够为用户提供生动、逼真的虚拟学习环境，如建造人体模型、化合物分子结构、太空场景等，在广泛的科目领域提供无限的虚拟体验，使传统的"以教促学"的学习方式转换为用户通过自身与信息环境的相互作用来得到知识、技能的新型学习方式。

- **购物：** VR使用户在线上购物时与商品的距离更近，没有了商品在屏幕里面的感觉，可以体验到线下购物的真实感，360°观察商品细节。但目前VR购物并没有得到大

图2-11　VR旅游应用首页

面积的常态化商用，更多的是作为一种创新的营销手段（可在实体店线下体验，也可在移动端线上体验），一是因为VR虚拟世界的真实效果有待提高，商品缺乏真实感；二是VR购物成本较高，对商家而言，VR三维建模成本较高，技术复杂，对消费者而言，想要得到更好的购物体验需要购买价格更高的VR设备。当然，这些问题迟早会得到解决，VR购物也将蓬勃发展。

知识提示

　　要获得VR体验，用户需要穿戴VR设备，主要是头戴式显示器（Head Mounted Display，HMD）。它是VR系统中用于显示三维视觉效果的立体显示输出设备，因其外观像眼镜，因此又被称为VR眼镜。目前，市面上主流的VR眼镜是VR一体机，它是内置处理器和存储器，集成显示、交互、计算等功能于一体的头戴式显示器，使用时无需外接计算机或手机驱动，但用户可安装匹配VR一体机的App，对设备和观看内容进行操控。

2. AR

　　AR是在VR的基础上发展起来的技术，它将计算机生成的图像、三维模型、视频等虚拟信息模拟仿真后，应用到真实世界中，两种信息互为补充，从而实现对真实世界的"增强"。

　　在移动电子商务中使用AR，用户能够360°查看商品的全貌，可以以1:1的比例将

34　商品放置到真实的环境中，常应用于美
妆、服饰、家居等领域。例如，进行美
妆、服饰的试用、试穿、试戴；在选购
家居产品时，将其置于真实的环境中查
看搭配效果，如图 2-12 所示。

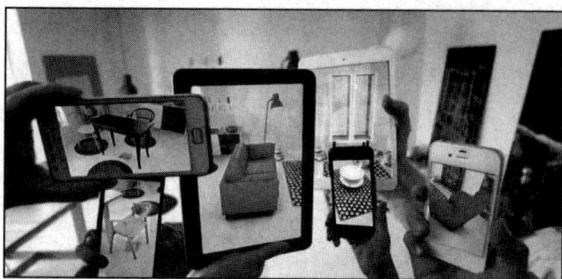

图2-12　AR家居购物场景

目前，在移动购物领域，一些移动
电子商务平台进行了 AR 购物的常态化
应用。例如，手机天猫 App 开设了"3D
空间"通道，用户可进行常态化的 AR 体验，如图 2-13 所示。

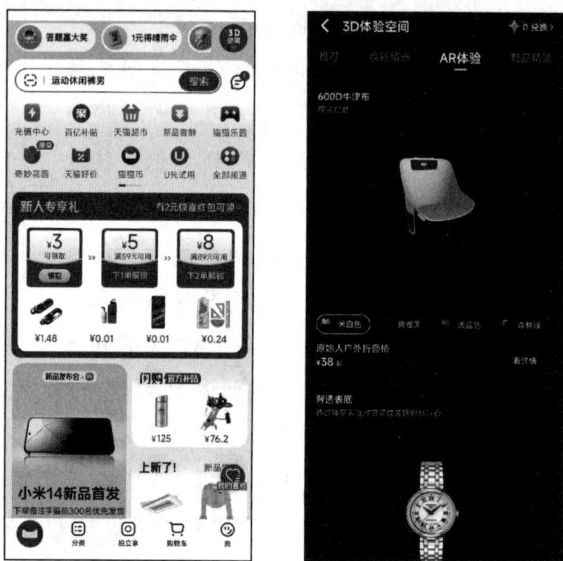

图2-13　手机天猫App的AR购物体验界面

2.4.3　人工智能

人工智能也叫做机器智能，是指由人工制造的系统所表现出来的智能，可以概括为研
究智能程序的一门科学。人工智能研究的主要目标在于研究用机器来模仿和执行人脑的某
些智力功能，探究相关理论、研发相应技术，如判断、推理、识别、感知、理解、思考、
规划、学习等思维活动。

曾经，人工智能只在一些科幻影片中出现，但伴随着科学技术的不断发展，人工智能
在很多领域都得到了不同程度的应用，在移动电子商务领域主要体现为以下 5 个方面。

● **智能客服：** 智能客服基于人工智能技术，以聊天机器人的形式自动与用户沟通，
能够自动回复用户咨询的问题，识别用户发送的文本、图片、语音，响应简单的
语音指令。智能客服机器人能快速解决用户提出的各种重复问题，缩短人工客服
处理问题的时间，提升服务质量和用户体验感。目前，各大电子商务平台都引进
了智能客服功能，替代人工客服回复重复性问题，提升服务质量。

- **自动化写作：** 利用人工智能技术可完成各类文案的写作，包括商品标题、营销推广文案、直播话术、直播脚本等，如 ChatGPT、文心一言等。ChatGPT 是人工智能研究公司 OpenAI 基于人工智能推出的聊天机器人，它不仅可以与用户进行日常对话，还可以在给定的关键词、主题或者文本段落下，完成自动化写作，且文本质量较高。文心一言是百度在 2023 年 3 月正式推出的大型语言模型、生成式 AI 产品，能够与人对话互动、回答问题、协助创作，高效便捷地帮助用户获取信息、知识和灵感。

- **个性化推荐：** 在移动电子商务领域，利用人工智能分析用户的历史数据和偏好，可为用户推荐符合其兴趣和需求的商品，实现用户的个性化推荐与服务。个性化推荐已经成为一种基本的常规服务，被广泛应用于淘宝、天猫、京东、拼多多等平台。

- **图片智能搜索：** 在移动电子商务平台中搜索商品时，有时文字并不能很好地表达关键信息。基于这一问题，图片智能搜索为用户提供了上传图片并通过人工智能分析图片特征，为用户推荐同款或相似商品的功能。图片智能搜索不仅缩短了用户搜索商品的时间，而且搜索结果更准确，用户满意度和体验度也更高。

- **智能分拣：** 物流是电子商务的重要环节，物流配送的服务质量直接影响用户的满意度和忠诚度。特别是当下，不管是包裹品类还是包裹数量都在快速增长，以往的人工分拣无法快速、准确地实现分拣任务。人工智能的不断发展促进了智能分拣机器人的出现，智能分拣机器人的灵活性高、适应性强，可以根据分拣包裹的大小和数量进行智能分拣，提高货物运输的效率、安全性和完整性。

实践训练

实训1　组建无线局域网并连接互联网

【实训背景】

某公司的运营部开通了宽带服务，现在需要连接无线路由器组建一个简单的无线局域网，并使无线路由器连接互联网，使部门内的计算机、笔记本电脑和手机等终端设备实现资源共享，并能访问互联网，开展移动电子商务活动。

微课视频

组建无线局域网
并连接互联网

【实训要求】

（1）将无线路由器与光猫正确连接。

（2）配置无线网络的名称和密码。

【实施过程】

（1）连接无线路由器。将无线路由器连接上电源，并用网线将其与光猫相连，其中网线的一端插入光猫的千兆宽带接口，网线的另一端插入无线路由器的广域网接口（通常是颜色为蓝色的接口）。

（2）登录无线路由器。在计算机或手机中打开浏览器，在地址栏中输入无线路由器的默认 IP 地址（路由器的默认地址一般为 192.168.1.1 或 192.168.0.1），打开无线路由器的登录界面，输入用户名和密码（可在无线路由器背面或说明书中查看默认的用户名和密码）。

（3）连接互联网。登录无线路由器的管理界面，如图 2-14 所示，在管理界面中选择"设置向导"选项，通过设置向导选择上网方式、输入上网账号和口令（密码）。上网账号和口令是用户缴费开通宽带后网络服务商提供的上网依据。

图2-14 无线路由器管理界面

（4）设置无线网络。通过设置向导或打开"无线设置"页面，设置无线网络的名称和密码，即 Wi-Fi 名称和密码。

（5）启用 DHCP 服务器。在管理界面中选择"DHCP 服务器"选项，启用 DHCP 服务器，自动分配内部网络中每个设备的 IP 地址和其他网络参数，使设备可以在内部网络中互相通信和访问互联网。

（6）更改登录密码。修改无线路由器的默认登录密码，以免被他人使用。

实训2　使用百度地图体验LBS定位服务

【实训背景】

微课视频

使用百度地图体验
LBS 定位服务

位于成都高新孵化园的一家企业，应客户的要求，将一批货物运送到东光商城进行交付。该企业的工作人员将利用百度地图 App，定位起始位置规划出行路线，并驾车将货物准时送至约定地点。

【实训要求】

（1）下载安装百度地图 App。

（2）打开手机的定位服务，利用百度地图 App 规划出行路线。

【实施过程】

（1）下载安装百度地图 App。利用手机的应用商店下载安装百度地图 App。

（2）登录百度地图 App，开启手机的定位服务，定位出行起始位置，在"出行"界面选择"驾车"方式；打开导航界面，在上方的文本框中分别输入"成都高新孵化园"（默认定位）、"东光商城"，设置驾车出行的起始位置和终点位置。

（3）出行导航。此时导航界面规划出若干路线，并显示各路线的行驶时间、距离和沿途信号灯；根据路线偏好，选择所需路线，点击"开始导航"按钮进行导航，如图 2-15 所示。

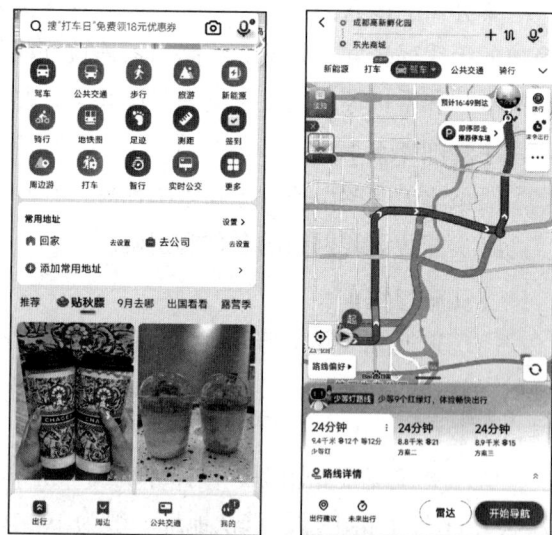

图2-15 使用百度地图App规划出行路线

思考与练习

1. 单项选择题

（1）Bluetooth 是指（　　　）。

　　A. 红外线　　　　　B. 蓝牙　　　　　C. 超声波　　　　　D. 电磁波

（2）无线广域网的英文缩写是（　　　）。

　　A. WPAN　　　　　B. WLAN　　　　　C. WMAN　　　　　D. WWAN

（3）用于把接入的有线网络转换为无线网络的是（　　　）。

　　A. 无线 AP　　　　B. 光猫　　　　　C. 无线网卡　　　　D. 有线网卡

（4）移动通信通过（　　　）进行传输。

　　A. 红外线　　　　　B. 微波　　　　　C. 无线电波　　　　D. 激光

（5）GPS 地面控制部分的（　　　）可对卫星进行控制，向卫星发布指令，当工作卫星出现故障时，调度备用卫星，替代失效的工作卫星。

　　A. GPS 接收机　　B. 监测站　　　　C. 注入站　　　　　D. 主控制站

（6）（　　　）是利用计算机技术与硬件设备建立三维空间，模拟虚拟世界的一种技术。

　　A. 大数据　　　　　B. VR　　　　　　C. AR　　　　　　　D. 人工智能

2. 多项选择题

（1）无线网络从覆盖范围的角度进行分类，可以分为（　　　）。

　　A. 无线广域网　　　　　　　　　B. 无线城域网

　　C. 无线局域网　　　　　　　　　D. 无线个人区域网

（2）目前主流的无线网络应用包括（　　　）。

　　A. 无线局域网　　　　　　　　　B. 公共移动通信网

　　C. 互联网　　　　　　　　　　　D. 移动互联网

（3）常见的无线网络连接设备包括（　　　）。

　　A. 无线路由器　　B. 无线 AP　　　C. 无线网卡　　　　D. 光纤

（4）（　　　）等因素会对 GPS 的定位精度造成影响。

　　A. 阳光　　　　　　　　　　　　B. 建筑物

　　C. 大气电离层　　　　　　　　　D. 大气对流层

（5）下列关于 LBS 的描述，正确的有（　　　）。

　　A. LBS 属于基站定位　　　　　　B. 基站越少，定位精度越高

　　C. 基站越多，定位精度越高　　　D. 定位精度不受基站数量的影响

（6）下列选项中，属于人工智能应用的有（　　　）。

　　A. 智能客服　　　　　　　　　　B. 智能分拣

　　C. 自动化写作　　　　　　　　　D. 图片智能搜索

3. 案例阅读与思考题

红领服饰的互联网转型之路

青岛红领服饰股份有限公司（以下简称红领服饰）原本是一家传统的服装企业，在互联网与电子商务的浪潮下，红领服饰与互联网深度融合，基于大数据成功转型为互联网企业。现在，红领服饰的所有工作几乎都是在信息化的平台上完成的，基于信息化平台，红领服饰可以处理由网络提交的生产订单，这些订单包含客户提供的各项数据，生产线上的员工根据这些数据完成服装的裁剪、缝合、熨烫、质检和入库等工序。红领服饰按照服装的类型，将生产车间分为西装、衬衣和西裤等车间，目前，这些车间已经成为全球规模较大的车间。

红领服饰以互联网和大数据为基础，利用全程数据驱动，实现了全员网上工作。红领服饰从网络云端上获取信息、数据、指令，并与客户互动，探索出了科学的服装生产模式。该模式充分依靠数据驱动生产，以人机结合作为辅助，充分发挥智能制造深层融合的优势，以工业化手段和效率生产个性化产品，实现个性化定制的大规模工业化生产，从而增强了企业的市场竞争力。

经过十多年智能定制的实践与发展，红领服饰现已组建了大数据平台——男士正装定制领域的大型供应商平台 RCMTM（Red Collar Made to Measure）。该平台是一种由客户驱动制造商完成直接销售的生态体系，即工商一体化的客户直连制造商（Customer to Manufacturer，C2M）的电商生态体系。C2M是基于互联网、大数据、人工智能，以及生产线的自动化、定制化、节能化、柔性化，按照客户的订单要求，设定供应商和生产工序，最终生产出个性化产品的工业化定制模式。红领服饰的 RCMTM 平台完整运用了该模式，实现了客户订单提交、产品设计、生产制造、营销、物流配送和售后服务等流程的自动化。世界各地的客户通过线下门店和线上渠道（移动端的平台主要有基于微信小程序开发的红领官方线上商城及各线下门店的小程序）提出需求，红领服饰依托于 RCMTM 平台根据客户需求一站式解决产品的设计、制作、直销与配送。相比传统服装定制模式的"数月成衣"，红领服饰以工业化的手段制造个性化产品，从下单到工厂直接发货仅需7个工作日，节省了大量的人工与时间成本，为客户和供应商带来了更多利益。

结合上述案例资料，思考下列问题。

（1）红领服饰成功转型的原因是什么？

（2）支撑红领服饰信息化平台运行的技术是什么？

3

移动电子商务平台

本章导读

　　移动电子商务平台是为企业和个人提供网上交易和洽谈业务功能的平台,即开展移动电子商务活动的场所,它是移动电子商务的主要构成要素。本章主要介绍O2O移动电子商务、跨境移动电子商务、社交移动电子商务的基础知识,以及各模式下国内主要的移动电子商务平台,为读者今后进一步掌握各平台的技术、开展运营推广工作打下基础。

学习目标

【知识目标】

　　了解O2O移动电子商务的基础知识,并熟悉国内常见的O2O移动电子商务平台。

　　了解跨境移动电子商务的基础知识,并熟悉国内常见的跨境移动电子商务平台。

　　了解社交移动电子商务的基础知识,并熟悉国内常见的社交移动电子商务平台。

【能力目标】

　　能够通过各种途径分析各移动电子商务平台的特点。

　　能够熟练操作移动电子商务平台。

【素养目标】

　　助力中国品牌在全球范围内打造创新型商品,弘扬中国智造之美。

　　以用户为中心,重视商品品质、用户服务、消费体验的优化。

本地生活服务平台——饿了么

饿了么最初是由上海交通大学的学生团队于 2008 年创办的网上餐厅，饿了么官方网站于 2009 年正式上线。2010 年 11 月，饿了么手机网页订餐平台上线。2012 年 4 月，饿了么 App 上线，并在同年 9 月推出在线支付功能。2015 年 8 月，饿了么推出外卖配送平台。2017 年 6 月，饿了么外卖配送平台覆盖全国 2000 个城市，用户量达 2.6 亿。2018 年 4 月，阿里巴巴联合蚂蚁金服完成对饿了么全资收购。自 2020 年起，饿了么开启从"送外卖"到"送万物"的全面升级，从餐饮外卖平台升级为解决用户身边一切即时需求的生活服务平台。用户可随时随地通过饿了么实现即时购买，享受全天候的即时电商体验。

饿了么主要通过向商家收取服务年费、交易额提成、竞价排名费用来获得利润。饿了么快速发展过程中的优势体现在以下几点。

（1）顺应电子商务的发展。饿了么在前期积累了大量用户后，从电子商务到移动电子商务的过渡中快速推出了 App。

（2）运营思路明确。饿了么率先提出 C2C 的订餐模式，重视服务订餐用户的同时也重视服务餐厅。

（3）以用户需求为中心。饿了么了解主要目标群体（大学生和白领）的核心需求，在简化 App 界面、订单流程的同时，保证服务质量和选择的多样性，并传递着一种年轻化的生活方式。

（4）平台优势。饿了么并入阿里巴巴后，获得了流量和技术扶持，使其更具有市场竞争力，并以外卖送餐为起点向"送万物"的即时零售升级，致力于打造中国领先的本地生活服务平台，为用户提供优质的即时电商服务。

启示： 移动电子商务平台多种多样，若只是简单的跟风操作，很容易就被市场忽视和淘汰。要想在移动电子商务领域站稳脚跟，就需要建立一种适合目标群体和自身定位的平台，这样才能在激烈的竞争中得以生存和发展。

3.1 传统电子商务移动端衍生平台

国内电子商务的发展已经比较成熟，很多企业一开始就搭建起了电子商务平台。随着移动电子商务的崛起和快速发展，这些企业纷纷涉足移动电子商务领域，推出移动端电子商务平台，并进一步完善移动端电子商务平台的功能，与原有的 PC 端电子商务平台和线下物流相结合，提供全方位的服务。其中以淘宝网和京东商城的移动端购物 App 的发展最为突出。

3.1.1　淘宝网移动端的衍生平台

淘宝网由阿里巴巴集团于 2003 年创办，是国内首批电子商务平台，发展至今不仅成为国内最大的 C2C 电子商务平台之一，也孵化出了 B2C 电子商务平台——天猫（或称"天猫商城"），这两个平台共享淘宝网的用户，其覆盖了我国大部分的网络购物人群。随着移动电子商务的蓬勃发展，淘宝网开始在移动电子商务领域进行全面布局，主要是淘宝和天猫的移动端衍生平台。

- **淘宝 App：** 淘宝 App（2021 年 5 月，手机淘宝 App 改名为淘宝 App）是淘宝官方推出的移动端衍生平台，具有搜索比价、订单查询、购买、收藏和导航等功能。淘宝 App 依托于淘宝网强大的自身优势（海量的商家和丰富的用户资源等），将淘宝网的业务平移到移动端，并且通过"双十一"大促活动等促销方式，培养用户在移动端购物的习惯。目前，淘宝 App 的用户多为 18 ～ 30 岁的年轻人群，女性用户占比略高于男性用户，用户黏性较强。图 3-1 所示为淘宝 App 首页。

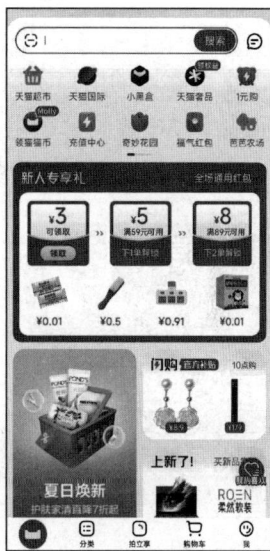

- **手机天猫 App：** 手机天猫 App 将天猫的业务平移到移动端，其功能与淘宝 App 相似，用户大部分来自淘宝网。手机天猫 App 的用户以女性为主，用户群体主要分布在超一线、一线和二线城市。与淘宝 App 相比，手机天猫 App 的商品品类少于淘宝 App，但转化率高于淘宝 App。图 3-2 所示为手机天猫 App 首页。

图3-1　淘宝App首页

图3-2　手机天猫App首页

3.1.2　京东商城移动端的衍生平台

京东商城从 2011 年开始布局移动电子商务领域，继 2011 年 2 月发布第一版京东商城 iPhone App 后，陆续推出了 Android、iPad 等平台的 App。图 3-3 所示为京东 App 首页。除了 App，京东商城还有京东购物微信小程序（见图 3-4），功能与 App 大同小异，方便用户通过多种渠道完成移动端购物。与淘宝和天猫通过"双十一"大促活动等促销方式来培养用户在移动端购物的习惯相似，京东商城主要通过"6·18"大促活动等促销方式来培养用户在移动端购物的习惯。

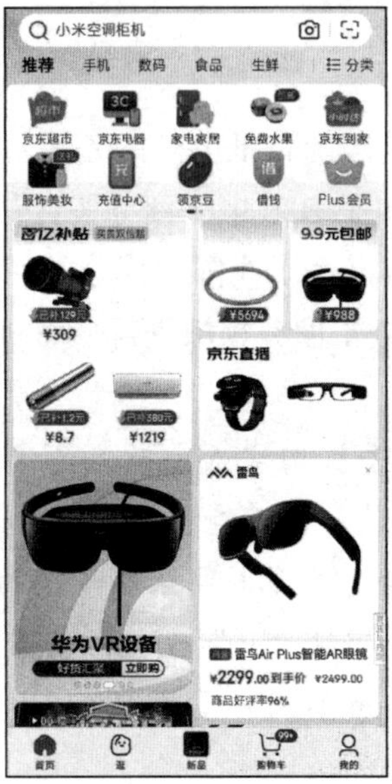

图3-3 京东App首页 　　　图3-4 京东购物微信小程序

京东商城的用户定位是具有中高等消费能力，对品质要求较高的消费人群。京东商城的商品以3C数码、家电等品类为主，男性用户占比略高于女性用户，用户年龄集中在25～35岁，用户群体主要分布在超一线、一线和二线城市。

知识提示

在移动端，除了App，许多社交移动电子商务平台都利用微信小程序开发了微商城。一方面，可以在微信端口获得更多的流量；另一方面，微商城搭建方便，小程序入口多（可通过微信公众号关联、搜索、好友分享、线下扫码等方式进入），便于推广。

3.2　O2O 移动电子商务平台

O2O是连接线上、线下资源的纽带，是移动电子商务的典型应用。目前O2O移动电子商务发展已经比较成熟，多应用于本地生活服务市场。

3.2.1　O2O移动电子商务的运营模式

O2O移动电子商务的主要模式为"线上交易，线下体验"，它的构成部分包括线下实体店、用户和O2O移动电子商务平台等。线下实体店在O2O移动电子商务平台中发布信息吸引用户，用户在移动端通过O2O移动电子商务平台购买实体店的代金券、套餐券等，获取凭证并持凭证到线下实体店消费，消费后使用凭证进行支付。交易结束后，线下实体店与O2O移动电子商务平台就该笔交易进行结算，O2O移动电子商务平台获得一定比例的佣金，线下实体店获得剩余收益。

"线上交易，线下体验"的模式让线下实体店、用户和O2O移动电子商务平台实现"三赢"。

- 对线下实体店而言，"线上交易，线下体验"的模式为商家了解用户购物信息提供了渠道，商家获得更多的宣传和展示机会，方便其收集用户购买数据，更好地留存并拓展用户，进行精准营销。同时，这种模式使商家可以利用线上引流，在一定程度上降低了商家对店铺地理位置的依赖，从而减少租金方面的支出。
- 对用户而言，可以通过O2O移动电子商务平台及时获取更多的商家折扣信息，更便捷地向商家在线咨询并进行预购，以及获得与线下直接消费相比更为便宜的价格。
- 对O2O移动电子商务平台而言，O2O模式可带来大量黏性更强的用户，进而为平台争取到更多的商家资源，并且还能为商家提供更多增值服务，平台以此来获得收益。

> **知识提示**
>
> 随着O2O移动电子商务在营销实践中的应用，"线上交易，线下体验"的模式还衍生出了"线下营销，线上交易"的模式。这种模式广泛应用于传统的线下企业中，在移动营销的大趋势下，很多传统的线下企业开始在移动互联网上发展，将线下流量引至线上，拓展线上市场。例如，超市在醒目位置展示线上商城小程序的二维码，引导用户使用手机扫码成为会员，并在线上下单。

3.2.2　常见的O2O移动电子商务平台

在O2O移动电子商务领域，O2O移动电子商务平台是连接用户和商家的桥梁，为用户和商家提供了交易服务平台。国内的O2O移动电子商务平台有很多，应用于本地生活服务市场的各个行业，如美团、京东到家、曹操出行、携程旅行、土巴兔装修等。

1. 美团

美团App是美团官方出品的移动端App，是国内成立较早、口碑较好和实力较强的综合服务类O2O平台，业务范围广，能够根据用户的定位提供其附近的美食、酒店、休闲娱乐、电影演出、火车票机票等众多信息及电子兑换券。图3-5所示为美团App首页，用户浏览信息后，可进行在线交易。图3-6所示为美团餐饮订购界面，完成支付后，用户可前往餐厅就餐。用户在就餐后，还可对此次用餐体验进行评价，为其他用户提供参考。与美团类似的平台有大众点评、口碑等。

2. 京东到家

京东到家是京东基于传统 B2C 业务模式向商品服务领域延伸拓展的本地即时零售 O2O 平台，为传统零售商提供线上线下融合的一体化解决方案。京东到家主要通过京东到家 App（见图 3-7）向用户提供其附近的超市、商家及商品信息，同时依托达达（京东旗下的同城速递信息服务平台）的高效配送服务和大量优秀的零售合作伙伴，为用户提供超市商品、生鲜果蔬、鲜花蛋糕、烘焙茶点等海量商品 1 小时配送到家的优质服务。与京东到家类似的平台有喵街、朴朴超市、叮咚买菜等。

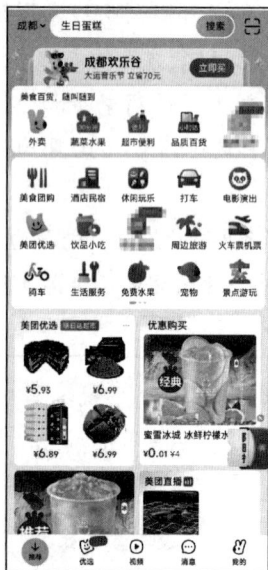

图3-5 美团App首页

图3-6 美团餐饮订购界面

图3-7 京东到家App首页

3. 曹操出行

曹操出行是交通出行服务类 O2O 平台，它改变了传统的"路边拦车"的打车方式，用户足不出户就可通过曹操出行 App 预订出行路线和出行方式（顺风车、惠选车或专车等），如图 3-8 所示。当用户在曹操出行 App 下单后，系统将根据用户当前定位向附近车辆分配订单，最大限度地为用户和司机提供便利。除了曹操出行 App，还有曹操出行微信小程序，方便用户通过多种渠道使用曹操出行的乘车服务。与曹操出行类似的平台有 T3 出行、万顺叫车等。

图3-8 使用曹操出行App预订出行路线和出行方式

4. 携程旅行

携程旅行是旅游服务类 O2O 平台，可以提供包括酒店预订、机票预订、门票预订、商旅管理及旅游资讯等全方位旅游信息及服务。图 3-9 所示为携程旅行 App 首页，图 3-10 所示为机票订购界面。与携程旅行类似的平台有途牛旅游、飞猪旅行、去哪儿旅行等。

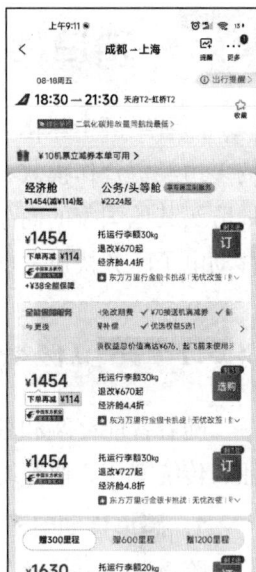

5. 土巴兔装修

土巴兔装修是家装服务类 O2O 平台，它依靠互联网与大数据技术，搭建起连接用户和装修公司的"桥梁"，从信息推荐、交易保障、质量监督、评价反馈等多个角度，为用户提供装修各环节的服务。图 3-11 所示为土巴兔装修 App 首页，图 3-12 所示为装修公司信息推荐界面。与土巴兔装修类似的平台有齐家装修等。

图3-9　携程旅行App首页　　　图3-10　机票订购界面

图3-11　土巴兔装修App首页　　　图3-12　装修公司信息推荐界面

> **知识提示**
>
> 通常，O2O 移动电子商务平台作为第三方平台，只为用户提供交易服务，不直接参与交易，其营利方式一般包括向入驻平台的商家收取交易提成、广告收入，以及向用户收取 VIP 会员费（会员等级决定用户购买商品时折扣的大小）等。

3.3 跨境移动电子商务平台

随着经济全球化与互联网的快速发展，跨境电子商务应运而生。它构建了开放、立体的多边经贸合作模式，拓宽了企业进入国际市场的途径，同时，用户还能通过该模式便利地购买其他国家的商品。进入移动互联网时代后，跨境电子商务向移动端拓展业务，跨境移动电子商务快速发展。

3.3.1 跨境移动电子商务概述

随着智能终端和移动互联网的普及，以及用户移动购物习惯的养成，各大电子商务企业、传统零售企业等纷纷布局跨境移动电子商务业务，推动着跨境移动电子商务的发展。

1. 跨境移动电子商务的概念与分类

跨境移动电子商务是指分属不同关境的交易主体，在移动互联网环境下，通过跨境移动电子商务平台达成交易、进行支付结算，并通过跨境物流运输商品、完成交易的一种新型国际贸易活动。

按照进出口贸易分类，跨境移动电子商务包括进口跨境移动电子商务和出口跨境移动电子商务，意指商品购进和商品外销。时下的"海淘"即典型的跨境电商零售进口商业活动，用户在移动端上即可直接购买境外商品。按交易模式分类，跨境移动电子商务主要分为跨境 B2C 与跨境 B2B 两种模式。跨境 B2C 指不同关境的企业通过跨境移动电子商务平台开展在线销售商品或服务的商业活动，一般以网络零售业为主；跨境 B2B 则是指分属不同关境的企业与企业之间通过跨境移动电子商务平台进行的商业活动。

2. 跨境移动电子商务的特征

跨境移动电子商务是利用移动互联网开展跨境电子商务的国际贸易新模式，因此跨境移动电子商务兼具跨境电子商务和移动互联网的特征，具体体现在以下 5 个方面。

● **交易的灵活性：** 从 B2C 方面看，移动端使用户能够随时随地购物；从 B2B 方面看，国际贸易将朝着小额化、碎片化的方向发展，移动端可以让国际贸易轻松完成，商家可以随时随地做生意。例如，白天商家可以在仓库或工厂用手机上传商品图片，实现即时展示，晚上商家可以回复用户的问题、接受订单。

● **贸易的实时性：** 互联网的发展加速了国际贸易的发展，PC 端的通信工具方便了贸易双方的交流，减少了时滞产生的影响。移动互联网和移动智能终端的便携性，使参与国际贸易的双方真正实现了随时随地实时交流，减少了不对称消息对贸易的影响。

● **支付的便捷性：** 跨境电子商务向移动端拓展，相应的支付方式也开始由 PC 端向移动端拓展。境外用户可选择贝宝（PayPal）、谷歌钱包（Google Wallet）等移动支付工具，境内用户可选择支付宝、微信、快钱和易宝等移动支付工具。

● **消费的分散性：** 跨境移动电子商务模式下，用户的购物习惯发生了改变，用户的移动网购行为是"碎片化"的，用户可通过移动终端在任何时间、不同的跨境电子商务平台选购商品。

- **营销的社会化：**基于 PC 端的跨境电子商务更倾向于利用媒体报道、搜索引擎优化和电子邮件营销等方式引流；基于移动端的跨境电子商务则更多地采用社交媒体引流的方式。

知识提示

跨境移动电子商务的发展情况与互联网发展情况相关。在欧美国家等发达市场，互联网发展进程完备，跨境电子商务从 PC 端向移动端的发展有很大的存量空间。在一些新兴市场，整体电子商务市场的发展水平可能略微滞后，如东南亚和非洲，大量企业不需要进入 PC 端跨境电子商务市场，而直接进入跨境移动电子商务市场，这是未来跨境移动电子商务发展的巨大增量市场。

3.3.2 常见的跨境移动电子商务平台

随着跨境电子商务的快速发展及其业务向移动端拓展，不仅传统的电子商务企业开始涉足跨境移动电子商务领域，并搭建起独立的 App，还不断涌现出许多新成立的跨境移动电子商务平台。

1. 敦煌网

敦煌网成立于 2004 年，是国内首个为中小企业提供 B2B 网上交易的出口跨境电子商务平台，致力于帮助我国中小企业通过该平台走向全球市场，开辟更加安全、便捷和高效的国际贸易通道。不同于向商家收取服务费的传统模式，敦煌网采取的是向买方收取交易佣金的运营模式，即商家注册开店与交易免费，用户购买商品需支付一定的佣金。

敦煌网在行业内率先推出移动端 App，敦煌网商户 App 是敦煌网为国内商家打造的手机应用软件，不仅解决了跨境沟通和时差问题，还打通了订单交易的整个购物流程。目前，商品图片的上传、店铺的装修等仍需在敦煌网 PC 端上操作，敦煌网商家 App 可进行订单的管理和与用户即时沟通等操作。图 3-13 所示为敦煌网商家 App 的首页，图 3-14 所示为敦煌网商家 App 的订单管理界面。

图3-13 敦煌网商家App的首页

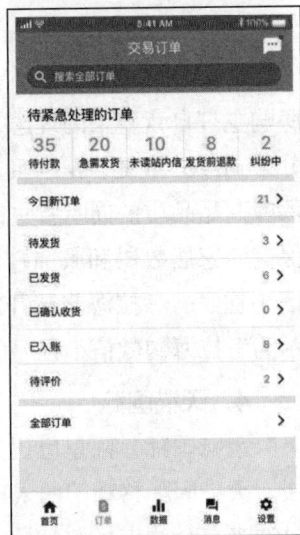

图3-14 敦煌网商家App的订单管理界面

> **知识提示**
>
> 敦煌网的在线交易流程：第一步，境外用户通过平台下单，并使用 PayPal 支付货款到敦煌网平台上；第二步，境内商家确认订单并发货；第三步，境外用户收到商品后验收并确认付款（包括交易佣金）；第四步，境内商家申请放款，敦煌网将货款打入商家账户，完成结算。

2. 速卖通

速卖通全称为全球速卖通，是阿里巴巴于 2010 年面向国际市场打造的跨境电子商务平台。速卖通被称为"国际版淘宝"，是中国较大的跨境出口 B2C 平台。在速卖通上，商家可以将商品信息编辑为在线信息发布到平台上，用户浏览并购买商品后，商家使用国际物流进行货物运输，完成交易。其主要的盈利模式是向商家收取交易佣金及广告费等，同时商家入驻平台需交纳保证金。目前，速卖通覆盖全球 220 个国家和地区，主要交易市场为俄罗斯、美国、西班牙、巴西、法国等。

速卖通较早发展跨境移动电子商务，其推出的速卖通卖家 App 是速卖通商家重要的管理工具之一。速卖通卖家 App 的主要功能包括店铺数据分析、订单管理、商品管理、生意参谋、物流查询等，同时支持国际站多语言切换。图 3-15 所示为速卖通卖家 App 的首页。

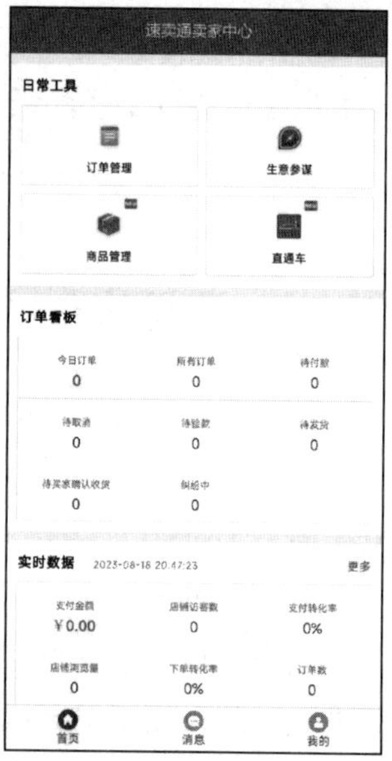

图3-15 速卖通卖家App的首页

3. 考拉海购

考拉海购成立于 2015 年，是网易旗下以进口业务为主的综合型跨境 B2C 平台。考拉海购主打自营直采的理念，在美国、德国、意大利、日本、韩国、澳大利亚等国家都设有分公司或办事处，深入商品原产地直采高品质、适合中国市场的商品，从源头杜绝假货，保障商品品质的同时省去诸多中间环节。目前，考拉海购主打母婴用品、美妆个护、食品保健、家居数码和服饰鞋包等品类。图 3-16 所示为考拉海购 App 的首页。此外，基于微信小程序，考拉海购还开发了微商城，微商城与 App 的内容和功能基本相同，图 3-17 所示为考拉海购微信小程序的首页。

4. 天猫国际

天猫国际是阿里巴巴旗下以进口业务为主的综合型跨境 B2C 平台，于 2014 年正式上线。天猫国际移动端的入口位于天猫 App 首页，点击"天猫国际"选项，即可在天猫国际挑选来自全球市场的商品，如图 3-18 所示。

天猫国际是纯平台运营，为入驻商家提供展示、营销、支付、物流等一体化服务，并从中收取年费和交易佣金，天猫国际本身并不参与商品的采购、库存、销售、运输环节。目前，天猫国际的商品主要包括母婴用品、个护美妆、营养保健、服饰鞋包、酒茶零食、家居百货等品类。

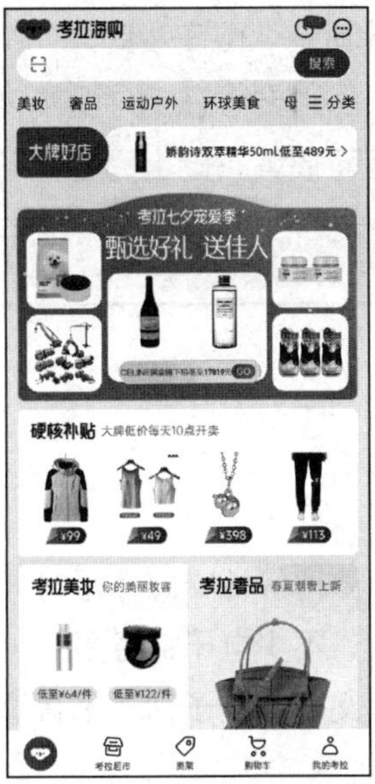

图3-16　考拉海购App的首页 　　图3-17　考拉海购微信小程序的首页 　　图3-18　天猫国际的首页

5. 京东国际

京东国际是京东旗下以进口业务为主的综合型跨境B2C平台，于2015年正式上线，其前身为京东的"海囤全球"与"京东全球购"。京东国际移动端的入口位于京东App首页，点击"京东国际"选项，可在京东国际挑选来自全球市场的商品，如图3-19所示。

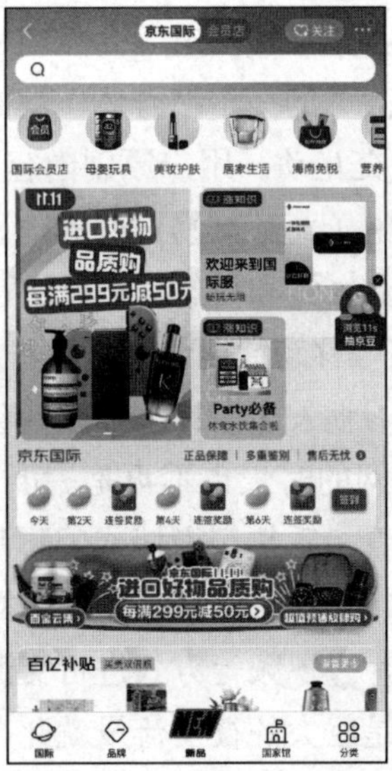

京东国际是京东基于传统B2C业务模式向跨境电子商务领域延伸发展出的跨境移动电子商务平台，仍采用"自营＋第三方商家销售商品"的运营模式，

图3-19　京东国际的首页　　图3-20　京东国际自营频道的首页

图3-20所示为京东国际自营频道的首页。京东国际物流配送及时、商品品质较好，但商品品类相对较少，主营商品品类包括母婴玩具、美妆护肤、营养保健、数码家电等。

随着我国跨境电子商务供应链的成熟，越来越多的国内企业把销售范围向全球市场拓展。比起传统模式下"产品出海"的方式，近几年中国品牌逐渐在国际市场崭露头角，越来越多的中国品牌得到国外消费者的认可，"中国制造"正在转变为"中国智造"，这无疑彰显了我国日益强大的综合国力。但是中国品牌要想在全球范围内打造"热销款"，仍然需要在了解国外消费者文化背景、生活习惯等基础上为他们解决"痛点"需求，打造创新型的产品，弘扬"中国智造"之美。

3.4 社交移动电子商务平台

移动互联网时代，用户的消费行为越来越多地受到微信、微博等社交媒体平台好友推荐的影响，社交推荐对用户的消费行为的影响可以说无处不在。不少电子商务平台"不约而同"地开始在移动端进行新一轮的布局，他们都不愿错过社交移动电子商务平台这块营销阵地。

3.4.1 社交移动电子商务概述

所谓社交移动电子商务，实际是移动电子商务在社交媒体环境下的一种衍生模式，可以说它是社交媒体与移动电子商务的一个结合体。具体来说，社交移动电子商务是借助微信、微博等社交媒体，利用社交互动、用户原创内容等促进商品销售，并将关注、分享、沟通、讨论等社交元素应用于电子商务交易过程的一种模式。简单地讲，社交移动电子商务就是商家通过时下流行的社交媒体和粉丝进行社交互动来促进商品销售。

从 2014 年开始，智能手机等移动智能终端开始普及，传统互联网的重要位置逐渐被移动互联网所取代。人们的上网习惯发生了巨大的改变，不再需要坐在计算机前上网，而是拿起手机，随时随地上网；上网的时长也不再是一下子好几个小时，而是非常碎片化的，上下班途中逛一逛购物平台、看一看热门微博或闲聊几句微信，睡前看一会儿直播、刷一刷抖音。人们的社交需求越来越强烈，微信、微博等社交媒体让有相同兴趣的人聚集在一起成为朋友，并通过文字、图片、视频等方式进行交流互动，同时互动中涉及的信息又以不同的方式被分享、传播。于是巨大的社交流量就此产生，特别是以微信生态下的流量红利为代表（微信自 2011 年问世以来，一直在社交软件榜单上名列前茅，微信官方数据显示，截至 2023 年 6 月 30 日，微信月活跃数达到 13 亿，是人们当下最常使用的移动应用之一，覆盖国内各个年龄层的用户群体）。在巨大的流量红利下，社交移动电子商务应运而生，并开始进入飞速发展阶段，不少商家纷纷开始发展社交移动电子商务业务。

3.4.2 社交移动电子商务与传统电子商务的区别

社交移动电子商务与传统电子商务主要有以下几点区别。

- 传统电子商务的流量更依赖于搜索，获取流量的成本较高；社交移动电子商务的流量更依赖于人与人之间的分享传播，获取流量的成本较低。
- 传统电子商务中，用户看重的是平台和品牌的资质和信誉；社交移动电子商务中，用户则更重视人与人之间的信任关系，这对新品牌来说机会更大。
- 传统电子商务的创业门槛越来越高，美工、运营、推广、客服、仓库等不可或缺；社交移动电子商务的参与门槛较低，只需要一部手机即可开始创业。
- 传统电子商务的用户资源属于漏斗型，例如，先找到1000个访问用户，然后通过营销推广，转化50笔订单；社交移动电子商务的用户资源是发散型，先找到10个忠实用户，让他们分享传播，每人促成5笔订单即可实现50笔订单的转化。
- 传统电子商务面向大众群体，目标用户不稳定，用户随时可能选择其他的商家；社交移动电子商务利用社交互动与用户建立信任关系，目标用户较为稳定。

3.4.3 社交移动电子商务运营基础

社交移动电子商务，顾名思义，"社交"是核心，其是建立在人与人之间的交流上的。因此，社交移动电子商务的运营建立在这两大因素之上：一是熟人关系，二是信任关系。无论缺少哪一种因素，社交移动电子商务都无法继续运营下去。

1. 熟人关系

社交移动电子商务是利用人与人之间的社交活动促成交易。因此，买卖双方越熟悉，越容易促成交易。一般基于熟人关系的关系链可以分为以下 3 个层级。

- **浅层关系：** 平时没有任何交集的陌生人。
- **中度关系：** 关系一般的普通朋友。
- **深度关系：** 亲戚、关系密切的朋友。

用户通过社交媒体发起购物活动，通常首选是将商品购买链接分享给亲戚朋友、关系密切的同学或同事，一起以低价购买所需商品，让好友之间形成一种良性的互动。因此，深度关系更容易促成交易。当然浅层关系也能促成交易，如用户将购物链接转发到微信群中，邀请不熟悉的群成员一起参与购买。

事实上，每个人的熟人关系是有局限性的，因此商家需要通过微信、微博等社交平台开发更多人脉关系。当然，无论基于哪种熟人关系，其信赖度和复购率都比较高，也能形成口碑传播。同时，一些浅层的关系通过互动交流也能转化为中度、深度的关系，无论是商家与用户刚刚建立起一种熟人模式，还是用户与商家之间本来就很熟悉，都会对社交移动电子商务的运营起到促进作用。

2. 信任关系

除了熟人关系，信任关系也是社交移动电子商务运营中重要的因素。信任关系的核心

52 在于如何实现社交关系的裂变，信任关系所催生的经济效应是由影响力和人脉关系来驱动的利益交换。例如，小红书的社交分享板块，以名人、网络达人、关键意见领袖为主生成高质量的内容。如果想在平台中不断激发用户的购物欲望，就需要借助名人、网络达人、关键意见领袖的影响力，让用户依赖平台的人脉关系和影响力。

熟人关系和信任关系是相辅相成的，熟人之间本身就拥有信任关系，在此基础上，只要用户对商品感兴趣就很容易促成交易。反之，建立了信任关系后，能让关系从陌生转变为熟悉，从而有利于开展社交移动电子商务活动。社交移动电子商务的价值在于用户之间的互动和分享，在商品拥有高品质的前提下，熟人、朋友的推荐在用户的购买决策过程中将起到非常重要的作用。但需要注意的是，社交移动电子商务的核心还是电子商务，供应链控制、商品品质、用户服务、消费体验等依旧是企业或品牌竞争的关键。

3.4.4 常见的社交移动电子商务平台

社交移动电子商务是一种新兴的电子商务模式，社交移动电子商务平台多为创业企业。下面介绍一些常见的社交移动电子商务平台。

1. 拼多多

拼多多创立于 2015 年，是一家通过"社交＋电子商务"的模式，致力于为用户提供物有所值的商品和有趣的互动式购物体验的"新电子商务"平台。基于平台大数据，拼多多根据用户喜好与需求，帮助工厂实现定制化生产，持续降低采购、生产、物流成本，让"低价高质"的商品成为平台主流。目前拼多多的商品已覆盖快消、3C、家电、生鲜、家居家装等多个品类，并以持续增长的速度，满足用户日益多元化的需求。拼多多近 60% 的用户来自三线及以下城市，这一比例明显高于其他电子商务平台。

拼多多的入驻商家包括个人店和企业店两种。个人店适合个人或个体工商户，提供身份证等即可开店；企业店适合小型公司或大型企业，提供营业执照、银行开户许可证、税务登记证等即可开店。

拼多多的成功在于利用微信巨大的流量形成低成本的用户裂变，抓住三线及以下城市的用户追求高性价比商品的需求，使其下单购买热销商品来完成销售的闭环。其实际操作为：用户看中一件商品之后，可以选择自己开团或者参团，然后邀请更多的好友参团；在有效时间内达到成团人数后，就能以拼单价购买商品。图 3-21 所示为拼多多App 的首页，图 3-22 所示为用户参与拼单或发起拼单的界面。

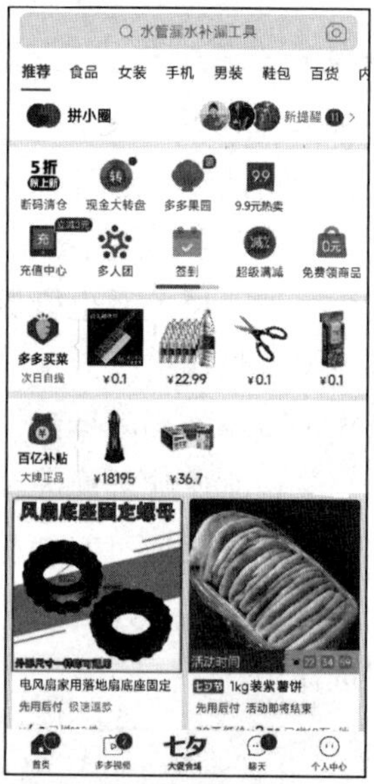

图3-21 拼多多App的首页

图3-22 用户参与拼单或
发起拼单的界面

2. 抖音

2016 年 9 月，抖音正式上线。在抖音平台上，用户可以观看和分享各种类型的短视频，包括美食、旅游、音乐、舞蹈等。随着平台的影响力扩大，在沉淀了大量的忠实用户后，抖音先后通过短视频带货和直播带货布局移动电子商务领域，平台上的商家可利用短视频和直播销售商品，或是与平台上的内容生产者合作推销商品，图 3-23、图 3-24 所示分别为抖音短视频带货与抖音直播带货界面。

在发展初期，抖音中的商品主要来源于淘宝、京东等第三方移动电子商务平台，抖音主要起到引流的作用，用户通过观看抖音平台上的短视频和直播内容，点击链接跳转到第三方移动电子商务平台下单购买商品。在拥有丰富的运营经验后，抖音在 2019 年 12 月正式推出自有移动电子商务平台——抖音小店，商家可通过抖音小店开设移动端网络店铺。之后，抖音在 2020 年 10 月全面切断第三方来源的商品链接，只支持抖音小店的商品链接。同时，抖音在 2020 年 10 月底上线抖音商城，抖音商城是面向用户的购物平台，商品来源于抖音小店，方便用户利用搜索的方式完成购物，而不只是像以往那样在观看短视频和直播时点击链接完成购物。抖音商城的入口位于抖音 App 首页顶部，图 3-25 所示为抖音商城的首页。由此，抖音构建了更加闭环化的移动电子商务产业链路径，用户在抖音购买商品的整个交易流程都在平台内完成。目前，抖音已发展为国内最大的社交移动电子商务平台之一，特点是由内容（包括短视频和直播）驱动交易，商家或内容生产者需要持续不断地输出高质量的内容，高质量的内容容易吸引用户关注并引起更大范围的互动传播，最终为商品销售创造更有利的条件。

图3-23　抖音短视频带货界面　　　图3-24　抖音直播带货界面　　　图3-25　抖音商城的首页

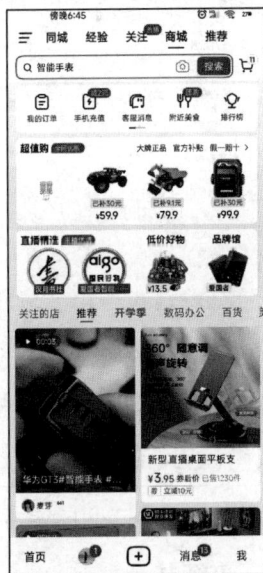

3. 快手

快手的前身是诞生于 2011 年的 "GIF 快手"，最初是一款用来制作、分享 GIF 图片的 App。2012 年 11 月，快手从纯粹的工具应用转型为短视频社交平台，用于记录和分享生活。随着 4G 网络的应用和普及，自 2015 年开始，移动直播迎来大爆发。受直播功能创新、国

54　家政策支持等因素的影响，直播行业的商业化模式逐渐成熟，直播电子商务应运而生。快手为顺应时代潮流在 2016 年上线直播功能，并于 2017 年对所有用户开放直播功能。由此，快手开始以短视频带货和直播带货的模式全面布局移动电子商务领域。

　　2018 年 6 月，快手上线快手小店，并从同年 12 月起，陆续接入淘宝、京东等第三方移动电子商务平台。快手小店除了独立的商家版 App，也可以从快手 App 中进入，商家可通过快手 App 进入快手小店管理店铺，图 3-26 所示为快手小店卖家端。作为消费者则可切换至快手小店买家端，并在其中搜索购买商品，图 3-27 所示为快手小店买家端。为了构建更加闭环化的产业链路径，快手从 2022 年开始陆续切断淘宝、京东等第三方移动电子商务平台的商品链接，采用快手小店完成商品交易。

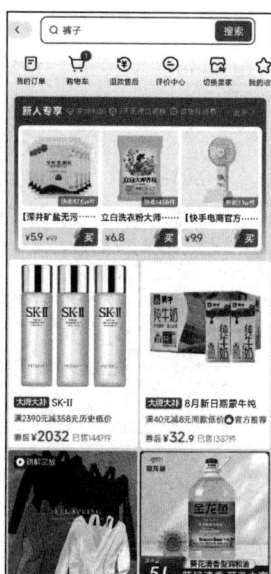

　　目前，快手已发展为与抖音并驾齐驱的社交移动电子商务平台，尤其是在直播电子商务领域，快手直播、抖音直播与淘宝直播呈"三足鼎立"之势，图 3-28 所示为快手直播带货的界面。快手和抖音都是由短视频平台发展为综合性的社交移动电子商务平台，总体上，抖音的娱乐属性更强，快手的社交属性更强，这与抖音提出的"兴趣电商"理念和快手提出的"信任电商"理念相符。也就是说，抖音以内容导向为主，只要生产出优质的内容，商家和内容生产者就可以获得更多的成长与发展机会；而快手以"信任关系"导向为主，商家和内容生产者获得一定的粉丝基础后，将更容易取得成功。

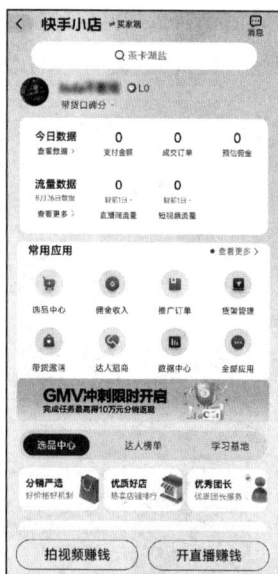

图3-26　快手小店卖家端　　　图3-27　快手小店买家端　　　图3-28　快手直播带货的界面

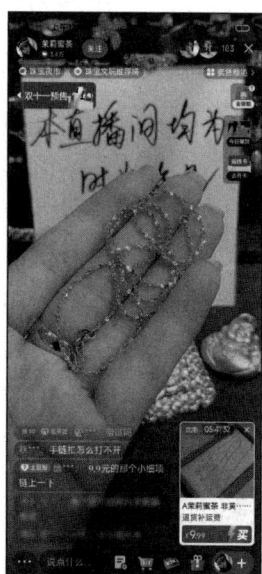

4. 小红书

　　小红书创立于 2013 年，和其他移动电子商务平台不同，小红书是从社区起家。其用户注重在社区里分享购物经验，包括美妆、个护、运动、旅游、家居等信息的分享，涉及消费经验和生活方式的方方面面。

　　目前，小红书包括社交分享和购物商城两个板块。其中，社交分享以短视频、图文等用户原创内容为主，除了持续分享日常内容，还可分享商品信息，如商品的使用体验、使用场景等，能让用户更详细、更直观地了解商品，具有较强的说服力。同时借助演艺人员、网络达人、关键意见领袖的影响力进行购物推荐，可以在短时间内快速增加品牌或商品的流量。购物商城包括官方自营和品牌直营两种模式，官方自营对应购物商城的"福利社"频道，指小红书在品牌原产地直接采购商品，然后在平台上销售；品牌直营是指入驻品牌商直接向用户销售商品。图3-29所示为小红书App的"发现"界面，图3-30所示为小红书App的"购物"界面。

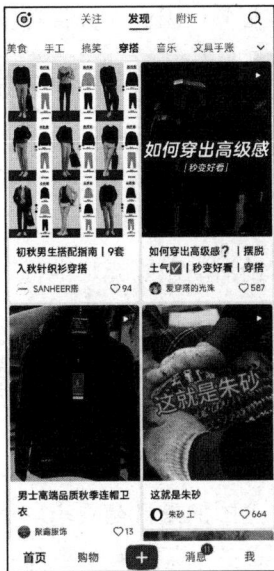

图3-29 小红书App的"发现"界面

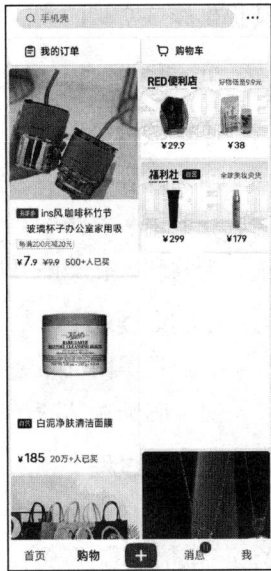

图3-30 小红书App的"购物"界面

实践训练

实训1 为酒店选择入驻平台

【实训背景】

某新开业的经济型酒店，主营住宿服务，地点位于某大型综合医院附近，目标用户为来医院就医问诊的相关人群、游客和本地居民。为了获取更多的客源，扩大酒店知名度，该酒店决定入驻移动电子商务平台拓展营销渠道，依靠移动电子商务平台的大量用户流量快速招揽顾客。

【实训要求】

（1）分析酒店的入驻平台。

（2）为该酒店选择合适的入驻平台。

【实施过程】

（1）明确移动电子商务平台类型。在入驻平台前，首先要明确平台类型，由于酒店服务是网上无法实际体验或使用的项目，所以应选择O2O移动电子商务平台。O2O移动电子商务平台有很多，提供酒店服务的平台包括综合服务类的O2O平台和旅游服务类的O2O平台，酒店可选择入驻这两种类型的平台。

（2）选择入驻平台。综合服务类的O2O平台典型代表为美团，旅游服务类的O2O平台典型代表为携程旅行。接下来，查询资料，对比美团和携程旅行，并选择最终的入驻平台。其中，携程旅行的住宿服务以中高档酒店为主，主要针对旅游用户，许多旅游用户在订购酒店时会想到该平台；美团的住宿服务以经济型酒店为主，覆盖用户范围广，主要提供本地生活服务需求。该酒店的目标用户主要是来综合医院就医问诊的相关人群，需要为

56 其提供经济实惠的酒店住宿服务，因此应选择美团作为入驻平台。

实训2　查询酒店入驻平台的条件与要求

【实训背景】

明确入驻平台后，酒店决定以公司名义入驻美团，然后开展促销活动达成获取更多客源的目的。在入驻前，酒店要先了解入驻美团的条件与要求，为顺利入驻美团开展营销活动做好充足准备。

【实训要求】

（1）在美团 App 查询酒店入驻美团的条件与要求。

（2）归纳总结酒店入驻美团的条件与要求。

【实施过程】

（1）明确查询酒店入驻美团的条件与要求。通常，移动电子商务平台会在平台内（如 App、微信小程序等）发布第三方商家入驻平台的条件和要求的说明性文档。酒店入驻平台前，可登录平台查询相关内容。

（2）打开美团 App，进入入驻界面。打开美团 App，点击右下角的"我的"选项，在"我的"界面中点击"入驻美团"选项，如图 3-31 所示；打开"入驻美团"界面，点击"酒店宾馆入驻"选项，如图 3-32 所示；打开"美团酒店商家入驻"界面，在该界面可查看合作要求和合作步骤，如图 3-33 所示。

图3-31　点击"入驻美团"选项

图3-32　点击"酒店宾馆入驻"选项

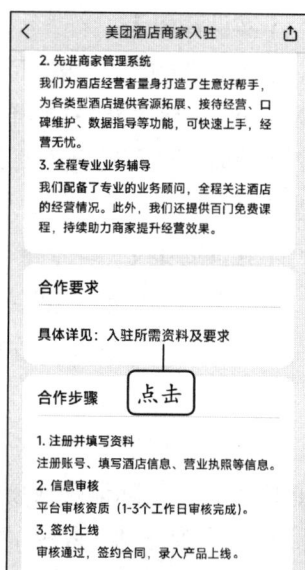

图3-33　查看合作要求和合作步骤

（3）查看合作要求详情。在"合作要求"栏中点击"入驻所需资料及要求"超链接，在打开的界面中查看酒店入驻所需资料及要求的详细信息，如图 3-34 所示。

图3-34　查看酒店入驻所需资料及要求的详细信息

（4）整理酒店入驻所需资料及要求的信息。根据平台提供的信息，将酒店入驻所需资料及要求的信息整理成表格样式，如表3-1所示，便于查看并为后期准备资料提供指导。

表3-1　酒店入驻所需资料及要求

资料类型	资料内容	资料要求
酒店图片	酒店外观图片与酒店大堂图片	酒店外观图片内容包含招牌、正门及所处建筑物；酒店大堂图片内容包含酒店前台和大厅休息区。图片格式为JPG、JPEG或PNG，大小不超过10MB
门店营业执照	门店营业执照图片	营业执照信息完全展示，图片清晰，图片格式为JPG、JPEG或PNG，大小不超过10MB
签约资料	门店营业执照图片、法人身份证正反面图片	营业执照、身份证证件信息完全展示，图片清晰，图片格式为JPG、JPEG或PNG，大小不超过10MB
财务资料	对公账户：收款银行信息（开户名、银行卡号、开户银行及支行信息）和开户营业执照图片 对私账户：收款银行信息和开户身份证正反面图片	营业执照、身份证证件信息完全展示，图片清晰，图片格式为JPG、JPEG或PNG，大小不超过10MB

思考与练习

1. 单项选择题

（1）按交易模式分类，跨境零售是指（　　　）。

    A. 进口跨境　　　　　　　　　　B. 出口跨境

    C. 跨境 B2C　　　　　　　　　　D. 跨境 B2B

（2）以下属于社交移动电子商务平台的是（　　　）。

  A. 敦煌网　　　　B. 天猫国际　　　C. 速卖通　　　　D. 拼多多

（3）与传统电子商务相比，社交移动电子商务以（　　　）为中心。

  A. 企业　　　　　B. 商品　　　　　C. 人　　　　　　D. 物流

（4）去哪儿旅行 App 属于（　　　）。

  A. 社交移动电子商务平台　　　　　B. 跨境移动电子商务平台

  C. O2O 移动电子商务平台　　　　　D. 以上都不是

2. 多项选择题

（1）O2O 移动电子商务的构成要素包括（　　　）。

  A. O2O 移动电子商务平台　　　　　B. 线下实体店

  C. 商家　　　　　　　　　　　　　D. 用户

（2）社交移动电子商务的运营，是建立在（　　　）的基础之上的。

  A. 熟人关系　　　B. 信任关系　　　C. 交易关系　　　D. 互动关系

（3）（　　　）等移动电子商务平台都属于 O2O 移动电子商务类型。

  A. 美团　　　　　B. T3 出行　　　　C. 大众点评　　　D. 口碑

（4）（　　　）等移动电子商务平台都属于从事进口业务的跨境移动电子商务类型。

  A. 考拉海购　　　B. 京东国际　　　C. 速卖通　　　　D. 敦煌网

3. 案例阅读与思考题

精选会员制社交移动电子商务平台——每日一淘

  每日一淘成立于 2018 年 4 月，它是在社交移动电子商务兴起，国家大力倡导"大众创业、万众创新"的时代背景下，由北京每日一淘共享科技有限公司推出的精选会员制社交移动电子商务平台。每日一淘成立之初，专注于生鲜美食领域以快速打开市场，2018 年 10 月开始向全品类布局，从日用百货开始，再到服装、电器等品类商品。2019 年 4 月，每日一淘接入第三方商家，采用"自营＋第三方商家"的运营模式，其自营商品根据用户需求和市场反馈精选采购，在供应链上则采用一件代发模式。第三方商家仅支持企业入驻，不支持个人入驻，且入驻条件较为严格。2019 年 5 月，每日一淘上线"海淘"业务，为用户精选全球好物。另外，为提升用户的消费体验，每日一淘开通了"次日达"物流服务功能，大大缩减了物流周期。

  作为社交移动电子商务平台，每日一淘通过前端"社交分享＋会员制"、后端"直采＋直供"的共享创业模式，连接去中心化的社群，实现品牌、团队、技术和供应链资源的共享，最大程度分享社交电子商务红利。目前，在每日一淘的前端"社交分享＋会员制"模式中，用户成为付费会员后可以用更优惠的价格购买商品并获得更多权益；除此之外，成为付费会员的用户还可以分享指定的商品给微信好友，好友购买商品后，成为付费会员的用户便可获得推广佣金。后端"直采＋直供"模式则是指每日一淘的商品都来源于产地直采直供。

每日一淘运营模式的创新，打破了传统层层代理的模式，商家不需要囤积商品。在去中心化的形式下，每一个用户都可以推荐商品并直接享受直推收益。同时，每日一淘可以利用平台上用户留存的社交分享信息，分析用户的需求，做到精准采购，为用户提供更加多元的商品。另外，"直采＋直供"模式下，商品采购量大，使每日一淘获得更低的采购价格，既控制了商品价格又保证了商品质量，以让利于平台会员和用户。

结合上述案例资料，思考下列问题。

（1）每日一淘的运营模式有何特点和优势？

（2）除了每日一淘，还有哪些类似的会员制社交移动电子商务平台？

（3）会员制社交移动电子商务平台未来的发展前景如何？

（4）通过案例分析，你认为社交移动电子商务运营还可进行哪些方式的创新？

移动端网店运营与管理

4

本章导读

很多人对于移动电子商务的理解就是手机开店和移动购物，虽然这很片面，但是足以说明手机开店和移动购物的模式已深入人心。移动购物针对消费者而言，手机开店针对商家而言，手机开店不仅拓展了销售渠道，也给很多人提供了低成本的创业途径。本章将详细介绍移动端网店运营与管理的知识，主要是介绍商家利用手机在移动电子商务平台开设网店，并进行发布商品、装修网店、网店营销推广、管理订单等网店运营与管理的操作。

学习目标

【知识目标】

掌握移动端网店运营与管理的基础知识。

掌握淘宝网店的开店流程。

掌握抖音小店的开店流程。

【能力目标】

学会利用手机开设网店的基本方法。

能够进行发布商品、装修店铺、营销推广设置、处理订单等操作。

【素养目标】

不虚假宣传，不销售假冒伪劣商品。

关注农村电商发展，以期在农村电商、乡村振兴领域发光发热。

小王的网上开店之旅

在互联网兴起之时，淘宝网是极具代表性的 PC 端网店平台之一。人们只需花费少许资金就可以在其中开设网店，因此淘宝网成了很多大学生和有较多闲暇时间的人士开店的理想平台。小王就是淘宝开店浪潮中的一员。

小王大学毕业后并没有与大部分同学一样，选择专业对口的工作，而是准备开一家调味料网店。小王先是在网上搜索调味料生产商和采购商，然后电话联系并实地考察，选择了一家味道不错的调味料生产商，并申请开设了淘宝网店。对网店进行装修并上架商品后，小王的调味料网店开张了。随着网店规模的扩大，网店中的商品越来越多。在销售商品的过程中，小王非常关注消费者的使用体验，于是他的网店口碑越来越好，不仅吸引了很多个人消费者，甚至一部分餐厅商家也选择在小王的淘宝网店中购买商品。不久，小王就从一名新手成长为收入颇丰的淘宝商家。

进入移动互联网时代后，PC 端开设网店的浪潮逐渐退去，手机开设网店成为主流方式，消费者也更热衷于利用手机在网店中购买商品。在这种情形下，小王转移了业务重心，在淘宝 App 上开起了网店。经过一段时间的运营，小王发现以前 PC 端的网店，只要商品质量好、价格实惠，再借助一定的营销手段，就能取得较好的销售成果。但在移动端，消费者的消费观念和消费行为已经发生了巨大的改变。于是，小王为新手商家总结了以下几点建议。

（1）选择适合自己的开店平台和比较了解的商品类型。

（2）做好网店的装修工作，页面要简洁、重点内容要突出，同时要有自己的风格。这样消费者一进店就能看到整洁、大方的页面布局和醒目诱人的主推商品，从而刺激消费者的浏览欲望。

（3）结合商品所处类目的行业上下架时间，确定好成交高峰期并调整商品上下架时间，提升网店的访客量。

（4）做好留存老客户的工作，老客户不仅能提升营业额，还能拓展新客户。

（5）适当的促销策略必不可少。开展会员营销活动、节假日营销活动，提升消费者对网店的关注度和消费者的购物热情，并通过互动与消费者建立信任关系。

（6）根据移动互联网下消费者的消费行为和特点去构思他们想要的营销形式。

移动互联网环境下，可以在手机上开店的平台非常多，并且这些平台的运营模式各具特色。因为手机的便携性和移动性，商家有更多的时间，能够更加便捷地对网店进行管理和维护。除了淘宝 App，小王还准备在抖音或拼多多等平台上再开设一家网店，进行多方面发展。

启示：在移动电子商务高速发展的背景下，任何个人或企业都可以结合自身情况选择合适的平台开设移动端网店。而要想在众多的同类竞争者中脱颖而出，就必须做好移动端网店的运营与管理工作。

4.1 移动端网店运营与管理概述

移动端网店一般是指商家利用手机开设的网上商店，这种开店方式也被称为手机开店。手机开店突出的优势是可以随时随地经营，不受时间和地点的限制，且操作简单易懂。但是要想经营好移动端网店也非易事，至少要做好网店定位、选品与定价、网店装修、文案写作、网店营销推广、网店客服服务等方面的工作。

4.1.1 网店定位

网店定位可以帮助商家选择和确定适合自己网店销售的商品，制订合适的商品价格策略，以及有效地定位目标消费人群。网店定位可以采取传统的市场营销定位方法——3C定位法，即对公司/个人（Company/Person）、顾客群体（Customer Groups）、竞争对手（Competition）进行定位分析。

1. 公司/个人分析

公司/个人分析指的是网店商家（公司或个人）进行自我分析，包括分析商家擅长的领域和优势、商家拥有的资源、商家的经营目标等，对自身情况做到心中有数，从而制订符合网店发展的策略和方针。

2. 顾客群体分析

顾客群体即网店的目标消费群体，他们是支撑网店运营的基石。但不同消费者的职业、收入水平、性格、年龄、生活习惯和兴趣爱好等不同，其消费行为也不同。因此，在开店初期就要做好目标消费群体的分析，明确网店的目标消费群体及目标消费群体的特征（如性别、年龄、职业、收入水平、购物偏好等），这样便于制订有针对性的营销计划。

分析顾客群体的方法主要有两种：一是凭商家的经验判断，例如，母婴用品主要针对"宝妈"人群，消费水平较高的"宝妈"一般选择品牌商品，且注重母婴用品的安全性和舒适性；二是开展市场调查收集信息，市场调查的方法有以下3种。

- **问卷调查：** 商家设计问卷获取目标消费群体的信息。除了自行设计问卷，商家还可依托专业的问卷调查平台进行问卷设计和发布、收集和分析用户数据，如问卷星、91问问调查网等。

- **访问专业网站：** 各种专题性或综合性市场调查网站提供有一些特定的市场调查资

料，如关于某个行业消费者的调查分析报告，商家可以直接访问这些网站获取所需的报告资料，如艾瑞咨询、易观分析、艾媒网、亿欧网等。

- **利用大数据平台：** 基于大数据平台（如百度指数、阿里指数），企业能够快速收集和抓取用户的社会属性、生活习惯和消费行为，如年龄、性别、品牌和商品偏好及购买水平等信息。大数据平台并不都是免费的，有的大数据平台需要企业付费才提供用于市场调查的数据资料。

3. 竞争对手分析

竞争对手分析就是分析相同或相近规模的网店，或者销售相同或相似商品的网店，找出自身与竞争对手的区别，以便形成差异化的竞争优势，如向消费者提供更低的商品价格或更优质的服务，为消费者提供运费险（即消费者退换货时由商家承担运费），等等。

知识提示

支持手机开店的移动电子商务平台较多，不同类型的平台，网店的运营方式不同。不同的平台，适合不同的主体（商家或个人）开设网店，并且不同主体开设网店，平台对入驻资质的要求也不同。在选择平台时，商家应根据实际情况（有无货源、有无企业资质、开店资金等）选择适合自身发展的平台。

4.1.2 选品与定价

选品与定价是在网店中正式销售商品前重要的环节。选品与定价策略会影响网店商品的销量与回购率。

1. 选品

商家在选择商品时，既要考虑商品本身，又要考虑目标消费群体的消费水平及偏好。只有正确地选品，才能实现商家与消费者的双赢，做到既能让商品畅销，又能让消费者感到物有所值。根据商家是否有自己的商品，选品的方法也会有所差异。

（1）自有商品选品

商家在网店销售自己的商品，其选品逻辑较为简单，直接按照商品种类选择商品即可。当商家的商品种类较多时，可以采用以下选品策略，快速吸引目标消费者的注意，提高网店商品的销量。

- **选择热销品：** 选择热销品是根据市场趋势选品，遵循"什么好卖卖什么"的逻辑选择商品。例如，水果商店会在夏天卖西瓜、荔枝、火龙果等热销水果，冬天卖冬枣、甘蔗、苹果、柚子等热销水果；电器商店会在夏天卖冰箱，冬天卖暖炉……商家可以有针对性地根据市场趋势调整销售商品。

- **选择特色商品：** 在网店运营初期，商家可以选择市场反馈较好且与自身定位相符的特色商品来吸引消费者，达到增加流量的目的。

- **选择新品：**在网店运营中，因为同类同质商品较多，所以商家需要不断推陈出新，以保持网店在市场中的竞争力。

- **选择商品组合套装：**选择商品组合套装一般是梳理网店现有商品，选择相互关联的商品进行组合销售。图 4-1 所示为将洗发露和沐浴露组合销售，图 4-2 所示为将卫衣、T 恤和运动裤搭配成套销售。尤其是在节假日，包括传统节日、电子商务平台活动日、网店周年庆等时间点，各电子商务平台流量会呈现爆发式增长，消费者的消费欲望强烈，进行商品组合销售，既可以满足消费者多方面的需求，促使消费者购买更多的商品，又可以提高客单价，进而提高网店商品的销量和销售额。

图4-1　洗发露与沐浴露组合销售

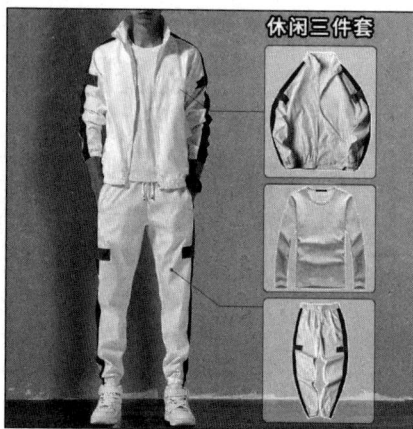

图4-2　服装成套销售

（2）非自有商品选品

对于销售他人商品的情况而言，首先需要选择进货渠道，商家可以通过 1688 批发网、天猫供销平台等线上供货平台进货。这些平台提供商品批发服务，类目齐全、款式众多，可供商家随意挑选，但商品质量参差不齐。商家也可以在线下的批发厂家、批发市场进货，在线下进货可能有库存积压的风险，但商品品质更有保障。

找到合适的、有竞争力的货源是提高网店竞争力的重要因素。商家明确进货渠道后，在选择具体的商品时，应重视以下几个要点。

- **品牌：**品牌商品的转化率一般高于非品牌商品的转化率，且知名度越高，其转化率越高。选择品牌商品，能够提高直播间的转化率，同时商品质量和售后服务更有保障。

- **价格：**选品时需要确定商品价格是否合理，是否有价格作假或价格不实等情况，同时商品价格要符合网店目标消费群体的预期。

- **品质：**不管在哪个渠道销售商品，要想增强消费者黏性，提高消费者的复购率，都必须保证商品具有良好的品质。因此选品时要核实商品是否为正品，质检是否合格，能否出示相关证明等。

- **多样性：**某些商品具有一定的使用周期，同时间重复发布同一类商品很容易造成消费者审美疲劳。因此，商家应尽量保证网店的商品具有多样性，让消费者更有选择性，从整体上提高网店的转化率。

2. 定价

商品价格是影响转化率的重要因素。合理的价格配合促销活动，能够更好地促使消费者下单，从而提高网店商品的销量。常用的商品定价方法有整数定价、尾数定价、成本加成定价、习惯定价、数量折扣定价和现金折扣定价等。

- **整数定价：** 整数定价适用于价格较高的一些商品，可以从侧面体现商品的质量，提升商品形象，如价值较高的珠宝、艺术品等。
- **尾数定价：** 尾数定价是指在确定商品价格时，基于消费者希望购买到物美价廉的物品的心理，制定非整数价格，如1.9元、9.9元、19.8元等，使消费者在心理上产生价格更便宜的感觉，从而激发消费者的购买欲望，促进商品销售。
- **成本加成定价：** 成本加成定价是指在成本的基础上加上一定比例的利润进行定价。例如，某商品的成本是16元，如果加上25%的利润，商品的定价就可以确定为20元。
- **习惯定价：** 习惯定价是指按照市场上已经形成的价格习惯进行定价。
- **数量折扣定价：** 数量折扣定价是指当消费者购买的商品数量较多时，商家给予一定的优惠，如满减、包邮、打折等。
- **现金折扣定价：** 现金折扣即降价处理或打折出售，在参与活动、促销、清仓、换季等活动时，可采用现金折扣的方式对商品进行定价。

一般来说，整数定价、尾数定价等方法比较常用且适用范围较广，而数量折扣定价、现金折扣定价等方法，则可结合不同的营销策略进行使用。

4.1.3　网店装修

网店装修与实体店装修的目的相同，就是给消费者打造舒适的购物体验。虽然在不同平台，网店的装修项目可能存在区别，但移动端屏幕较小，展示内容有限，装修起来较简单，不管包括哪些装修元素，总体上是对网店页面布局进行优化。

- **整体布局：** 网店页面的整体布局应遵循统一整洁的原则，即颜色统一、风格统一，版面整洁规范，力求商品属性、网店定位与装修风格统一、和谐。
- **图片布局：** 一般网店页面以图片展示为主，包括商品效果图片、视频封面、宣传海报等。在突出图片的表达效果时，尽量做到同等级的图片大小统一、颜色和谐。
- **文案排版：** 虽然图片是网店页面的主体，但文案也是必不可少的一部分，通常起到商品导航、描述说明商品的作用，还可以使图片中的内容更加生动充实。文案排版需对文字大小、字体搭配、颜色搭配等方面进行优化处理。

例如，某女装网店的服装主打时尚、小清新的风格，其页面从板块布局、字体到用色（淡雅的黄色系）给人简单、清新脱俗的感觉，装修风格与网店定位、商品属性协调统一，如图4-3所示。

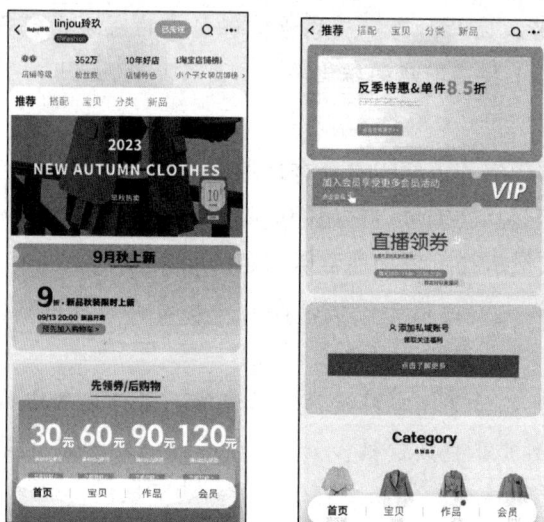

图4-3　某女装网店首页效果

4.1.4　文案写作

对于网店而言，文案是刺激消费者产生消费行为的重要因素之一。好的文案可以更好地宣传店铺或品牌，提升品牌形象，增加消费者对品牌的好感和信任度。网店的文案写作主要包括主图文案和详情图文案的写作。

1. 主图文案的写作

主图就是展示商品的主要图片，其显示在消费者搜索商品后的搜索页面中或商品购买页的顶端，是消费者最先看到的商品信息，所以主图文案是吸引消费者注意力的关键因素。好的主图文案一般需要做到3点：目标明确、紧抓需求、精练表达。

- **目标明确：** 一般来说，主图的目的都是吸引消费者进入商品详情图查看详情，进而产生收藏、购买、分享等行为。

- **紧抓需求：** 明确消费者希望从主图文案中得到的信息，消费者希望知道什么，主图文案中就要包含什么，如价格、品质和活动等。

- **精练表达：** 精确地表达消费者希望了解的信息。消费者在网店中选择商品时，通常最先看到的都是主图，如果主图文案过多，消费者难以抓住重点，难以提取所需信息，就会直接放弃阅读转而查看下一个商品。因此，主图文案一定要精练，让消费者可以快速直观地了解商品的特点，如图4-4所示。

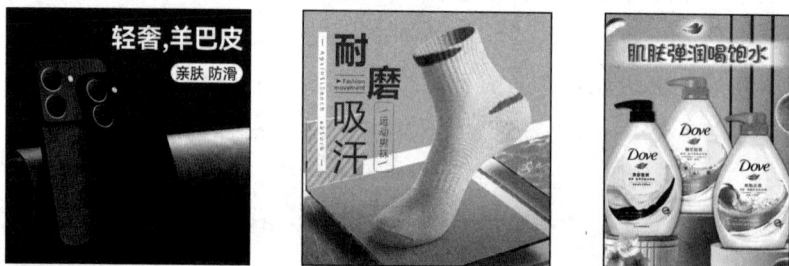

图4-4　主图文案

2. 详情图文案的写作

商品详情图顾名思义是用来详细介绍商品信息的页面，它是主图的补充和扩展。详情图文案不仅承担着详细介绍商品的作用，还是促成消费者产生购买行为的有效手段。在写作详情图文案时，可以从以下 4 个方面着手。

- **激发消费者需求：** 激发消费者需求是引发消费者兴趣的进一步延伸，当消费者在是否购买之间摇摆不定时，通过激发其潜在需求，就可以促成他的购买行为。简而言之，激发消费者需求就是给消费者创造一个购买商品的理由，如图 4-5 所示。

- **获得消费者信任：** 消费者购买商品的过程事实上就是信任该商品的过程，商家只有获得消费者的信任，才能更顺利地卖出商品。商品的细节展示（见图 4-6）、用途展示、参数展示和好评展示等都是获取消费者信任的有效手段。

- **打消消费者顾虑：** 打消消费者顾虑是获取消费者信任的进一步延伸，向消费者传递购买商品没有后顾之忧的信息，同时也可以进一步刺激消费者的购买欲望。商家保证、商品证书、商品价值展示和售后服务等都可以用来打消消费者的顾虑，如图 4-7 所示。

- **刺激消费者购买：** 通过优惠、促销活动进一步激发消费者的购买欲望，展示该商品物超所值的信息，如图 4-8 所示。

图4-5　激发消费者需求

图4-6　商品的细节展示　　　　图4-7　打消消费者顾虑　　　　图4-8　刺激消费者购买

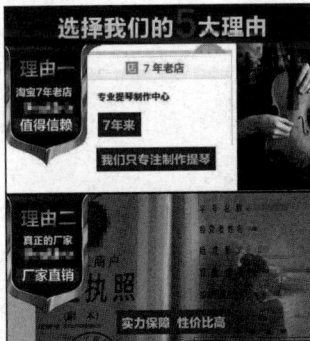

4.1.5　网店营销推广

要想在竞争激烈的移动电子商务市场中脱颖而出，并取得高销量，营销推广是关键。

68 使用适当的营销推广手段促进销售，已是如今移动端网店运营的一种必然选择。

1. 网店与商品的推广

网店推广着重于形象的宣传，以提高网店的知名度；商品推广着重于商品卖点信息和优惠信息的传播。网店与商品的推广途径非常多，概括起来可分为平台内推广和平台外推广两种方式。

- **平台内推广：** 平台内推广是指利用平台的工具进行推广，从而带来流量。通常，像淘宝或天猫这种拥有大量用户流量的平台，使用平台内的工具进行推广就能够起到一定的效果。

- **平台外推广：** 平台外推广是指利用平台以外的工具或平台进行推广，如利用微博和微信等进行推广。多数平台为商家提供基本的平台外推广功能，支持商家将网店和商品链接直接分享到微信朋友圈、微博、QQ空间等平台。此外，商家也可以自主写作营销文案在平台外推广网店和商品。

2. 常见的网店促销方式

网店促销一般以给消费者提供优惠的形式来刺激消费者购物。常见的促销方式包括特价、满减、满赠、满返、会员积分和抽奖等。

- **特价促销：** 特价是指在节假日、店庆和购物活动等时间段，定时或定量为部分商品推出的特价优惠。策划特价促销活动时，一般需要着重表现商品价格的前后对比，活动时间以及商品数量等，让消费者可以清楚地看到优惠信息，进而促进网店的销量。

- **满减促销：** 满减是一种打折手段，即消费者购买一定金额的商品后，可以从价格里减去一部分金额，如"满100元减30元、满300元减100元"。设置满减的优惠力度时，要根据网店的实际情况来决定，一般适当高于消费现状即可。例如，网店的客单价为170元，那么可设置"满199元"的满减条件，而减的力度（一般在10～30元内），则要通过199元与170元之间的差价来决定。只有保证消费者能够得到的利益高于这个差价，才能促使他们产生购物行为。

- **满赠促销：** 满赠有两种常见的形式：一种是"满××元，送××赠品"，另一种是"满××元，加××元赠送××赠品"。对于中小商家而言，比较适合采用第一种；而拥有忠实客户的品牌商家，则更适合选择第二种。这是因为忠实客户对品牌有一定的忠诚度，愿意花费额外的费用来获取更多的该品牌的商品。要注意赠品要与销售的商品具有相关性，且价值不能超出毛利，否则容易造成营业额亏损。

- **满返促销：** 满返是指"满××元，返××元优惠券"。满返促销的效果比满减、满赠的效果略差，因为消费者能享受到的利益需要二次消费才能使用，这样会让消费者考虑是否还会进行二次消费，从而产生犹豫心理，使购物行为受到影响。特别是一些返还的内容还设置有实现条件（消费额度等），如"满199元，返30

元优惠券"，但这 30 元优惠券需要满 300 元消费额才能使用，这种情况会直接打击消费者的购物热情。因此，建议满返的内容要有吸引力，且尽量不设置实现条件。

- **会员积分促销：** 平台一般都为商家提供会员管理的功能，商家通过该功能可为新老消费者设置会员等级和会员优惠等。某些商家也会将消费者的消费额转化为消费积分，当积分累积到一定数量时可换购商品，刺激消费者进行重复消费。在设计会员积分制时，需要注明积分规则，如时间范围、兑换规则和方式等。

- **抽奖促销：** 抽奖促销就是利用消费者在消费过程中的获利心理，利用抽奖的形式，吸引消费者购买商品。用抽奖的方式对商品进行促销，必须保持开奖规则的公平公正和真实性。

4.1.6　网店客服服务

客服服务作为销售过程中必不可少的环节，是直接影响网店商品转化的因素之一，客服服务的质量好坏将直接影响消费者的消费体验和消费行为，与网店的营销业绩和长远发展息息相关。

1. 售前服务

售前服务主要是一种引导性的服务，当消费者对商品抱有疑虑时，就需要客服人员提供售前服务。从消费者进店到付款的整个过程都属于售前服务的范畴，包括客服应答、了解和解决问题、达成订单、确定订单并引导消费者付款等内容。

一名专业的客服人员，要了解商品信息和网店促销方案，才能为消费者答疑解惑。除此以外，与不同类型的消费者沟通，可采用不同的应对策略。

- **便利型：** 便利型消费者的网上购物行为多以省时、快捷和方便为主要特点，特别是没有充足的时间逛街购物的人群更愿意选择网上购物平台，同时他们也是网络消费的主要群体之一。这部分消费者一般对网上购物的流程比较熟悉，且购物行为比较果断、快速，目的性较强。与这类消费者交谈时，客服人员要表现出良好的服务态度，注意倾听他们的需求并尽可能地提供帮助。

- **求廉型：** 求廉型消费者大都喜欢价格便宜的商品，同时对质量的要求也不低，在购物时比较喜欢讨价还价。客服人员在面对这类消费者时，应该以亲切热情的用语表达自己的态度，在语言上委婉地提示消费者其已经享受到足够优惠的价格了。若消费者还不满意，仍然要求降低价格，客服人员可在不造成损失的前提下，适当迎合消费者，如略微降低价格或赠送其他礼品等，促使交易的成功。

- **挑剔型：** 挑剔型消费者大都会对网上购物持不信任和怀疑的态度，认为商品描述的情况言过其实，并会针对商品提出各种各样的问题。与这类消费者沟通时，客服人员要仔细说明商品的详细情况，消除他们的顾虑，然后积极解决消费者提出的各种问题，并适当给予一些优惠和赠品等，以促成购买行为。

2. 售中服务

售中服务是指商品交易过程中为消费者提供的服务，主要集中在消费者付款到订单签收的阶段，包括订单处理、装配打包、物流配送和订单跟踪等环节。

- **订单处理：** 订单处理主要是指对订单进行修改，如修改商品价格、修改消费者的地址和联系方式等。
- **装配打包：** 商品在寄出之前，需要对其进行打包，若消费者提出了特殊的包装要求，也要根据情况予以满足。
- **物流配送：** 物流配送是指联系物流公司进行揽件并对商品做发货处理，注意物流信息要填写正确和完整。
- **订单跟踪：** 订单跟踪是指随时跟踪订单的情况，并告知消费者。

3. 售后服务

售后服务是指在消费者签收商品之后，客服人员针对商品的使用、维护等进行的服务。好的售后服务不仅可以提高网店的动态评分，还能吸引更多新消费者，留住更多老消费者。因此客服人员在处理售后问题时要避免与消费者发生争执，要耐心温和地处理各种售后问题，不能回避问题或消极处理，如退换货，满足消费者的合理要求。

> **知识提示**
>
> 网店的运营与管理是一个不断积累经验的过程。商家想要经营好网店，就要做好网店运营与管理的每一项工作。在运营与管理网店的过程中，要善于发现不足之处，学会借鉴其他销量较好的网店的运营与管理方法，不断优化网店装修，改善营销推广策略，并熟练掌握与消费者沟通的技巧。

4.2 淘宝网店运营与管理实战

小张经营着自家的一个果园，由于果园比较偏远，很少有水果商贩来此收购水果，导致很多水果无法以较好的价格卖出。随着"互联网+"在农业领域的发展，以及国家对农村电商的政策扶持力度不断加大，小张决定紧跟时势，将手机开店作为创业增收的途径。结合自身条件，小张以个人身份在淘宝 App 开设名为"福瑞百果园"的网店售卖水果，以提升水果的销量，并以此为基础来开展农村电商网店运营，循序渐进地寻求发展机会。

4.2.1　开设淘宝网店

开设移动端淘宝网店包括两方面的内容，一是申请开通网店，二是设置网店的基本信息，主要是更换默认的网店标志，使网店具有辨识度。

1. 申请开通网店

淘宝移动端个人开店可通过淘宝 App 快速完成操作，其流程主要是登录淘宝账号，选择开店身份和网店主体类型，注册网店名称，进行开店信息认证，具体操作如下。

（1）打开淘宝 App，使用个人手机号登录，登录账号后在主界面点击"我的淘宝"选项，然后在打开的界面中点击"设置"选项，如图4-9所示。

（2）打开"设置"界面，点击"商家入驻"选项，如图4-10所示。

（3）打开"商家入驻"界面，点击"淘宝开店"选项，如图4-11所示。

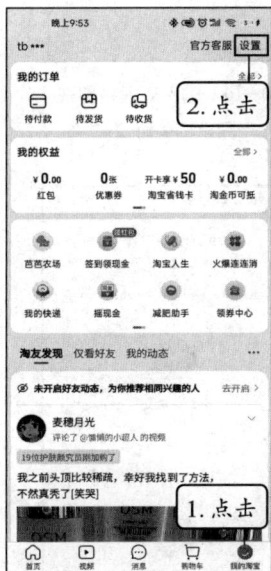

图4-9　点击"设置"选项　　　图4-10　点击"商家入驻"选项　　　图4-11　点击"淘宝开店"选项

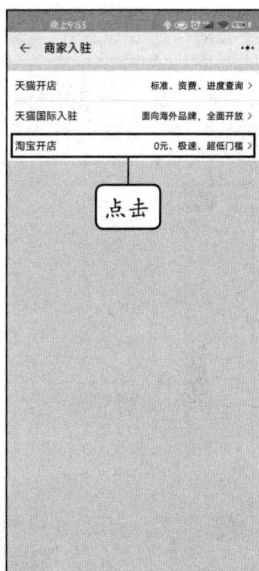

（4）打开"免费开店 – 淘宝免费开店"界面，在"普通商家"栏中点击 去开店 按钮，如图4-12所示。

（5）打开"免费开店 – 普通商家"界面，点击"个人商家"选项，查看开店流程，点击 去开店 按钮，如图4-13所示。

（6）打开"免费开店 – 个人开店"界面，在"店铺名称"文本框中输入"福瑞百果园"，点击选中下方的复选框，然后点击 0元开通 按钮，如图4-14所示。

（7）在打开界面的"开店任务 – 支付宝认证"栏中点击 去认证 按钮（如果没有支付宝账号需要先注册支付宝账号）；打开"支付宝实名认证"界面，输入真实姓名和证件号码，点击 确认并提交 按钮；打开"请上传你的二代身份证"界面，上传身份证正反面图片进行支付宝实名认证，如图4-15所示。

图4-12 选择开店身份

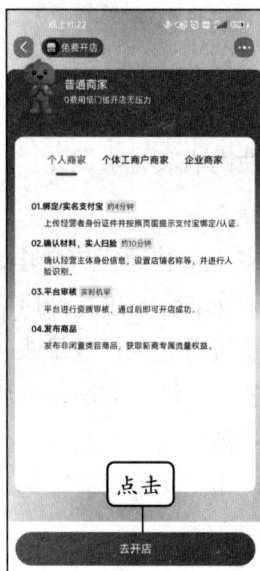

图4-13 选择网店主体类型

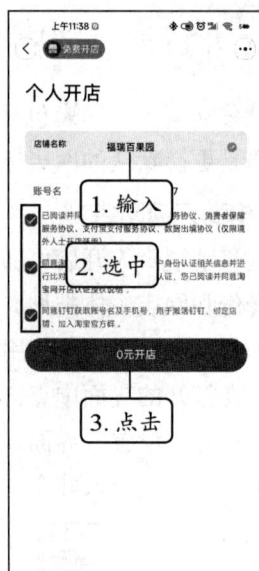

图4-14 输入店铺名称并
同意相关协议

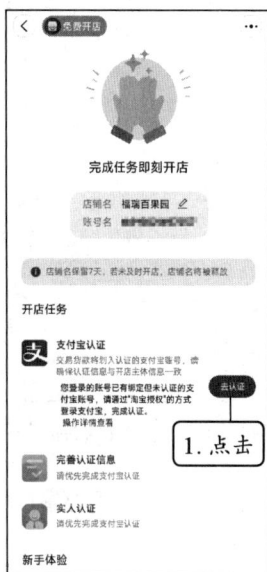

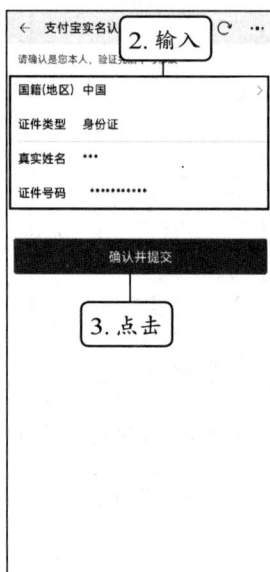

图4-15 支付宝实名认证

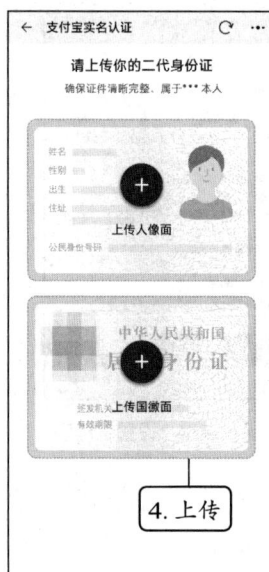

（8）支付宝实名认证后，在返回界面的"开店任务－完善认证信息"栏中点击 去填写 按钮，在打开界面的"个人证件图"栏中上传身份证正反面图片，在"经营地址"栏中填写经营地址，其他保持默认，点击 确认提交 按钮，如图4-16所示。

（9）完善认证信息后，在返回界面的"开店任务－实人认证"栏中点击 去认证 按钮，在打开的界面根据提示进行人脸识别认证，如图4-17所示。

（10）人脸识别认证通过后，打开的界面中会显示开店成功，如图4-18所示。

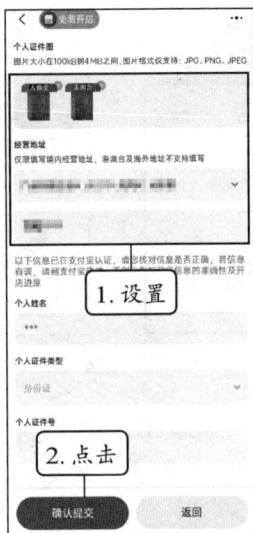

图4-16　完善认证信息　　　图4-17　人脸识别认证　　　图4-18　显示开店成功

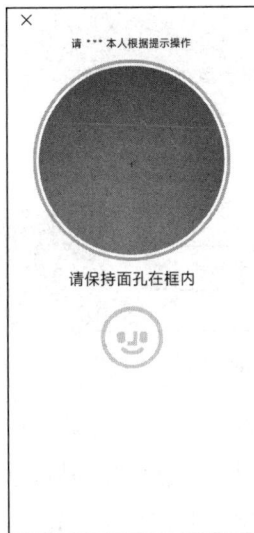

知识提示

　　在显示开店成功的界面中，平台提示商家可使用千牛 App 随时随地运营网店。千牛是运营网店的重要工具，商品发布管理、订单物流处理、网店装修管理、营销活动设置及管理、店铺推广等工作都可通过千牛进行操作。商家除了使用千牛 App，也可以在 PC 端登录千牛工作台运营与管理移动端网店。

2. 制作网店标志

　　成功开店后，要完善网店基础信息，主要是更换默认的网店标志（Logo），在此之前需要制作网店标志。下面使用在线图像设计工具创客贴，利用其提供的模板为福瑞百果园制作网店标志，具体操作如下。

微课视频

制作网店标志

　　（1）进入创客贴官方网站，在搜索框中输入"Logo"，按【Enter】键搜索标志模板，如图 4-19 所示。

图4-19　搜索标志模板

　　（2）在搜索结果页单击图 4-20 所示的模板选项。

　　（3）打开图像编辑窗口，删除不需要的文本、形状元素，前后对比效果如图 4-21 所示。

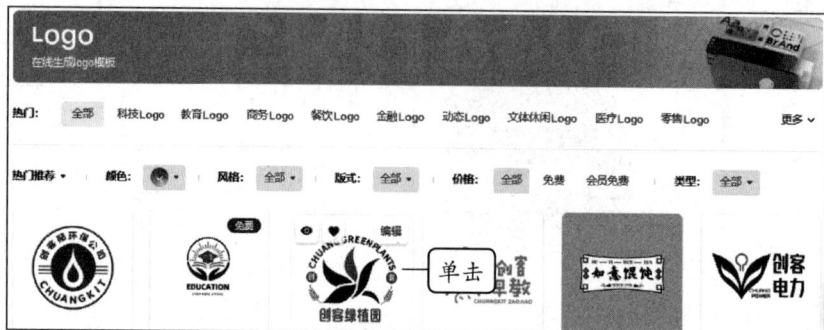

图4-20 选择标志

图4-21 前后对比效果

（4）双击标题文本框进入编辑状态，将默认文本修改为"福瑞百果园"，选择标题文本框，在上方工具栏的字体下拉列表中选择"站酷快乐体（新）"选项，如图 4-22 所示，然后适当调整标题文本框的位置、图片的大小和位置。

（5）单击 下载 按钮，打开"下载作品"对话框，在"文件类型"下拉列表框中选择"PNG"选项，单击 下载 按钮，如图 4-23 所示，将文件保存在计算机中（配套资源:\效果\第4章\网店标志.png）。

图4-22 修改标题文本并更改字体

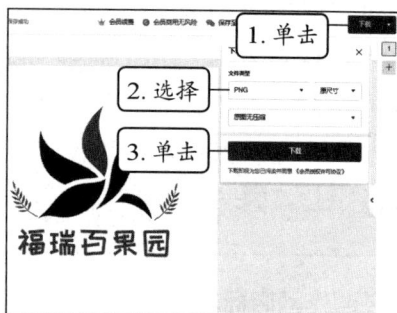

图4-23 下载图片

知识提示

通常，市面上的在线图像设计工具部分功能需要付费使用，为了简化工作、提高工作效率，商家可以根据情况考虑注册为付费会员，从而获得更多模板和功能权限。此外，商家也可以使用美图秀秀、Photoshop 等图像处理软件自行设计网店标志。美图秀秀简单易上手，可以快速制作出各种效果的图片；Photoshop 功能强大，在平面设计领域的应用比较广泛，但设计复杂的图像效果需要一定专业基础。

3. 设置网店标志

网店标志是网店信息中不可或缺的一部分，不但能使网店更具有识别性，还能应用到主图或促销海报中，起到防伪和加深消费者印象的作用。下面通过千牛 App 将默认的网店标志图片更换为"网店标志.png"（需先

微课视频

设置网店标志

将计算机中的图片传送到手机中），具体操作如下。

（1）打开千牛 App，使用登录淘宝 App 的手机号登录网店管理后台，点击顶部的网店名称区域，如图 4-24 所示。

（2）打开侧边栏，点击"福瑞百果园"选项，如图 4-25 所示。

（3）打开"店铺管理"界面，点击"编辑信息"选项，如图 4-26 所示。

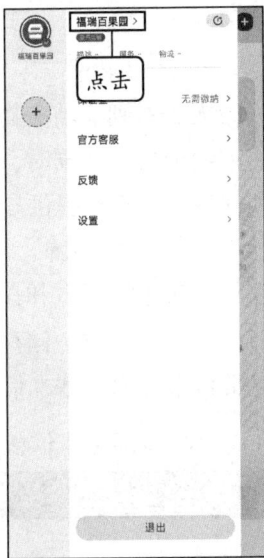

图4-24　点击网店名称区域　　　　图4-25　点击网店名称　　　　图4-26　点击"编辑信息"选项

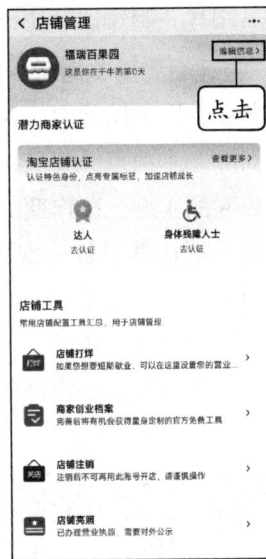

（4）打开"店铺信息"界面，点击"店铺标志"选项，在打开的面板中点击"从相册选择"选项，如图 4-27 所示。

（5）打开"全部图片"界面，点击并选中制作好的图片，点击 确定(1) 按钮，如图 4-28 所示，完成更换网店标志的操作，效果如图 4-29 所示。

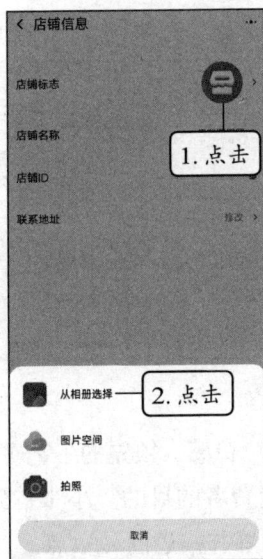

图4-27　从相册选择图片　　　　图4-28　选择已制作好的标志图片　　　　图4-29　完成更换网店标志的操作

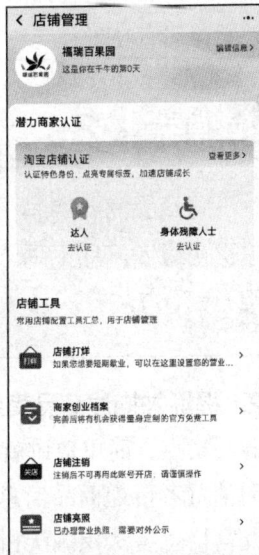

4.2.2 采编商品信息并发布商品

发布商品是指将商品信息上传至网店中。根据淘宝的建议，新开设的网店先发布商品可提高网店的曝光度。福瑞百果园将武鸣特产沃柑作为网店的首款主推商品。在发布商品之前需要做一些准备工作，包括整理商品基本信息、提炼并描述商品卖点、编写商品标题、拍摄商品图片、制作商品主图和详情图等。

1. 整理商品基本信息

消费者在网上购物时，难免会因为无法看到商品实物而产生一定疑虑，因此商家应注意整理商品基本信息并将其准确地传递给消费者。同时，整理商品基本信息，也可以给后续的提炼商品卖点、制作商品主图和详情图等工作提供参考依据。

通常，消费者了解一款商品，会查看商品的品牌、名称、产地、材质、规格、功能、用途、包装、认证证书等信息。小张结合沃柑的特点和自身经营状况，罗列的主要信息类目包括名称、产地、规格、包装、口感、适宜人群、储存方式和储存时长。在罗列出本款商品的信息类目后，小张将根据信息类目整理商品基本信息，如表 4-1 所示。

表4-1　整理商品基本信息

信息类目	信息描述
名称	沃柑
产地	广西武鸣
规格	9 千克，大果
包装	箱装，泡沫填充空隙
口感	皮薄多汁，美味香甜
适宜人群	老少皆宜
储存方式	常温 / 冷藏
储存时长	最佳食用时间不超过 7 天

知识提示

不同商品需要给消费者展示的基本信息也不同，如有品牌的应提供品牌名。与沃柑这类初级农产品不同，对于加工农产品，还应提供生产日期、保质期、商品成分、食用 / 使用方法等。

2. 提炼并描述商品卖点

商品卖点，简单地讲就是商品十分突出的特点，如独特的外观、口感，领先的工艺等。商家向消费者传递商品信息时，可突出商品卖点，达到快速吸引消费者的目的。小张首先利用九宫格思考法挖掘沃柑的卖点，然后结合消费者的评价信息提炼并描述商品卖点。

（1）九宫格思考法是一种利用九宫格矩阵图发散思考，产生创意的简单练习法。使用九宫格思考法提炼沃柑卖点的操作为：首先绘制一个正方形，然后将其分割成九宫格，并在中间方格填写商品名称"沃柑"，最后在其他8个方格内依次填写有助于推广、销售的商品优点，不用刻意思考优点之间有什么关系，如图4-30所示。

（2）接下来，在淘宝上查看消费者购买沃柑后的评价信息，如图4-31所示。从图中可以看出，消费者给出好评的原因是新鲜、皮薄多汁、果汁香甜等。另外，沃柑容易剥皮，适合小孩、老人吃，也是一些消费者给出好评的原因。

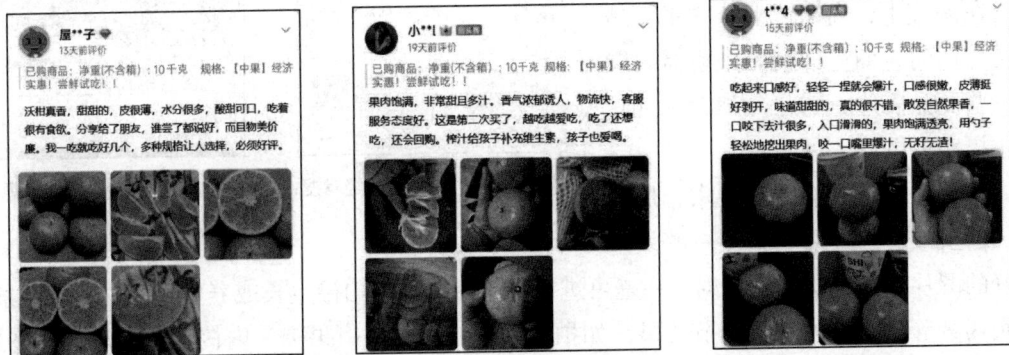

农家种植	自然培育	新鲜采摘
营养丰富	沃柑	皮薄多汁
果肉细腻	口感香甜	易剥皮分瓣

图4-30 绘制并填写九宫格

图4-31 消费者评价信息

（3）最终，结合消费者的评价信息提炼并描述商品卖点，如表4-2所示。

表4-2 提炼并描述商品卖点

卖点	卖点描述
果园种植，自然培肖	自家果园在远离市区的大山里，气候适宜，阳光充足，雨水充沛，土壤肥沃。让每一颗沃柑都投入大自然的怀抱中，自然成长，保证沃柑的原汁原味
新鲜采摘，口感香甜	每一颗沃柑都是当天新鲜采摘的，精心挑选，新鲜发货，您开箱就能闻到沃柑浓郁的果香味。咬上一口，鲜嫩的果肉，香甜充沛的汁水，忍不住再来一口
营养丰富，老少皆宜	沃柑营养丰富，富含维生素和膳食纤维，皮薄易剥不脏手，多汁无渣，老少皆宜

3. 编写商品标题

很多消费者会在淘宝App的搜索框中输入关键词来搜索商品，在浏览搜索结果的过程中，消费者很容易被一些好的商品标题吸引。因此，小张可使用淘宝搜索功能来挖掘关键词，然后根据挖掘到的关键词编写商品标题，具体操作如下。

微课视频

编写商品标题

（1）打开淘宝App，在首页搜索框中输入"沃柑"，在打开的下拉列表中查看系统提供的消费者经常搜索的关键词。其中，消费者搜索较多的关键词为"沃柑新鲜""广西无核沃柑"等，点击"沃柑新鲜"选项作为搜索关键词，如图4-32所示。

（2）搜索结果页中，商品标题中除了包含"新鲜"，常用的关键词还有"时令""当

78 季水果""包邮"等（见图4-33），一些商品还使用了商品地域特色和规格等关键词。

（3）将挖掘出的关键词汇总，挑选出可以使用的关键词，结合沃柑的特点，编写出如下标题：沃柑9千克新鲜大果农家种植时令水果皮薄多汁广西武鸣柑橘包邮。

4. 拍摄商品图片

在淘宝中，商家可上传5张商品主图，同时，商品详情图中也需要展示一些商品图片。因此，发布商品前，需拍摄商品图片。

拍摄农产品没有特殊要求，用一般的手机或相机便可拍摄出一些效果较好的图片。

图4-32 查看消费者经常搜索的关键词

图4-33 查看商品标题

在拍摄农产品时，一是可进行场景拍摄，如拍摄生长或养殖场景、采摘场景、食用场景等，二是可进行细节拍摄，如拍摄农产品的外表、果肉、内核等。农产品的场景和细节展示，能突显农产品的品质和卖点，让消费者快速直观地了解农产品。

本例中，小张就地取材，拍摄了一些果园和沃柑的图片，并挑选出图4-34所示的5张图片作为商品主图（配套资源:\素材\第4章\主图\）。

图4-34 商品主图

知识提示

淘宝上商品主图的大小应小于3MB，若拍摄的商品图片不符合该要求，或者拍摄的商品图片存在颜色太暗或太亮等问题，商家可利用美图秀秀、Photoshop等软件编辑处理图片，使图片符合要求，并且美观、有吸引力。

5. 制作商品主图

在淘宝上，第1张商品主图被称作"第一卖点图"，这张图片直接展示在搜索结果页中。设计商品主图时一般是在背景图中展示商品的卖点和促销信息，以吸引消费者点击、购买。接下来，小张决定使用创客贴制作

微课视频

制作商品主图

商品主图，具体操作如下。

（1）打开创客贴官方网站，在搜索框中输入"主图"，按【Enter】键搜索主图。浏览搜索结果并选择图4-35所示的主图模板。

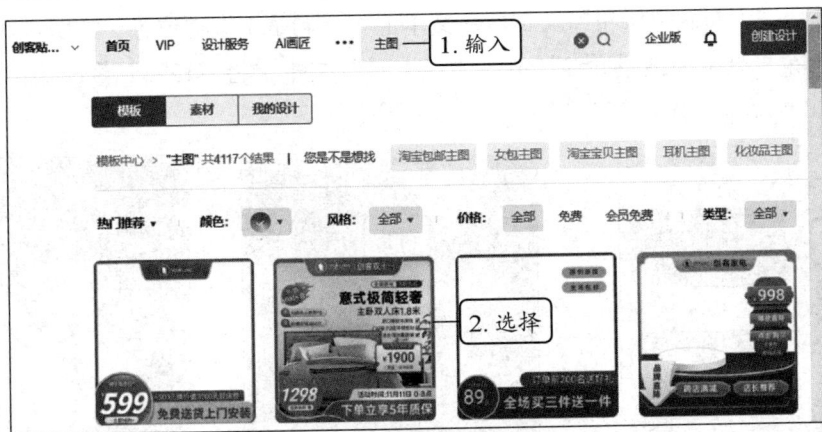

图4-35 浏览搜索结果并选择主图模板

（2）打开图像编辑窗口，删除不需要的文本、形状元素，前后对比效果如图4-36所示。

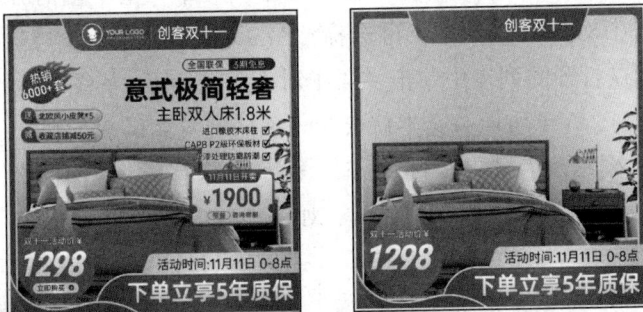

图4-36 前后对比效果

（3）选择主图背景，在工具栏中单击 换图 按钮，在打开的下拉列表中选择"换图"选项，打开"打开"对话框，选择所需素材图片（配套资源：\素材\第4章\主图\主图1.jpg），单击 打开(O) 按钮，如图4-37所示，更换主图背景。

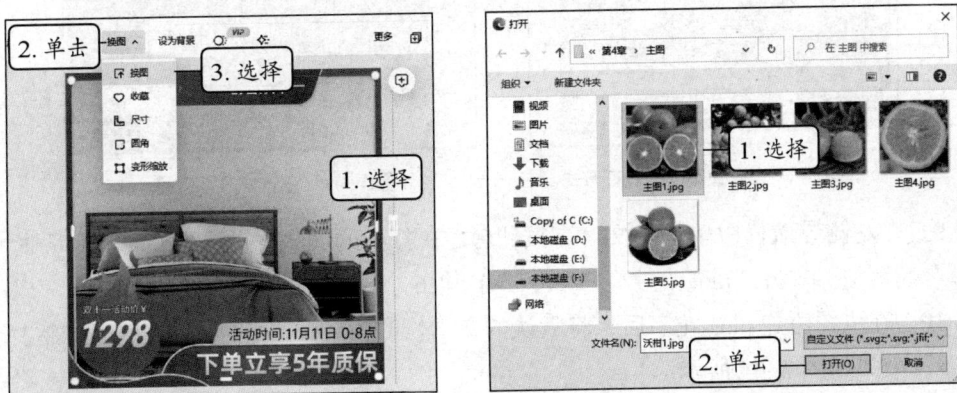

图4-37 更换主图背景

80　　　（4）选择主图上方的"创客双十一"文本，修改为"广西武鸣沃柑"，选择修改后的"广西武鸣沃柑"文本，将字体设置为"锐字真言体 大粗"，字号为"48"，如图4-38所示。

（5）选择"广西武鸣沃柑"文本所在文本框，并调整文本框位置，如图4-39所示。

（6）删除"双十一活动价¥"中的"双十一"文本，将"1298"修改为"54.9"，效果如图4-40所示。

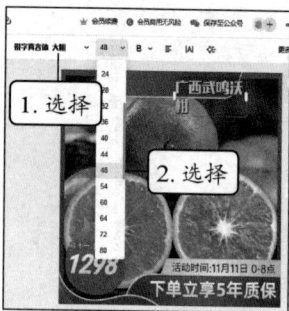

图4-38　修改文本并设置字体、字号　　　图4-39　调整文本框位置　　　图4-40　修改效果

（7）选择"活动价¥"文本所在文本框，在工具栏中单击"左对齐"按钮，在打开的列表中单击"居中对齐"按钮，再选择"54.9"文本所在文本框，在工具栏中单击"左对齐"按钮，在打开的列表中单击"居中对齐"按钮，如图4-41所示。

（8）将"下单立享5年质保"文本修改为"现摘现发大果9千克"，将"活动时间:11月11日0-8点"文本修改为"果园直发 新鲜多汁 美味香甜"，选择修改后的文本，将字号设置为"28"，使文本在一行内完整显示，如图4-42所示。

图4-41　设置文本框的对齐方式　　　　　图4-42　修改文本和字号

（9）在左侧导航栏中单击"文字"按钮，在打开的面板中单击"plog花字"栏中的"全部"超链接，展开"plog花字"项目，选择第6个选项，如图4-43所示。

（10）在主图添加plog花字后，将默认的文本修改为"坏果包赔！"，然后调整其大小和位置，效果如图4-44所示。

（11）完成主图编辑操作后，下载文件（配套资源:\效果\第4章\商品主图.png）。

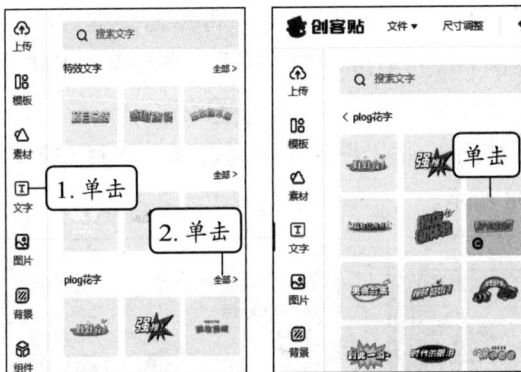

图4-43　选择plog花字样式

图4-44　修改plog花字的默认文本并
调整大小和位置

6. 制作商品详情图

制作商品详情图，首先应根据商品信息设计详情图的结构并策划详情
图的内容。针对沃柑，其详情图的背景主色调可采用沃柑本身的颜色——
黄色，这样才能更好地体现商品的特性。内容安排上，强调商品卖点的同
时可提供商品信息及退换货等方面的提示。总体上，详情图分为4个部分。

微课视频

制作商品详情图

- 第1部分为焦点图，主要展示创意文案以表达商品特色并吸引消费
  者。文案内容为"美味香甜一果蕴含"。
- 第2部分展示商品基本信息。
- 第3部分展示商品卖点，表达"果园种植，"新鲜采摘""营养丰富，老少皆宜"
  等信息。
- 第4部分为温馨提示，主要是关于赔付的事项，具体内容为："坏果包赔。生鲜水
  果属于特殊商品，来回退换容易损坏，故不支持退货，如有坏果请在收货后24小
  时内拍照联系客服处理，我们将照价赔偿。"

确定商品详情图的结构布局后，接下来使用创客贴制作商品详情图，具体操作如下。

（1）打开创客贴官方网站，在搜索框中输入"详情图"，按【Enter】键搜索，在搜索
结果中选择图 4-45 所示的模板。

图4-45　搜索并选择模板

（2）打开编辑页面，第一部分的默认内容如图 4-46 所示。将标题文本"赣南脐橙"修改为"武鸣沃柑"，将副标题"颗粒饱满 / 营养丰富 / 甘甜多汁"修改为"美味香甜 一果蕴含"，如图 4-47 所示。选择其中的图片，单击工具栏中的 换图 按钮。

（3）打开"打开"对话框，选择"详情图 1.png"图片（配套资源：\ 素材 \ 第 4 章 \ 详情图 1.png），单击 打开(O) 按钮，如图 4-48 所示。

图4-46　第一部分原图　　图4-47　修改标题和副标题的文本　　图4-48　上传并替换图片

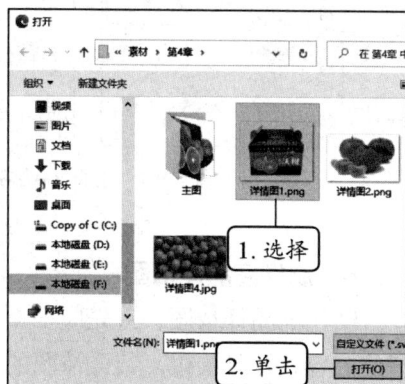

（4）下滑页面，第二部分的默认内容如图 4-49 所示。首先将副标题"清新甜蜜、果肉细腻多汁"修改为"果农直供原生态产品"，然后修改商品基本信息，再将下方的图片替换为"详情图 2.png"（配套资源：\ 素材 \ 第 4 章 \ 详情图 2.png），效果如图 4-50 所示。

（5）选择"储存："文本下方的矩形形状，将鼠标指针移到形状右侧边缘，按住鼠标左键向左拖动，调整形状宽度，如图 4-51 所示。

图4-49　第二部分原图　　图4-50　修改副标题和商品　　图4-51　调整形状宽度
　　　　　　　　　　　　　　　基本信息并替换图片

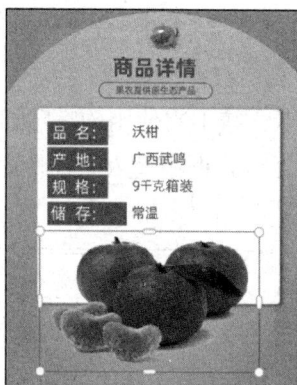

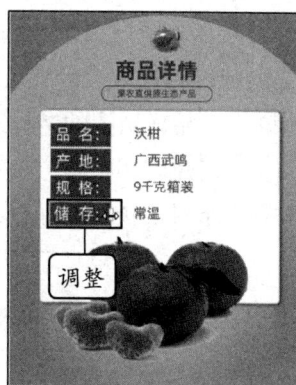

（6）下滑页面，第三部分的默认内容如图 4-52 所示。将"营养尽在眼前"下方的副标题"清新甜蜜、果肉细腻多汁"修改为"营养丰富 老少皆宜"，下方的图片内容符合商品属性，保持不变，如图 4-53 所示。

图4-52 第三部分原图

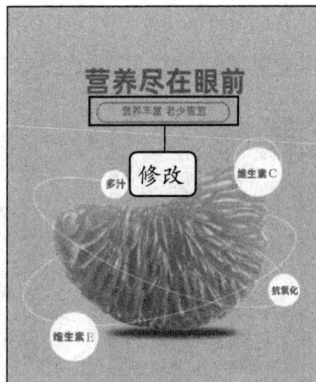

图4-53 修改副标题

（7）将"选择我们的理由"下方的副标题"清新甜蜜、果肉细腻多汁"修改为"果园种植 新鲜采摘"，单击导航栏中的"上传"按钮⬆️，在打开的"我的上传"面板中单击上传素材按钮，如图 4-54 所示。

图4-54 修改副标题并上传素材

（8）打开"打开"对话框，选择"详情图 3.jpg、详情图 4.jpg"图片（配套资源：\素材\第4章\详情图 3.jpg、详情图 4.jpg），单击打开(O)按钮上传图片，如图 4-55 所示。

（9）选择上传的"详情图 3.jpg"图片，按住鼠标左键不放，拖动图片至右侧默认的图片上替换默认的图片，如图 4-56 所示。

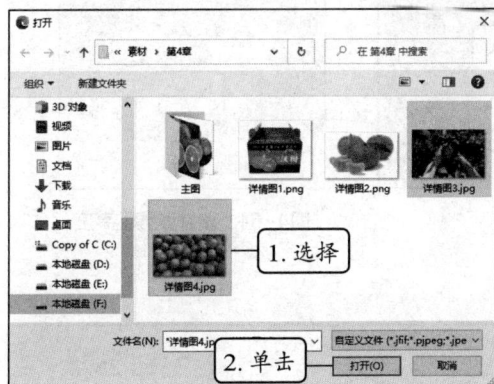

图4-55 上传图片

图4-56 替换图片

（10）将下方默认的图片替换为"详情图 4.jpg"。然后将两张图片下方文本框中的内容分别修改为"汁多香甜，皮薄无渣，每一口都是享受""颗粒饱满，色泽光亮，浓浓果香，沁人心脾"，如图 4-57 所示。

（11）下滑页面，第四部分的默认内容如图4-58所示。将标题修改为"温馨提示"，删除副标题和其他内容，效果如图4-59所示。

图4-57 修改文本

图4-58 第四部分原图

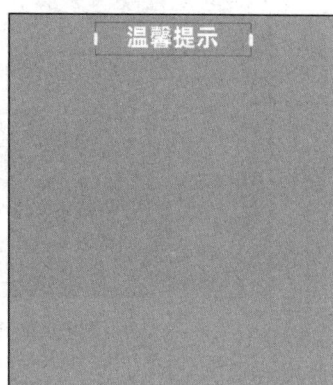
图4-59 修改标题并删除其他内容

（12）在导航栏中单击"文字"按钮，在打开的"默认文字"面板中单击"点击添加正文文字"超链接，在编辑窗口中插入正文文本框，输入温馨提示的相关内容，将字号设置为"40"，并调整文本框的位置和大小，如图4-60所示。

（13）将鼠标指针移到详情图底部的 按钮上，按住鼠标左键向上拖动，如图4-61所示，调整详情图高度。完成详情图的设计后，将其以jpg格式下载保存到计算机中（配套资源：\效果\第4章\淘宝详情图.jpg）。

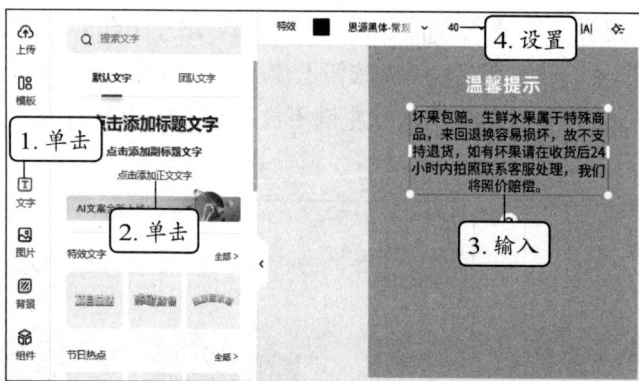
图4-60 插入正文文本框后输入文本

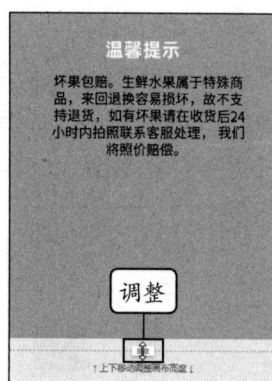
图4-61 调整详情图高度

知识提示

淘宝允许上传5张主图，除了精心设计"第一卖点图"，商家也可以将商品详情图的内容展现到其他4张主图中，方便消费者查看主图即可做出购买决策，节省时间。另外，制作商品详情图时也可以分别制作各个部分，然后分别上传各个部分的图片。

7. 发布商品

完成商品的信息采编后，可利用千牛App发布商品，具体操作如下。

（1）打开千牛App，在"发布并上架商品"栏中点击 去发布 按钮，在打开的"上架一件商品"面板中点击 发布商品 按钮，如图4-62所示。

（2）在打开的面板中点击"从相册选择"选项，如图4-63所示。

（3）在打开的相册界面中点击"淘宝主图.png"图片（配套资源:\素材\第4章\淘宝主图.png），然后点击 确定(1) 按钮，如图4-64所示，上传第一张商品主图。

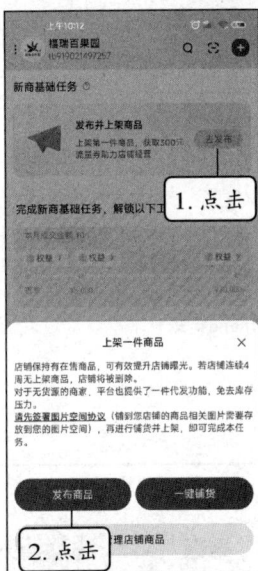

图4-62 点击"发布商品"按钮

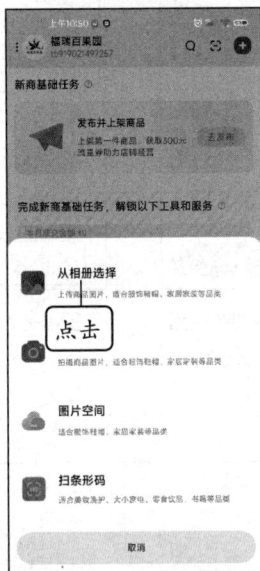

图4-63 点击"从相册选择"选项

图4-64 选择并上传第一张商品主图

（4）打开"发布商品"界面，点击"添加"按钮□，在打开的面板中点击"从相册选择"选项，如图4-65所示。

（5）在打开的界面中点击并选择其他四张商品主图（配套资源:\素材\第4章\主图\主图2.jpg、主图3.jpg、主图4.jpg）进行上传，上传商品主图后，在"商品标题"文本框中输入"沃柑9千克新鲜大果农家种植时令水果皮薄多汁广西武鸣柑橘包邮"，效果如图4-66所示。

（6）输入商品标题后，系统会自动识别商品类目。在"参数"栏中点击 去完善 按钮，打开"参数"界面，其中带有"*"符号的为必填参数，其他为选填参数。首先在"必填参数"栏的"包装方式"下拉列表框中点击"食用农产品"选项，然后设置"水果种类""重量""产地""省份"和"城市"，其他选项根据实际情况填写，完成后点击 确认 按钮，如图4-67所示。

图4-65 点击"从相册选择"选项

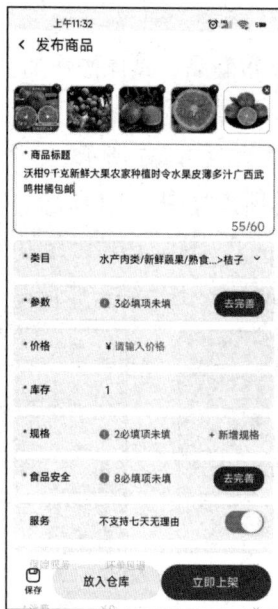

图4-66 上传其他四张商品
主图并输入商品标题

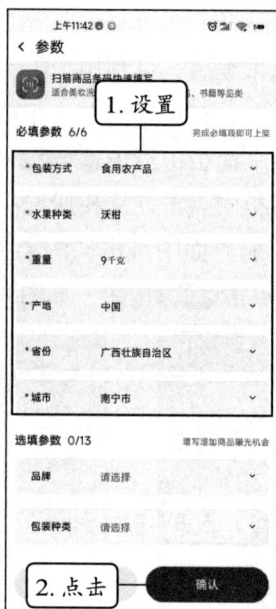

图4-67 填写商品参数

知识提示

食品类商品，包装方式有"食用农产品""包装"和"散装"3个选项。对于初级农产品，可选择"食用农产品"选项，此时无需填写生产许可证编号、保质期等食品安全信息；如果是加工食品，需选择"包装"或"散装"选项，同时要填写生产许可证编号、保质期等食品安全信息。

（7）在"规格"栏中点击 +新增规格 按钮，打开"规格"界面，在"净重（不含箱）"栏中点击 +自定义规格 按钮，在上方的文本框中输入"9千克"，在"规格"栏中点击 +自定义规格 按钮，在上方的文本框中输入"大果"，设置商品净重（不含箱）与规格，然后在"设置价格库存"栏中点击商品选项，如图4-68所示。

（8）打开"价格库存"界面，在"价格"数值框中输入"54.9"，在"库存"数值框中输入"600"，点击 确认 按钮，如图4-69所示。

（9）返回"规格"界面，点击 确定 按钮，返回"发布商品"界面，价格与库存栏已进行了自动填充。继续设置运费（运费为0表示包邮）、所在地和图文描述（配套资源：\素材\第4章\淘宝详情图.jpg），完成后点击 立即上架 按钮，如图4-70所示。

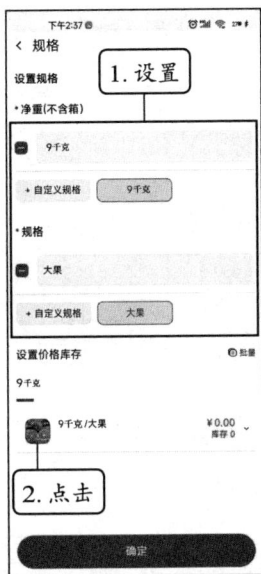

图4-68　设置商品规格　　　图4-69　设置商品价格与库存　　　图4-70　发布商品

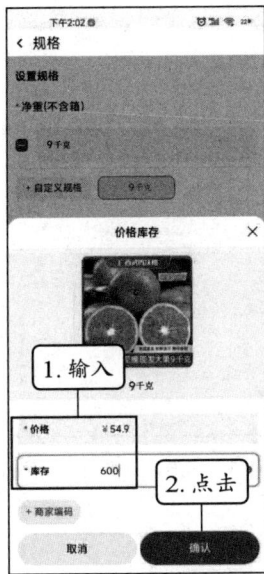

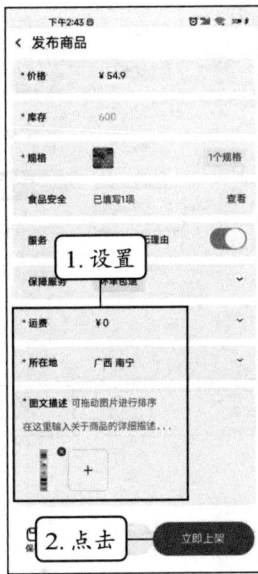

素养小课堂

　　商家不可销售国家明令淘汰或者过期、失效、变质的商品；不可销售掺假、以假充真、以次充好的商品，不得以不合格商品冒充合格商品；不可在销售过程中出现缺斤短两的情况。

4.2.3　装修淘宝网店

　　目前，装修淘宝网店只能在PC端操作。下面在福瑞百果园移动端网店首页默认模块的基础上，添加公告、优惠券和单图海报模块，具体操作如下。

微课视频

装修淘宝网店

　　（1）在PC端打开千牛官方网站，使用千牛App扫码登录，进入千牛商家工作台。在左侧导航栏选择"店铺"选项，在"店铺装修"栏中选择"手机店铺装修"选项，在打开页面的"店铺默认首页"中单击"装修页面"超链接，如图4-71所示。

　　（2）在打开的页面中单击"官方模块"选项卡，在"图文类"栏中选择"文字标题"选项，将其拖动添加到网店名称下方，如图4-72所示。

　　（3）添加"文字标题"模块后右侧自动打开"文字标题"面板，在"模块名称"文本框中输入"公告"，在"标题"文本框中输入"新店开业，享优惠！更多新品敬请期待！"，单击"链接"文本框右侧的"超链接"按钮，如图4-73所示。

图4-71 单击"装修页面"超链接

图4-72 添加"文字标题"模块

图4-73 设置"文字标题"模块内容

（4）打开"添加链接"页面，在"常用链接"选项卡中单击选中"店铺首页"单选项，单击 确定 按钮，如图4-74所示。返回"文字标题"面板，单击 保存 按钮。

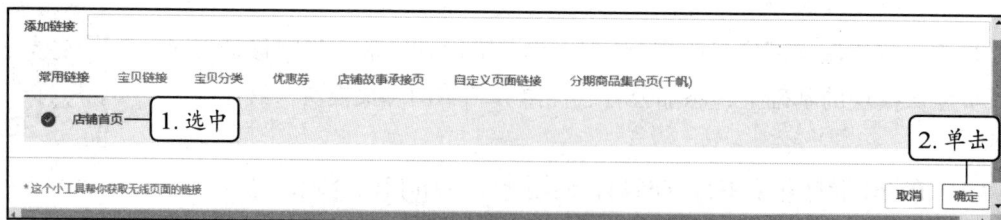

图4-74 设置链接内容

（5）在"营销互动类"栏中选择"店铺优惠券"选项，并将其拖动添加到"文字标题"模块下方，在打开的"店铺优惠券"面板的"模块名称"文本框中输入"新人优惠券"，在"设置优惠券数量"下拉列表框中选择"1"选项，单击 按钮，如图4-75所示。

（6）在打开的对话框中单击"添加优惠券"超链接创建优惠券，如图4-76所示。

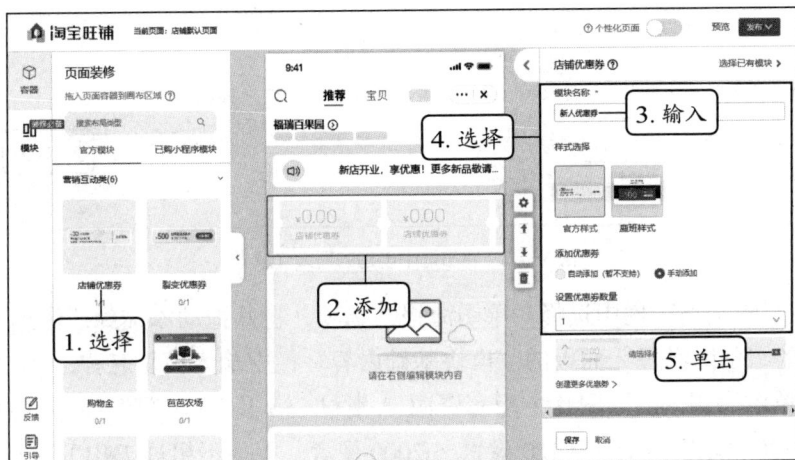

图4-75　添加"店铺优惠券"模块

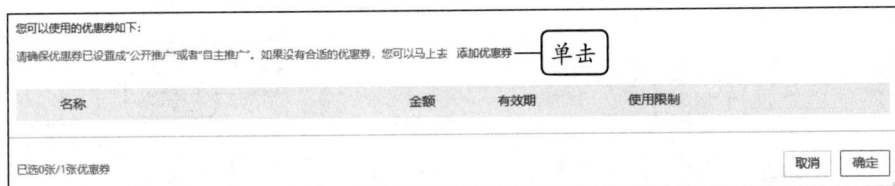

图4-76　单击"添加优惠券"超链接

（7）打开"创建优惠券"页面，在"推广渠道"栏中单击选中"全网自动推广"单选项，在"基本信息"栏中设置名称、开始时间、结束时间、低价提醒，这里将"低价提醒"设置为"8折"，即消费者领取优惠券后支付的金额不低于原价的8折，如图4-77所示。

（8）在"面额信息–面额1"栏中将"优惠金额"设置为"5元"；将"使用门槛"设置为满"50元"；将"发行量"设置为"1000张"；将"每人限领"设置为"1张"。单击 资据风险校验 按钮，如图4-78所示，通过平台评估后，即可完成优惠券的创建。

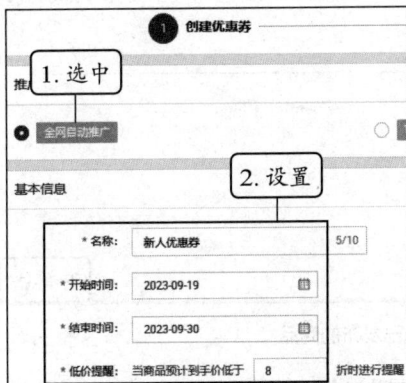

图4-77　设置优惠券基本信息

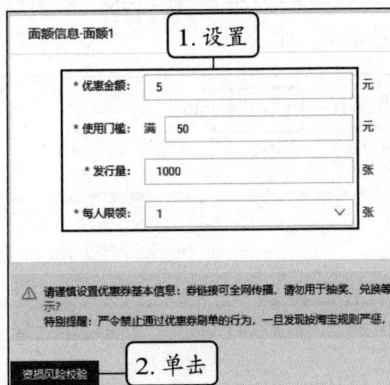

图4-78　设置优惠券面额信息

（9）再次在"店铺优惠券"面板中单击 按钮，在打开的对话框中单击选中创建的新人优惠券，单击 确定 按钮，如图4-79所示，再在"店铺优惠券"面板中单击 保存 按钮。

图4-79　单击选中创建的新人优惠券

（10）在"图文类"栏中选择"单图海报"选项，将其拖动添加到"优惠券"模块下方，在打开的"单图海报"面板的"模块基础内容"栏中输入模块名称，在"上传图片"栏中上传"单图海报.png"图片（配套资源：\素材\第4章\单图海报.png）（海报图片要求宽度为1200像素，高度为120像素～2000像素，大小不超过2MB），然后单击选中"自定义链接"单选项，在"跳转链接"栏中单击"超链接"按钮，如图4-80所示。

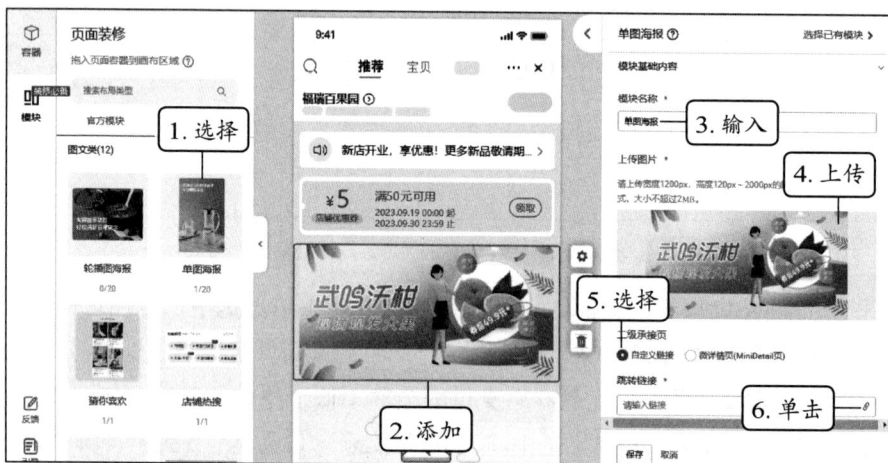

图4-80　添加"单图海报"模块

（11）在打开的对话框中单击"宝贝链接"选项卡，单击选中已发布的商品，单击 确定 按钮，如图4-81所示。

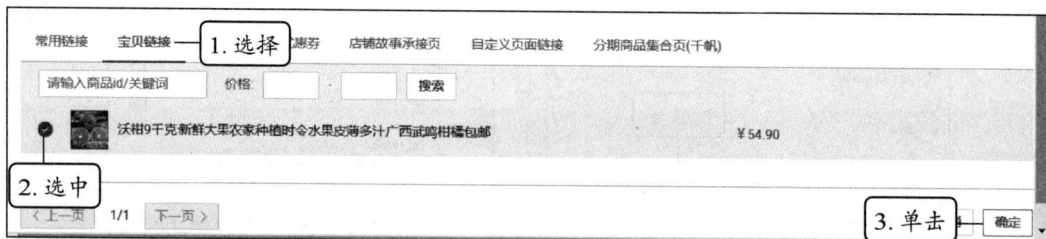

图4-81　单击选中已发布的商品

（12）继续在"单图海报"面板的"智能展现设置"栏中单击选中"智能分配"单选项，其他保持默认设置，单击 保存 按钮。完成设置后，单击装修页面右上角的 发布∨ 按钮，在打开的列表中选择"立即发布"选项，如图4-82所示。在打开的"确认发布当前页面"对话框中单击 确定 按钮，确认发布页面。

（13）发布页面后，在右上角单击"预览"超链接，显示网店二维码，打开淘宝 App **91**
扫码查看网店首页，效果如图 4-83 所示。

图4-82　发布移动端网店装修页面

图4-83　网店首页效果

知识提示

　　网店装修是动态变化的过程，尤其是销售季节性强的水果类农产品，不同水果的
上市时间不同，商家发布的水果种类和数量也就不同，网店页面就需要适时调整。

4.2.4　推广淘宝网店

微课视频

推广淘宝网店

　　通常，普通的网店开设初期，人气会比较低，竞争力较弱，此时商家
需要适当地推广宣传商品，以提升网店的流量。淘宝提供的推广方式和推
广工具有很多，其中直通车是十分常用的推广工具。直通车的推广形式为：
商家通过设置推广关键词来展示商品获得流量，淘宝按照直通车流量的点击数进行收费，
出价高的商品将被优先展示在直通车广告位中。下面在千牛 App 中利用直通车推广福瑞百
果园中正在出售的沃柑，具体操作如下。

　　（1）打开千牛 App，在"常用工具"栏中点击"直通车"按钮 [直通车]，如图 4-84 所示。

　　（2）打开"直通车"界面，在"计划概览"栏中点击 [+ 新建计划] 按钮，如图 4-85 所示。

　　（3）打开"创建广告计划"界面，在"推广方式"栏中选择"标准推广"选项，在
"选择想要推广的宝贝"栏中添加沃柑商品，在"为宝贝添加关键词包"栏中点击选中所
有单选项，在"设置你的日预算"栏中点击选中"自定义"单选项，在文本框中输入

"50"，完成设置后点击 ![完成创建 去支付] 按钮，如图 4-86 所示。支付推广费用后即可按计划投放直通车广告。

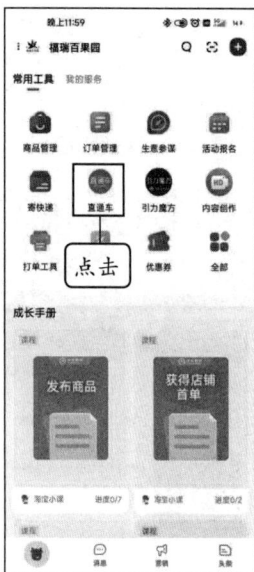

图4-84　打开直通车　　图4-85　点击"新建计划"按钮　　图4-86　创建推广计划

知识提示

　　"为宝贝添加关键词包"栏中，"流量智选词包"指系统智能自动购买未推广优质词，优质词高出价（不超过出价上限），次优质词低出价；"捡漏词包"指系统智能自动购买行业内高点击、高转化，平均点击成本相对较低的词；"类目优选词包"指系统智能自动购买与推广商品二级类目相同，属性、价格类似的推广商品优质词。

4.2.5　淘宝订单处理及发货

微课视频

淘宝订单处理及发货

　　商家日常需要查询订单，确保商品及时发货、物流正常，从而保证每一笔订单的商品都能及时送到消费者手中，进一步提升和维护消费者的购物体验。下面在千牛 App 处理福瑞百果园中消费者已付款等待发货的订单，具体操作如下。

　　（1）打开千牛 App，在"常用工具"栏中点击"订单管理"按钮 ，打开"订单"界面，点击"待发货"选项，在打开的界面查看已付款等待发货的商品订单，如图 4-87 所示。此时，商家应按承诺的发货时效进行发货，并上传物流单号。

　　（2）点击 ![去发货] 按钮，打开"发货"界面，此时系统提示未设置发货 / 退货地址，点击

去设置 按钮，如图 4-88 所示。

（3）打开"地址管理"界面，点击 +添加新地址 ，如图 4-89 所示。

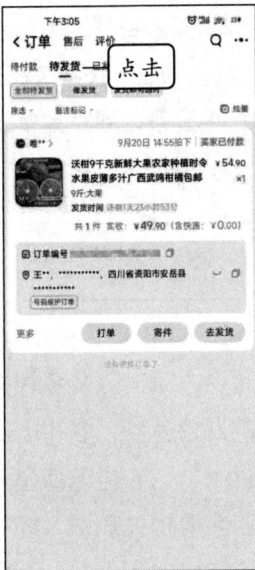

图4-87　查看已付款等待
发货的商品订单

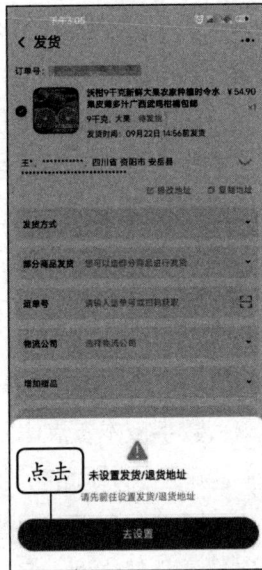

图4-88　点击"去设置"

图4-89　点击"添加新
地址"

（4）打开"新地址"界面，填写联系人、所在地区、详细地址、邮政编码、手机号等信息，点击选中"默认发货地址"和"默认退货地址"单选项，点击 保存 按钮，如图 4-90 所示。

（5）返回"发货"界面，设置发货方式、部分商品发货、运单号、物流公司等信息，点击 发货 按钮，如图 4-91 所示。

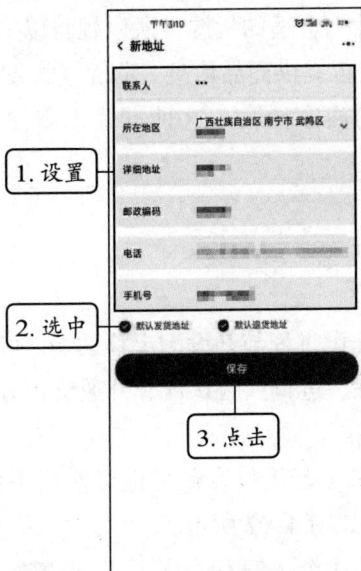

图4-90　设置发货/退货地址信息

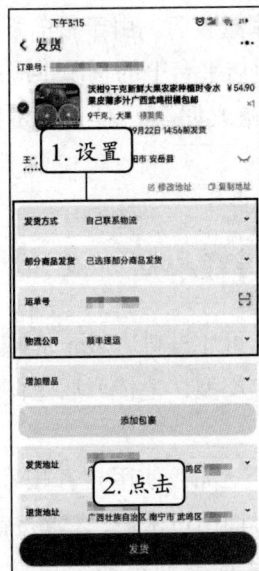

图4-91　设置发货信息

知识提示

在订单处理环节，快递公司的选择十分重要。商家在选择快递公司时，可以从寄单价格、包裹安全性、运输时效和配送区域等方面综合考量。除了自行联系快递公司，商家还可在待返货管理界面点击 **寄件** 按钮选择平台提供的寄件服务，商家只需选择快递公司、填写重量等信息，平台会联系快递公司上门并进行寄件服务。

素养小课堂

近几年，农村电商蓬勃发展，成为推动乡村产业兴旺的主力军，以及乡村振兴的新引擎。随着政策就位、市场成熟、数字技术发展以及大量人才返乡，农村电商迈入"天时地利人和"的历史机遇期，迎来全面井喷的"黄金时代"。农村电商是一个对操作性和实践性要求较高的领域，对于农村电商团队来说，懂得相关知识，能够从事运营操作的实践型人才是比较稀缺的。要想成为一名优秀的农村电商人才，我们要努力学习，掌握更多的农村电商知识与技能，以期在农村电商、乡村振兴领域发光发热。

4.3 抖音小店运营与管理实战

萱萱是一名电子商务专业的学生，在读期间为增强实践经验，决定以个人身份在抖音小店开设一家童装店。由于目前萱萱没有合适的货源，所以她将以"一件代发"的模式运营网店，即抖店平台上的货源供应商负责提供商品信息、发货等服务，她只负责发布、推广商品，以此赚取佣金。对于无货源的商家而言，这种方式无需囤货，节省了开店成本。

4.3.1 开设抖音小店

开设抖音小店可通过抖店 App 完成，开设过程与开设淘宝移动端网店的操作类似，其流程包括选择开店类型、上传开店主体信息、进行人脸认证、开通支付方式等，具体操作如下。

（1）打开抖店 App，使用抖音账号登录（若无抖音账号也可使用手机号注册登录），登录后在打开的界面中点击 **入驻抖音电商** 按钮，如图 4-92 所示。

（2）打开"认证类型选择"界面，在"个人身份"栏中点击 **立即入驻** 按钮，如图 4-93 所示。

（3）打开"入驻抖音电商"界面，上传身份证正反面图片，系统自动填充个人姓名、身份证号码等信息，如图4-94所示。

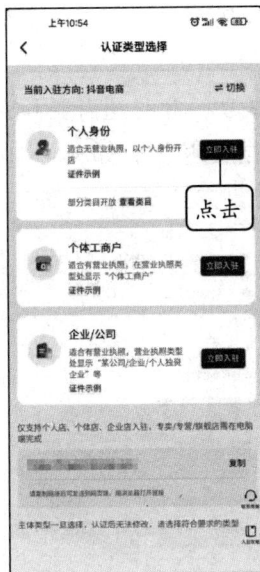

图4-92　开始入驻　　　图4-93　选择入驻主体类型　　图4-94　上传身份证正反面图片

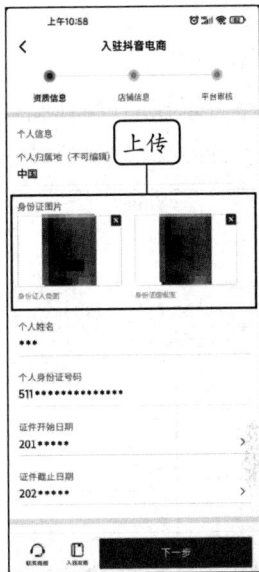

（4）下滑界面，点击 [开始人脸识别] 按钮，如图4-95所示，进行人脸认证，完成认证后点击 [下一步] 按钮，继续填写网店信息。

（5）设置网店名称（丫丫童装城）、店铺类型、经营地址、详细地址和经营类目等信息后，点击 [制作logo] 按钮，如图4-96所示。

（6）打开"自动生成Logo"面板，在"Logo名称"输入"丫丫童装城"，点击 [生成LOGO] 按钮，如图4-97所示。

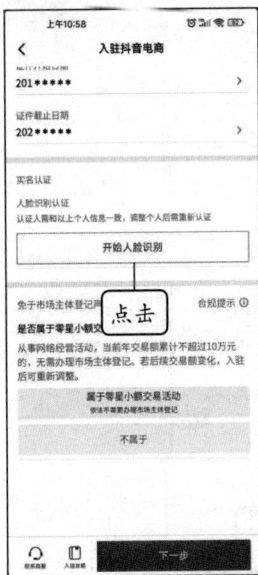

图4-95　进行人脸识别　　　图4-96　填写网店信息　　　图4-97　制作网店Logo

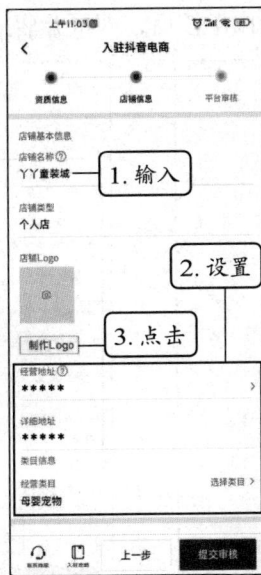

（7）下滑界面，填写店铺管理人信息，包括管理人姓名、管理人手机号和验证码，点击 提交审核 按钮，如图4-98所示。

（8）若资料完备，在打开的界面中将显示"入驻资料提交成功"，此时需等待平台审核，如图4-99所示。

（9）平台审核通过后网店注册成功，此时还需要开通支付方式。打开抖店App，登录账号，在"开通支付方式"栏中点击 去开通 按钮，如图4-100所示。

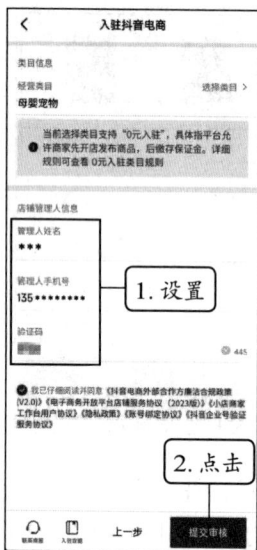
图4-98 填写店铺管理人信息

图4-99 等待平台审核

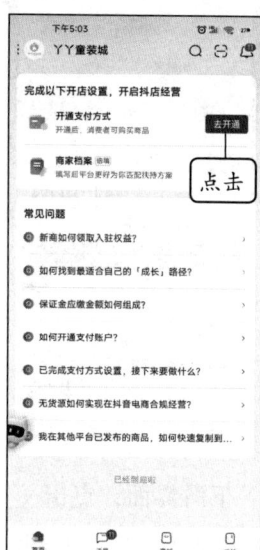
图4-100 开通支付方式

（10）打开"收款账户"界面，点击 立即开通 选项，如图4-101所示。

（11）打开"填写账户信息"界面，由于已经通过实名认证，所以个人信息设置保持默认即可。在"绑卡信息"栏中填写银行卡信息，选择开通支付宝，点击 提交 按钮提交账户信息，如图4-102所示。完成审核后，即可开店成功。

图4-101 开通收款账户

图4-102 填写收款账户信息

4.3.2 抖音小店商品发布

在抖音小店成功开店后，商家还要发布商品，才可顺利使用运营与管理功能。下面将介绍抖店 App 的"找货源"功能，利用货源供应商提供的"一键铺货"服务发布商品，具体操作如下。

（1）打开抖店 App，在"没有货源？找供应商进货"栏中点击 找货源 按钮，如图 4-103 所示。

（2）在打开的界面下方点击选中"阅读并同意:《微应用技术服务协议》"单选项同意协议，点击 30天免费试用 按钮，如图 4-104 所示。

（3）打开"帮 _ 铺货代发"界面，点击"店铺支持售卖"选项，筛选符合网店经营类目的商品，然后选择符合网店定位的所需商品（选择商品时，可点击商品标题链接，在打开的界面中查看商品信息和供应商提供的服务择优选择），这里同时选择多个商品，点击 批量铺货 按钮，如图 4-105 所示，进行批量铺货。

图4-103 找货源　　　图4-104 试用"铺货代发"应用　　　图4-105 选择商品

知识提示

在抖店 App 的工具面板中点击"发布商品"按钮 ，可发布自有商品（包括已经完成采购的商品）。在发布商品时，需上传商品主图（可上传5张主图）和详情描述等，操作方法与在淘宝网店中发布商品基本相同。另外，在工具面板中点击"服务市场"按钮 ，在服务市场中可选择更多的"一键铺货"渠道，一般这些"一键铺货"渠道需要付费使用，但是大多有一定时间的试用期，无货源的商家可试用后，根据货源保障（是否包邮、发货时间保障、是否支持7天无理由退货等）、货品质量选择使用。

（4）打开"铺货预览"界面，点击██████████可铺货到店铺（15个）按钮，如图 4-106 所示。稍后将显示铺货成功，如图 4-107 所示。

图4-106 铺货到网店　　　　图4-107 铺货成功

> **知识提示**
>
> 抖音小店可装修的模块包括精选页（首页）、新品页、活动页等，满足一定的条件，平台将自动开启模块，即在网店端展示。例如，店内至少新上架 6 个有效商品可开启精选页，店内至少新上架 15 个有效商品可开启新品页。开启模块后，可保持默认设置，也可根据需求进行调整。装修抖音小店需要在 PC 端登录抖店后台（使用抖店 App 扫码登录）进行操作，操作方法与装修淘宝网店类似。

4.3.3　抖音小店营销推广

抖音小店为商家提供了多种营销推广网店与商品的方法，常用的方法包括设置优惠券、分享商品和广告投放等。

1. 设置优惠券

设置优惠券吸引消费者，促使消费者下单购买，是抖音小店新老商家经常使用的营销推广手段。下面为丫丫童装城设置新人优惠券，指定部分商品使用，优惠券面额为 5 元，具体操作如下。

（1）打开抖店 App，点击"商城"选项，打开"商城经营"界面，在"经营提升工具"栏中点击"优惠券"按钮▨，如图 4-108 所示。

（2）打开"优惠券"界面，点击██████一键创建按钮，如图 4-109 所示。

微课视频
设置优惠券

（3）打开"新建优惠券"界面，在"选择券类型"栏中点击"全店通用券"选项，在打开的面板中点击"店铺新人券"选项，点击 ▇▇▇▇ 按钮，如图 4-110 所示。

图4-108　点击"优惠券"按钮　　　　图4-109　开始创建　　　　图4-110　创建"店铺新人券"

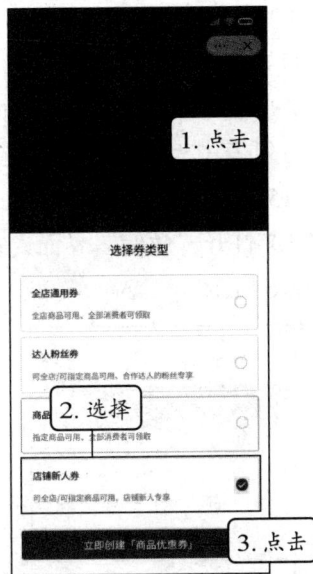

（4）继续设置优惠券其他信息，然后点击"添加商品"栏中的"未选择"选项，如图 4-111 所示。

（5）打开"添加商品"界面，选择所需商品，点击 ▇▇▇ 按钮，如图 4-112 所示。

（6）返回"新建优惠券"界面，点击 ▇▇ 按钮，如图 4-113 所示。

图4-111　设置优惠券其他信息　　　图4-112　选择商品　　　　图4-113　提交优惠券信息

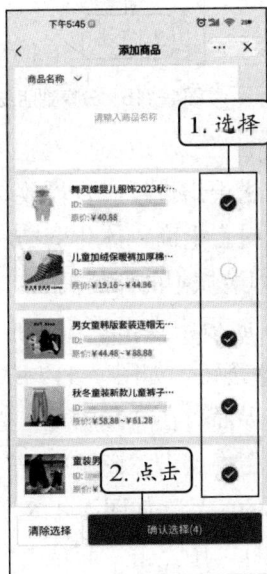

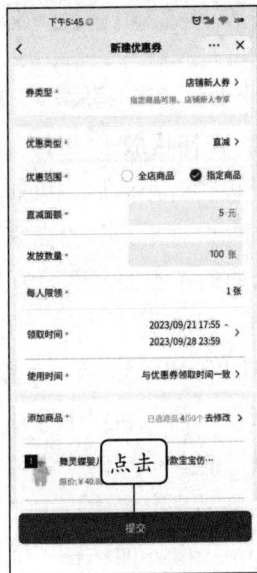

2. 分享商品

分享商品是抖音小店为商家提供的站外推广方式，商家可以将正在出售的商品分享到

100 微信朋友圈、QQ空间、微博，也可以分享给微信好友、QQ好友。下面在丫丫童装城中将商品信息分享到微信朋友圈，具体操作如下。

（1）打开抖店App，在工具面板中点击"商品管理"按钮 ，如图4-114所示。

（2）打开"商品管理"界面，在需要分享的商品左侧点击 按钮，在打开的列表中点击"分享"选项，打开"分享到"面板，点击"朋友圈"按钮 ，如图4-115所示。

（3）打开"微信"界面，在文本框中输入"新店开业，享优惠"，点击 按钮，如图4-116所示。

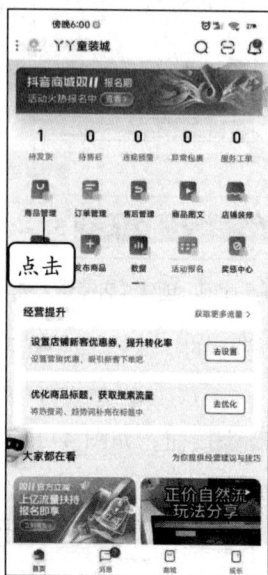

微课视频

分享商品

图4-114 点击"商品管理"按钮　　图4-115 分享到朋友圈　　图4-116 发表商品信息

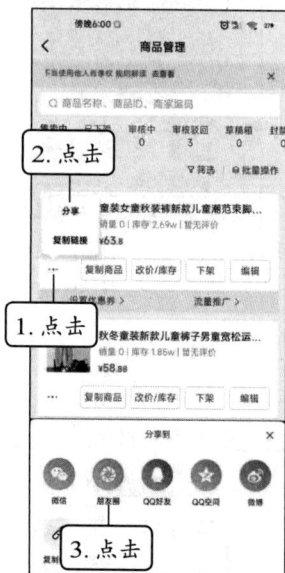

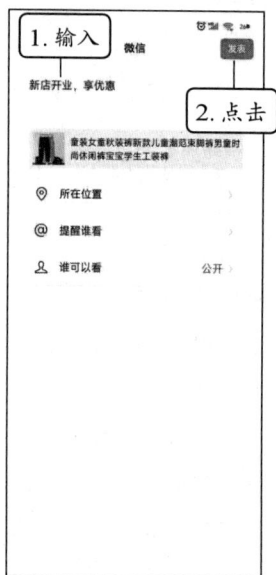

3. 广告投放

开设抖音小店后，可通过巨量千川进行广告投放。巨量千川是巨量引擎旗下的广告平台，为商家提供抖音电商一体化营销解决方案，它的功能与淘宝直通车类似。下面为丫丫童装城中的商品投放广告，具体操作如下。

微课视频

广告投放

（1）打开抖店App，在工具面板中点击"流量推广"按钮 ，打开"巨量千川"界面，点击底部的 按钮，如图4-117所示。

（2）打开"新建推广计划"界面，在"我想要"栏中点击"推商品"选项用于推广商品，在"想要推广的广告类型"栏中点击"商城广告"选项在抖音商城推广商品，在"我推广的商品是"栏中点击要推广的商品，如图4-118所示。

（3）下滑界面，在"优化目标"中点击"商品支付ROI"选项（商品支付ROI是交易额与广告投入费用的比值即产出投入比），在"预期ROI目标"栏中设置预期产出投入比，可根据平台参考值填写；在"图片创意"栏中设置图片创意与创意标题，可保持默认，由平台智能填写；在"我的推广日预算是"栏中设置日预算金额，点击 按钮，如图4-119所示。

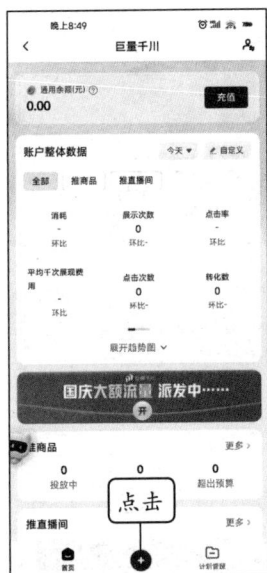

图4-117 新建推广计划　　　图4-118 设置推广类型　　　图4-119 设置推广目标和预算

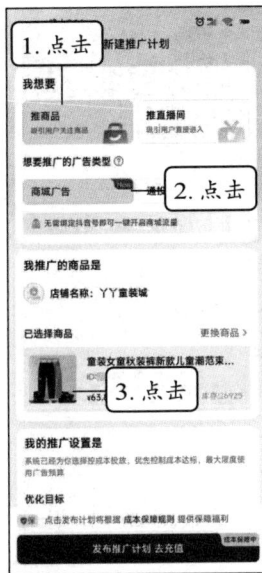

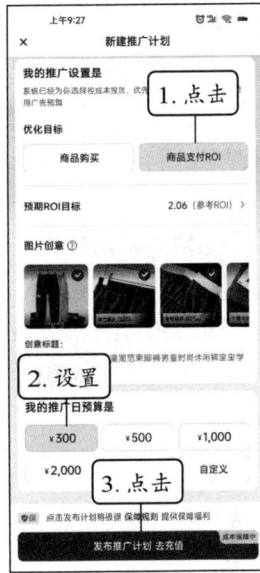

知识提示

　　"我想要"栏中的"推直播间"选项表示推广直播间，需要商家绑定开通直播权限的抖音账号。"想要推广的广告类型"栏中"通投广告"选项表示推广商品与抖音账号。"优化目标"栏中"商品购买"选项表示以促进消费者购买商品为目标，选择该选项后，需设置广告出价，即商家投放广告时，设定的某个广告位可接受的最高出价，通过广告投放实现商品成交后，商家需支付相应的广告出价费用给平台。

4.3.4　抖音小店订单处理及发货

　　商家运营网店，需要及时处理订单，一是遵守平台规则，二是获取消费者的信任。抖音小店订单处理可利用抖店的订单管理工具快速完成，下面在抖店 App 中处理丫丫童装城中的待发货商品订单，具体操作如下。

微课视频

抖音小店订单处理及发货

　　（1）打开抖店 App，在工具面板中点击"订单管理"按钮，打开"订单管理"界面，点击"待发货"选项，查看待发货状态的商品订单，如图 4-120 所示。

　　（2）点击待发货订单的商品标题，打开"订单详情"界面，查看消费者的联系电话、地址、留言等信息，如图 4-121 所示。之后，商家根据买家信息联系快递公司进行线下发货，如果是无货源的商家，商家向供货商采购商品，供货商直接向消费者发货，并向商家提供物流信息。

　　（3）商家完成线下发货后，在"订单详情"界面中点击 发货 按钮，打开"发货"界面，填写物流信息和发货地址，点击 发货 按钮，如图 4-122 所示，完成发货。

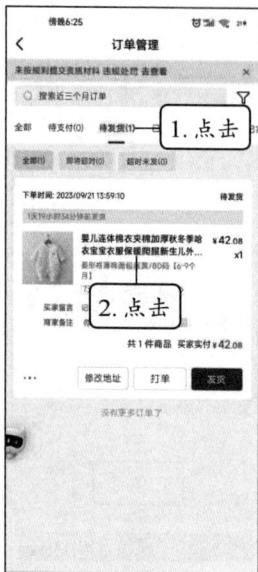

图4-120 查看待发货订单　　图4-121 查看订单详情信息　　图4-122 发货

素养小课堂

　　商家需认识到为消费者提供高质量的商品或服务是网店可持续发展的根本，网店装修、营销推广只是促进商品销售的重要辅助手段，不可本末倒置。在运营与管理网店的过程中，必须遵守平台规则和法律法规，不得虚假宣传，如盗用知名品牌的商标和商品图片、抄袭他人的营销文案、宣传的售卖价格与实际购买价格不一致、夸大商品功效等。

实践训练

实训1　制作章姬草莓的第1张主图与详情图

微课视频

制作章姬草莓的第1张主图与详情图

【实训背景】

　　为了丰富福瑞百果园中的商品种类，网店在上架沃柑后，还准备在当地农户处采购一些新鲜的章姬草莓，并发布到网店上进行销售。章姬草莓是草莓的一个优质品种，章姬草莓口味清香，有一股淡淡的牛奶香味，所以也被称为奶油草莓或牛奶草莓。在发布商品前，首先依据表4-3所示的商品信息制作章姬草莓的第1张主图与详情图。

表4-3　章姬草莓的商品信息

名称	产地	规格	价格	物流
章姬草莓	广西武鸣	3千克/大果 （单果25～35g）	9.5元/千克	顺丰包邮
口感	**库存**	**储存方式**	**其他信息**	
奶香清甜	200件	2℃～6℃冷藏保鲜， 4天内食用	果园新鲜采摘，自然成熟，不催熟不打蜡	

【实训要求】

（1）使用 Photoshop 或其他图像处理工具，根据"章姬草莓主图"文件夹中的素材（配套资源：\素材\第4章\章姬草莓主图\），制作章姬草莓的第1张主图。其中，主图以红色为主色，同时体现商品卖点和顺丰包邮的信息，吸引消费者并打消其对商品运输的顾虑。

（2）使用 Photoshop 或其他图像处理工具，根据"章姬草莓详情图"文件夹中的素材（配套资源：\素材\第4章\章姬草莓详情图\），制作章姬草莓的详情图。要求详情图由焦点图、商品介绍、鲜果实拍和售后4个部分组成，主要体现章姬草莓的味美、自然、安全等卖点，以吸引消费者。

【实施过程】

（1）使用 Photoshop 制作主图。首先新建大小为 800 像素 ×800 像素的文件，植入主图背景图片；然后绘制各个形状并设置样式；再输入相关文本内容并插入快递图标。完成后的主图参考效果，如图 4-123 所示（配套资源：\效果\第4章\章姬草莓主图.jpg）。

图4-123 主图参考效果

（2）使用 Photoshop 制作详情图。首先制作焦点图部分，新建大小为 750 像素 ×6000 像素的文件，将详情图草莓背景拖动到图像文件顶部，输入标题文本，绘制"立即尝鲜"按钮；接着制作商品介绍部分，通过插入图片、绘制形状、插入文本框和输入文本等操作展示商品基本信息和商品卖点；然后制作鲜果实拍部分，通过插入图片、绘制形状、插入文本框和输入文本等操作展示鲜果实拍效果；最后制作售后部分，插入"购物须知"图片，并调整位置和大小即可，最终的详情图参考效果，如图 4-124 所示（配套资源：\效果\第4章\章姬草莓详情图.jpg）。

图4-124 详情图参考效果

实训2　在千牛App中发布章姬草莓

【实训背景】

制作好章姬草莓的第一张主图和详情图，并准备好其他主图图片后，接下来福瑞百果园将根据表4-3中的信息在千牛 App 中发布商品。

【实训要求】

（1）编写商品标题。

（2）在千牛 App 中填写商品信息，上传主图与详情图，并发布商品。

【实施过程】

（1）编写商品标题。商家可以利用淘宝 App 的搜索功能查看消费者查找草莓商品时使用的热搜词，在搜索结果页中查看热卖商品的标题，并挑选可用的关键词，再结合本店商品的特点编写标题，如"广西新鲜章姬牛奶草莓当季头茬大果顺丰包邮"。

（2）上传主图。打开千牛 App，使用商品管理功能发布商品，上传主图（配套资源:\素材\第 4 章\发布商品\章姬草莓主图 .jpg、主图 2.jpg、主图 3.jpg、主图 4.jpg、主图 5.jpg）。

（3）设置商品信息。在"发布商品"界面中填写商品标题，设置商品类目、参数、价格、库存、规格（见图 4-125）、运费、所在地等信息。

（4）上传商品详情图并发布商品。上传商品详情图（配套资源:\素材\第 4 章\发布商品\章姬草莓详情图 .jpg）后，点击 立即上架 按钮即可发布商品。

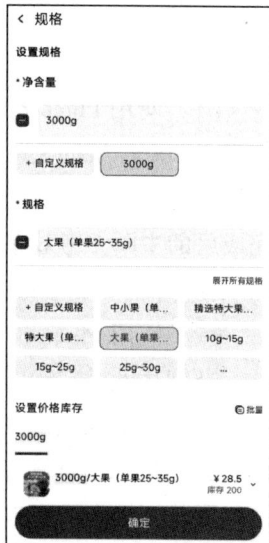

图4-125　规格设置参考

实训3　开设抖音小店并发布商品

【实训背景】

如今，移动购物已经成为人们日常生活中不可或缺的一部分。通过手机，人们足不出户或在休息时间，轻松点击屏幕就能随时随地购买个性化商品，并且价格也较为实惠。随着越来越多的人选择移动购物，移动端网店平台如雨后春笋般涌现，且开店条件简单、入驻门槛较低，不少在读大学生也纷纷加入开设移动端网店的潮流中。如果你是一名有志于开设移动端网店来创业的大学生，请你利用自己擅长或感兴趣的领域作为网店商品的营销类目，在抖音小店开设个人网店。

【实训要求】

（1）以个人身份申请开通抖音小店。

（2）开通支付方式，包括支付宝和微信支付。

（3）至少发布一件商品。

【实施过程】

（1）准备开店资料。准备好开店所用的手机号码、身份证、银行卡（需提前知道银行卡的开户地址和开户支行）等资料。

（2）注册开店。下载安装抖店 App，使用手机号码注册登录，登录后入驻抖音电商并开设个人网店。

（3）开通支付方式。完成网店注册后，填写账户信息开通支付方式。

（4）发布商品。为节省开店成本，无需采购商品备货，以无货源的方式，使用提供的"一键铺货"至少发布一件商品。需注意，发布的商品应符合网店定位，挑选商品时还要根据货源供应商所能提供的服务、商品信息的完善情况择优选择。

思考与练习

1. 单项选择题

（1）网店中一件毛衣的售价为 39.8 元，这种商品定价方式属于（　　）。

  A. 整数定价   B. 尾数定价

  C. 数量折扣定价   D. 成本加成定价

（2）网店中一件毛衣的售价为 39.8 元，消费者购买两件毛衣打 6 折只需 47.76 元，这种商品定价方式属于（　　）。

  A. 尾数定价   B. 数量折扣定价

  C. 成本加成定价   D. 现金折扣定价

（3）"满 199 元，返 30 元优惠券"采用的促销方式是（　　）。

  A. 满赠   B. 满减   C. 满返   D. 以上都不是

（4）某网店进行满减促销，其客单价为 120 元，设置合理的方式是（　　）。

  A. 满 150 元减 10 元   B. 满 150 元减 30 元

  C. 满 150 元减 50 元   D. 满 150 元减 100 元

（5）商家在微信朋友圈分享抖音小店中的商品信息属于（　　）。

  A. 网站推广   B. 广告投放   C. 站内推广   D. 站外推广

2. 多项选择题

（1）网店定位采取传统的市场营销 3C 定位法进行分析，包括（　　）。

  A. 公司 / 个人分析   B. 顾客群分析

  C. 竞争对手分析   D. 开店平台分析

（2）网点定位分析顾客群时，可通过（　　）等方式实现。

  A. 网店运营人员的经验判断   B. 问卷调查

  C. 访问市场调查专业网站   D. 利用大数据平台查看

（3）商家进货时，应重视（　　）等要点。

  A. 品牌   B. 品质   C. 价格   D. 多样性

（4）网店客服服务的售中服务主要包括（　　）等环节。

  A. 订单处理   B. 装配打包   C. 物流配送   D. 订单跟踪

（5）客服人员在处理售后问题时，应当（　　　）。

A. 满足消费者的一切要求　　　　B. 避免与消费者发生争执

C. 耐心处理各种售后问题　　　　D. 不回避问题或消极处理

3. 案例阅读与思考题

立夏的灯具店

立夏是一名电子商务专业的学生，经过两年专业知识的学习，他开始了创业之路。他对灯具有一定的了解，也比较喜欢钻研灯具，因此毫不犹豫地选择了以灯具作为主销商品。

立夏的灯具店的货源由厂家直供，存货充足、信用度高，但他并没有急着扩大网店的规模，而是仔细地进行商品的分类，将商品分为灯具配件、室内/家具照明、户外/工程照明3大类。为了让消费者熟悉网店，他选择了一款外形比较别致的室内照明天花灯作为主推商品，再搭配其他的灯具配件销售，其余的商品则暂时不上架，待网店有了一些人气后再丰富商品种类。

接着，立夏开始装修网店，他特地跑到工厂实拍了商品生产过程中的图片，每一张图片都十分清晰，能够让消费者看到商品细节。然后，他请设计专业的同学帮忙设计了一个美观的店招和海报，再按照商品的类别依次陈列商品。使消费者一进店就能看到整洁、大方的网店布局，主推商品醒目精致，极大地刺激了消费者的浏览欲望。当然，商品详情图他也没有忽略，针对天花灯的特点，他从规格、材质、颜色、光源、包装、安装、售后等方面进行了详细说明。

这还不够，立夏知道网店有很多竞争对手，因此他制订了一些促销计划，对首次收藏网店、关注网店的消费者赠送5元红包；发放满100元减20元，满300元减60元，满500元减150元的优惠券；开通打折活动，邀请消费者购物享受半价优惠。这些促销策略极大地提升了消费者的购物热情，为网店带来了很多流量和转化。

最后，立夏的灯具店有条不紊地开起来了。经过一段时间的运营，立夏发现消费者对网店的评价都比较高，这也进一步增加了他继续经营的信心。立夏回忆刚开始开店的一段时间，他认为之所以能这么快就成功开店，主要是因为自己有清晰的发展规划，做好了网店和商品的定位，明白自己要经营的主推商品，知道消费者需要的商品，做好了商品的规划与网店美化，当然适当的促销策略也是必不可少的。

结合上述案例资料，思考下列问题。

（1）怎么进行网店定位，确定网店的经营方式？

（2）为什么要进行网店装修和美化？哪些地方需要重点关注？

（3）网店的促销策略有哪些？对网店运营有何作用？

5

移动营销

本章导读

电子商务业务向移动端的转移带动了营销的移动化。通过移动营销，企业可以更加快速、便捷地传递营销信息，与用户互动，是企业开展营销活动的主流模式。本章主要介绍H5营销、二维码营销、LBS营销、微信营销、微博营销、社群营销、短视频营销、直播营销、移动广告等移动电子商务常用的营销方法。

学习目标

【知识目标】

| 了解移动营销的概念与关键要素。

| 掌握H5、二维码、LBS、微信、微博、社群、短视频、直播的营销方式。

| 掌握移动广告的表现形式和投放步骤。

【能力目标】

| 能够使用各种营销方法开展营销活动。

| 能够根据营销目标，策划具体的营销方案并进行营销实践。

【素养目标】

| 培养文明互动、理性表达的良好习惯。

| 坚持原创，不剽窃他人创作成果，并学会维护自己的合法权益。

案例导入

东方甄选用"直播＋教学"打造直播营销新模式

新东方教育科技集团有限公司（以下简称新东方）是我国规模较大的综合性教育集团。2021年，新东方从教育培训转向直播营销，以"直播＋教学"的直播营销模式销售商品，并取得了显著成功。新东方开展直播营销初始，创建了东方甄选这一品牌并在抖音上开设了同名直播账号。东方甄选在直播间利用趣味性的语言将商品推荐与知识讲解结合在一起，形成了独特的直播风格，快速吸引了众多年轻用户的关注。同时，许多用户还将直播中的趣味片段剪辑成短视频，以此引发了二次传播。短时间内，抖音中关于"＃东方甄选＃""＃东方甄选直播＃"等话题的短视频总播放量破亿。

为了更有效地开展直播营销，扩大品牌影响力，东方甄选积极铺设直播账号矩阵。截至2023年9月，东方甄选在抖音上共开设了6个直播账号，除了主账号"东方甄选"，还包括"东方甄选美丽生活""东方甄选自营产品""东方甄选之图书""东方甄选看世界""东方甄选将进酒"5个子账号，涉及美妆、食品、图书、旅游、酒品等不同商品品类。东方甄选还在短时间内孵化出了一些成熟的头部主播，并利用头部主播的影响力带动新主播的成长。

另外，东方甄选一直在探索多平台布局，实现品牌营销效果的最大化。例如，在京东、天猫等平台开设官方旗舰店，在微信开设小程序"东方甄选会员店"，推出独立的移动电子商务平台东方甄选App，在淘宝开设直播账号等。

启示：从教育培训转行到直播营销，东方甄选利用丰富的教学资源打造了独特的直播风格，这种"边学知识边买东西"的新颖模式，让其从竞争激烈的直播营销领域中脱颖而出。直播营销作为移动营销的重要方式已成为移动电子商务的标配，不仅众多移动电子商务平台开通了直播功能，移动电子商务平台上的商家、达人也积极通过直播营销开展移动电子商务业务。当然，移动营销方式多样，除了直播营销还有其他多种营销方式，如在微信上开展营销推广、开展短视频营销等，扩大品牌的影响力和营销优势。

5.1 移动营销概述

移动营销是传统营销理论在移动互联网环境中的应用和发展。移动营销已成为目前非常重要的营销方式，其原因在于移动互联网将互联网和移动通信融合在一起，既拥有互联网信息传播跨空间、跨地域的特点，又拥有移动通信便携、快捷的特点，满足用户借助网络随时随地获取信息和进行商务活动的需求。

5.1.1　移动营销的概念

要弄清楚移动营销的概念，首先需要了解什么是营销。营销是指企业通过挖掘用户的需求，从而制订恰当的营销方案进行销售，并以此提高商品的曝光率，达到广告效应和品牌效应。简单地讲，营销就是让用户先了解商品进而购买商品的过程。

移动营销即移动互联网营销，它将移动互联网与营销相结合，是移动电子商务环境下的一种营销方式。具体而言，移动营销是指在移动互联网环境下，基于智能手机、平板电脑等移动终端，借助微博、微信等工具或平台，完成企业和用户之间商品或服务交换的过程。移动营销的主要内容包括企业或品牌形象推广、商品信息宣传和客户关系管理等。

5.1.2　移动营销与互联网营销的区别

移动营销是基于移动互联网和移动终端的一种新型营销方式，与基于 PC 端的互联网营销相比有以下 6 个方面的区别，从这些区别中可以了解移动营销的特点和优势。

- **移动营销不受时空限制：** 对比传统的互联网营销，移动营销明显的特点是不受时间、地点和空间的限制，即用户可以随时随地获取所需的信息。

- **两者营销载体不同：** 在互联网营销中，网页是应用广泛的营销载体，企业通过网页展示商品或服务信息，并利用电话或 QQ 等工具与用户沟通，最终实现交易。在移动营销中，占据主要地位的营销载体是 App，企业与用户可以在 App 内实现交易的整个环节。与网页相比，App 的用户留存率更高，操作更简单方便。

- **移动营销有效降低了营销成本：** 在互联网营销模式下，企业需要耗费大量的资金和人力去建设和维护官方网站，以实现企业的营销目的，但营销效果往往不甚理想。而移动营销不仅为企业提供多种营销方式，还大大降低了营销成本。因此在移动互联网环境下，企业可以选择更多免费的开放平台，如社交类 App，以实现企业的营销目的。

- **移动营销内容投放更精准：** 移动互联网时代，企业能够更精准地投放营销内容，这是由用户对个性化服务需求的增加和相关技术的进步所决定的。例如，基于大数据的信息精准推送，基于 LBS 技术实现精准的定位营销等。

- **移动营销互动性和交互性体验更好：** 不同于传统互联网中企业通过网站平台、线上讨论和电子邮件等方式与用户沟通交流，移动营销的互动体验更好。企业与用户、用户与用户之间可通过 App 内的通信功能或微信等社交工具，随时随地进行沟通交流。

● **移动营销的传播速度更快：** 移动营销高效的传播速度得益于移动互联网中社交群体、朋友圈之间信息的高效传输。在移动互联网时代，只要营销的内容有创意，用户认为内容有实用价值或有趣，就会主动在社交媒体中分享传播。

5.1.3　移动营销的关键要素

在移动互联网环境下，要使移动营销取得良好的宣传推广效果，需要了解移动营销的关键要素，即用户思维、资源整合、社交因素和粉丝效应。

1. 用户思维

用户思维要求企业在价值链的各个环节都要以用户为中心，因此，企业需要根据目标用户的需求制订营销计划，包括明确营销平台、营销方式、营销内容、信息传播途径等，这样目标用户才会乐于阅读和分享信息。

2. 资源整合

在移动电子商务模式下，移动营销的手段丰富多样，但无论选择哪种营销方式，企业要开展有效果、有价值的营销活动都离不开资源的支持（优势平台、庞大的粉丝群体等）。因此企业必须懂得合理整合和分配资源，将分散的资源充分利用起来，形成互相促进的整体，才能更有效地发挥营销推广作用。例如，充分利用自身平台和第三方平台宣传造势，调动微信、微博等平台的粉丝等。

3. 社交因素

移动电子商务模式下，在移动营销内容中加入社交因素非常重要，其实质是使营销内容具有可分享性和可互动性。在用户碎片化的阅读和消费习惯下，可分享性和可互动性的营销内容应该具备娱乐性、趣味性、话题性，或者能够为用户提供具有实用价值的信息，能够解决用户生活中的痛点等。只有这样，用户才会主动分享营销内容并进行互动。用户分享越多，互动越频繁，营销效果就越好。

4. 粉丝效应

传统的企业服务模式以商品或服务本身为重心，用户只能选择和接受某种商品或服务，难以与企业产生更多的联系。而现代企业服务模式将重心转移到用户上，并使商品和用户之间建立起一种情感联系，粉丝开始成为企业重点培养的对象。

知识提示

移动电子商务模式下，企业营销不能只依靠移动营销，往往还要结合传统的互联网营销方式，如搜索引擎营销、电子邮件营销等，以及传统的线下营销方式，如传统媒体广告宣传和印发宣传册等。

5.2　H5 营销

H5 是 HTML5（HyperText Markup Language 5，第 5 代超文本标记语言）的简称，是一种制作万维网页面的标准计算机语言。H5 营销是利用 HTML5 技术，将文字、图片、音乐、视频和链接等多种元素融为一体的多媒体展示页面，具有控件丰富、动画特效多样、交互应用强大等特点，可以非常便捷地实现信息的快速传播。

对于企业来说，H5 营销不仅灵活性高、开发成本低、制作周期短，可以快速完成企业营销内容的制作与宣传，还可以利用文字和图片场景，以及一定的音效来刺激用户产生情感共鸣和消费欲望，这正是 H5 营销的价值所在。

5.2.1　H5营销的类型

H5 营销根据营销目的的不同，可以分为商品宣传型、品牌宣传型、活动运营型和总结报告型 4 种。

1. 商品宣传型

商品宣传型 H5 营销注重介绍商品功能，通过 H5 的互动来全方位展示商品性能、特点和使用场景等，刺激用户产生购买行为。图 5-1 所示为小米发布的商品宣传 H5 营销页面，利用酷炫的 3D 效果展现商品卖点。

2. 品牌宣传型

品牌宣传型 H5 营销更注重对企业的品牌形象进行宣传，因此这种类型的 H5 营销要侧重于塑造品牌形象，可以从企业的品牌文化、具有代表性的商品、富有企业文化特色的书面语言等方面来进行营销策划，从而向用户精准地传达企业的精神和态度，使用户对品牌留下深刻的印象。图 5-2 所示为苏宁周年庆推出的 H5 营销页面，其通过动画的形式讲述苏宁的品牌发展史，传递苏宁的品牌理念，有利于提升品牌的影响力。

3. 活动运营型

活动是企业运营过程中经常使用的营销方式，与一般的促销活动不同，H5 营销的活动主要包括游戏、邀请函、贺卡、测试题等形式。它利用直观有趣的互动活动来吸引用户，使用户参与感更强，同时在活动中植入商品或品牌信息，收集参与活动的用户信息，以达到营销目的。图 5-3 所示为中国农业银行信用卡与中国银联联合推出的 H5 营销页面，其以"思念翻译器"为主题，需要让用户说出一句思念的话，并上传照片生成相应的中秋节思念活动海报，借中秋节传递思念，获得更多的品牌曝光。

4. 总结报告型

总结报告型 H5 营销注重对数据与结果的展示，它不仅是对品牌的总结，也是用户的数据报告，通过直观的数据引起用户的共鸣，吸引用户点击分享，达到营销的目的。图 5-4 所示为网易云音乐《2021 年度听歌报告》H5 营销页面。

图5-1　商品宣传型

图5-2　品牌宣传型

图5-3　活动运营型

图5-4　总结报告型

5.2.2　H5营销页面制作

H5营销页面的制作需要在确定营销目的的前提下选择合适的营销类型，如需要开展促销活动，可选择活动运营型H5营销。

中小型企业可直接利用H5页面制作工具来制作H5营销页面，如人人秀、兔展、易企秀、MAKA等。这些工具提供了丰富的H5模板，图5-5所示为人人秀提供的H5模板，可快速完成H5营销页面的制作，制作方法与利用创客贴制作商品主图与详情图类似，进行元素的替换或创作即可。有实力的企业在自行开发H5营销页面时，要以用户的观感和需求为基础，结合营销目的将品牌或商品的功能特性融入页面设计中，以贴近生活的形式展现出来，才能吸引用户参与互动。

图5-5　人人秀提供的H5模板

5.2.3　H5营销页面推广

H5主要可通过二维码和网页链接的形式进入，其营销推广渠道众多，微信、微博、社群等都是其常用的推广渠道。企业通过这些渠道开展宣传推广时要注意：首先，可利用热点话题来增加营销的热度，但营销的内容要与话题相关，否则不能达到预期的推广效果；其次，要注重H5营销页面内容的创意与实用性，有趣、好玩、实用的内容才是用户感兴趣的；最后，也可利用将二维码植入H5营销页面的方式在线下推广。

5.3 二维码营销

二维码可传播的内容十分丰富，可以是商品资讯、促销活动、在线预订、网址和文章等，它不仅为用户提供了更加便利的服务，还给企业带来了更高效的营销途径。二维码营销，就是将企业的营销信息植入二维码中，利用二维码图案进行传播，它是连接线上与线下营销的重要方式。

5.3.1 二维码的视觉设计

虽然默认情况下二维码是黑白相间的图形，但二维码的外形是可以自行设计的。二维码的尺寸、颜色、类型，以及中心的图片，都能够根据企业的需求由企业自行设计。企业也可以结合商品特色、品牌理念，添加一些能够展示自身特点的元素，如某食品企业微信公众号的二维码就添加了特定场景元素，如图 5-6 所示。

图5-6 个性化的二维码视觉设计

5.3.2 二维码的制作

二维码的制作工具很多，如草料二维码、联图网、第九工场等。下面以在草料二维码中制作二维码为例，介绍二维码的制作方法，其具体操作如下。

（1）登录草料二维码官方网站，在导航栏中选择需要植入的内容，这里选择"网址"选项。在"网址"页面选择二维码的类型，这里选择"网址跳转活码"选项。在下方的文本框中输入网址，单击 生成跳转活码 按钮，如图 5-7 所示。

（2）此时右侧窗格将生成一个默认样式的二维码，单击 二维码美化 按钮，如图 5-8 所示。

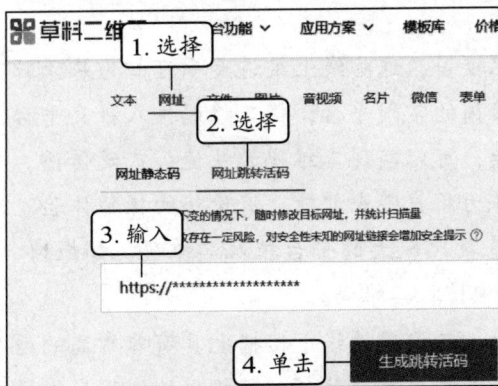

微课视频

二维码的制作

图5-7 生成网址跳转活码

图5-8 单击"二维码美化"按钮

114　　　（3）打开"二维码样式编辑器"对话框，上传 Logo 图片，将其形状设置为"圆形"，尺寸调整为最大，将码颜色设置为"红色的渐变色"，将码点形状设置为"小圆点"，完成美化设置后在右侧单击"下载打印"超链接，如图 5-9 所示。

　　　（4）打开"下载打印"对话框，设置图片格式和图片大小后，单击　　下载　　按钮，下载制作好的二维码，如图 5-10 所示。

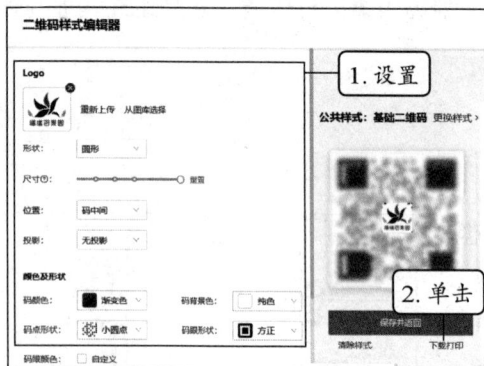

图5-9　完成二维码的制作

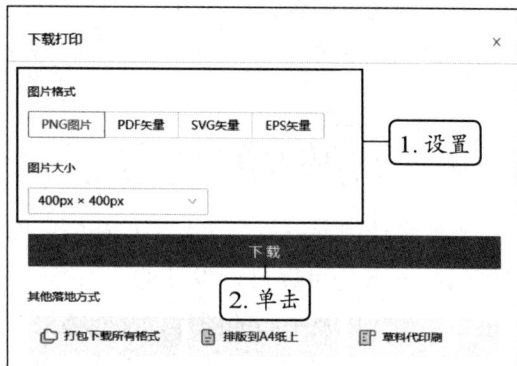

图5-10　下载制作好的二维码

知识提示

　　　活码是二维码的一种高级形态，通过短网址指向保存在云端的信息。活码可以在不改变二维码图案的前提下，更新和修改二维码中存储的内容，以方便企业进行宣传推广或记录保存。

5.3.3　二维码营销的渠道

　　　二维码营销的渠道分为线上渠道和线下渠道，通常企业会整合线上渠道和线下渠道来实现营销目标。

● **线上渠道：** 二维码的线上渠道比较多，这些线上渠道大多可归为基于社交平台的渠道类型。社交平台是二维码营销的常用平台，将二维码植入社交平台，利用社交平台的强社交关系和分享功能，可以实现二维码的快速、广泛传播。企业利用二维码为用户提供各种服务，并为用户带来便捷、有价值的操作体验。通常可选择在用户定位比较精准或用户基数比较大的平台植入二维码，如微博、微信等，也可以在一些新闻客户端的文章中植入二维码。

● **线下渠道：** 与其他营销方式相比，二维码的线下传播也具有非常高的适应性，特别是随着二维码在人们生活中渗透程度越来越深，二维码的线下应用场所变得越来越多。例如，在商品的实体包装、宣传单上印二维码等。

5.3.4 二维码营销的技巧

要想取得好的二维码营销效果，需要掌握二维码营销的相关技巧。

1. 吸引用户

要想利用二维码进行营销，首先要能吸引更多用户扫描二维码。吸引用户扫描二维码可以采用以下 3 种方法。

- **使用创意二维码：** 使用创意二维码就是要优化二维码的视觉设计。例如，在二维码中添加能够展示自身特点的品牌元素，或与图形、图案结合，生成个性化、场景化的二维码，以此吸引用户的眼球。
- **有奖扫描：** 有奖扫描是二维码营销最常用的一种方法，如邀请用户扫描二维码参与抽奖，或者直接通过二维码给用户发红包等。
- **明确介绍二维码的内容：** 在二维码的旁边用文字说明其提供的内容，方便用户根据自己的需求判断是否要进行扫描。

2. 增强用户黏性

吸引更多的用户扫描二维码是二维码营销的第一步。为了让用户长期关注企业动态并持续地产生消费行为，就需要增强用户黏性。

首先，不仅要给用户提供企业的信息，还要为用户提供其需要的信息，吸引用户持续关注。其次，利用二维码引导用户进入网页，使其能更加详细地了解企业的相关信息。最后，利用一些优惠活动调动用户消费的积极性，如让用户参与抽奖，增加与用户互动的次数，刺激用户的消费欲望。

5.4 LBS 营销

LBS 营销的产生和发展离不开移动互联网技术和移动电子商务的支持，同时精准营销思维在营销活动中的普及，也为 LBS 营销增添了动力。移动互联网在用户移动的过程中依然可以保持网络连接的特性，使 LBS 可以为用户提供更加个性化的位置服务，精准营销思维的融入让 LBS 营销在准确性、互动性、经济性、可控性和动态性上发挥出了更大的作用。

5.4.1 LBS营销的特点

与其他营销方式相比，LBS 营销因为定位的特殊性，具有以下 3 个特点。

- **精准营销：** LBS 营销可以将虚拟化社会网络和实际地理位置相结合，运营商可以通过用户的签到、点评等获取用户的消费行为轨迹，包括消费时间、地点和频率等信息。企业通过用户使用的 LBS 服务可分析出用户的签到商家数等 LBS 数据，掌握用户的生活方式和消费习惯，从而能够有针对性地为用户推送更精准的营销信息，还可以根据移动用户的消费特征制订更准确、有效的市场营销策略。

- **注重培养用户习惯：** LBS营销有两个基本前提，一是用户主动分享自己的地理位置，二是用户允许设备接收企业的营销信息。企业进行LBS营销时，一定要重视用户习惯的培养，要让用户乐于接收LBS营销信息，这样才能更好地发挥LBS营销的价值。

- **保护隐私安全：** LBS营销是基于用户定位的营销方式，不可避免地要涉及用户位置等隐私信息。LBS营销在为用户提供服务的同时，如果不能妥善地处理好用户隐私问题，就会造成用户兴趣爱好、运动模式、健康状况、生活习惯、年龄、收入等信息的泄露，甚至还会造成用户被跟踪、被攻击等严重后果。因此，LBS营销必须采用严密的技术手段保护好用户隐私。

5.4.2 "LBS+地图"模式的营销应用

如今，LBS几乎成为所有App的底层技术，LBS营销离不开实时地图功能的支持。因此，基于智能移动端的"LBS+地图"应用是LBS营销的核心模式，也是LBS营销的基础。"LBS+地图"模式可以在所有移动电子商务领域中使用，包括导航服务、生活服务、持续定位服务、安全设备应用和社交应用等。

- **导航服务：** 导航服务即电子地图的基本服务，如高德地图的导航功能。
- **生活服务：** 餐饮、住宿、娱乐、出行等本地生活服务几乎都需要将地理位置信息推送给用户，如通过百度地图查找附近的酒店并导航。
- **持续定位服务：** 跑步、步行等运动类数据的提供，物流类的车联网、公交换乘等服务也需要借助LBS的地理位置服务。
- **安全设备应用：** 现在很多物品都具有定位功能，可以方便移动端App实时获取物品的地理位置信息，如一些儿童手表。
- **社交应用：** 社交是当前与LBS结合最紧密的移动互联网运营模式。凭借LBS技术，社交应用可实现定位服务和社交功能的组合，从而使网络社交顺利地完成从虚拟社交到现实社交的转变，LBS顺理成章地成为连接社交和商业的桥梁，如很多社交应用具有"查找附近好友"功能，从而将熟人社交延伸到陌生人社交领域，让用户能够基于地理位置扩大好友群体。

5.4.3 "LBS+O2O"模式的营销应用

"LBS+O2O"是将LBS与O2O相结合的一种营销模式，多应用于生活服务方面。"LBS+O2O"模式首先要获取用户的地理位置，然后根据用户的需求推送其周边的服务，如外卖订餐、打车等。常见的"LBS+O2O"模式有以下3类。

- **"LBS+O2O"的餐饮模式：** "LBS+O2O"的餐饮模式是常见的一种营销模式。当用户有用餐需求时，利用 LBS 服务搜索附近或指定区域的餐厅，LBS 会根据用户需求为其推送符合搜索条件的餐厅，进行精准营销。利用 LBS 服务，用户不仅可以了解餐厅的基本信息，还能查看餐厅的口碑和评价，以此选择优质餐厅，并根据菜单进行订餐，然后在用餐结束后通过移动支付功能完成付款。整个交易流程都可在应用平台上完成，优化用户的服务体验，如美团平台上的业务。

- **"LBS+O2O" 的商店模式：**"LBS+O2O" 的商店模式主要是利用 LBS 服务向超市、便利店附近的用户推送超市或便利店的信息，包括新品信息、打折信息、优惠券和试用券等，用户凭收到的信息到门店即可享受相关优惠，从而实现线上销售、线下送货或自提的服务。
- **"LBS+O2O" 的交通模式：**"LBS+O2O" 的交通模式是指用户利用打车应用，发送打车请求，LBS 服务会对用户进行地理定位，并通知附近车主，车主可以通过相应的应用和平台查看用户的位置，接单并前往用户定位的位置，提供本次服务。

知识提示

"LBS+O2O" 模式的应用范围很广，除了餐饮、商店、交通领域，服装、住宿等领域的线下门店也运用了 LBS 技术为用户提供服务。用户可以在某个地方对自己进行定位，查看周边的店铺和商家信息，也可以先访问相关商家的 App 查询具体商品或服务的信息，再前往店铺进行消费。

5.5 微信营销

微信作为目前主流的移动互联网入口之一，它积累了大量的用户，无论是移动电子商务领域还是其他行业领域，都不能忽视微信在营销中的作用。微信上优质的营销内容每被转载一次，营销内容的传播效果就会产生一次裂变，从而达到病毒式营销的效果。

5.5.1 微信营销的主要类型

微信营销最大的特点是只有关注者才能看到被关注账号发送的消息，与微博只要账号发送了消息就都能被用户看到相比，微信具有更精准的用户定位。微信个人用户可以利用微信订阅自己所需的信息，企业可以通过提供用户需要的信息来推广商品，从而实现点对点营销，具有很高的营销价值。

微信营销主要有两种类型，即微信个人营销和微信企业营销。

- **微信个人营销：**微信个人营销是基于个人微信号所开展的营销，它可以与手机通讯录绑定，邀请手机联系人、微信好友进行交流，可以通过朋友圈发布状态，与微信好友互动。微信个人营销是一种点对点营销，可以为目标人群提供更持续、精准的服务，并在此基础上进行一定程度的口碑传播。对于微信个人营销来说，不管是建立个人品牌、促进商品销售还是维护客户关系，都具有良好的效果和价值。

● **微信企业营销：** 企业微信是一款用于办公沟通的即时通信工具，适用于各种类型的企业和机构用户，其提供了丰富的办公应用和强大的管理功能。微信企业营销更多地偏向于企业微信公众号、企业微信群的运营，或培养业务人员在自己的个人微信号上开展企业的营销推广。

无论是个人还是企业，都可以利用微信公众平台建立微信公众号。个人利用微信公众平台建立微信公众号，可以发布文章，推送信息；企业利用微信公众平台建立微信公众号，可以打造具有企业自身特色的企业号，从而与特定群体进行全方位的沟通和互动。除此之外，微信公众平台提供智能回复、图文回复等功能，不仅可以传送更丰富的信息，还可以方便个人或企业实现一对多的互动交流。

5.5.2 微信营销内容策划

一般来说，微信营销内容的策划包括两个方面：一是朋友圈的营销内容策划，二是公众号的营销内容策划。

1. 朋友圈的营销内容策划

朋友圈是展示自身形象的常用窗口，也是微信个人营销的重要途径，甚至很多企业都以"公众号＋个人号"的形式开展运营。要想利用好朋友圈，发挥其营销价值，必须提前设计好朋友圈的内容。朋友圈的营销内容策划可从以下3个方面入手。

● **融入生活：** 将营销信息融入日常生活中，利用朋友圈分享生活趣事、感悟，对商品进行营销宣传，如图5-11所示。

● **借用热点：** 互联网时代，热点事件的传播速度非常快，利用朋友圈发布带有热点事件的信息，可以吸引微信好友查看，如图5-12所示。

● **开展营销活动：** 在朋友圈中开展点赞＋转发、试用（商品或服务）等活动，可以借助活动优惠信息降低微信好友的反感，并吸引微信好友查看。其中，点赞＋转发活动需满足一定的条件才能获得福利，如图5-13所示。

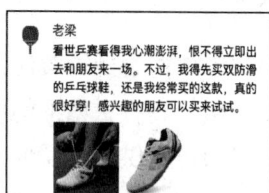

图5-11 融入生活　　　　　　图5-12 借用热点　　　　　　图5-13 开展营销活动

2. 公众号的营销内容策划

一般来说，公众号主要以文章推送为主，策划公众号的营销内容时，营销人员首先要为营销文案确定一个选题。选题即文案的立意，一个好的选题要能够促使用户转发文案。在确定选题时，需要遵循3点原则，分别是：体现商品特色、直击用户痛点、具有分享性。在设计文章内容时要从文章标题、封面图、正文内容等方面进行策划。

（1）文章标题

文章标题可以根据需要写作的内容进行提炼，先确定要表达的中心内容，再使用一定的手法进行渲染，进一步加深用户对公众号的印象。公众号文章的标题写作有一定的技巧，可以在标题中添加数字、标点和运算符号等，形象地表达文章的主题思想；也可以借助热门事件、新闻，以此为文章标题的提出提供灵感，利用用户对社会热点的关注，来吸引用户对文章的关注，提高文章的点击率和转载率；还可以利用疑问、对比、夸张等手法来营造标题的特殊氛围，以快速吸引用户的注意力。

文章标题举例如下。

● 同样是电商App，它比较优秀的地方在哪里？

● 如何将1万元在1年内变成100万元？

● 用了10年的手机，你知道什么是最实用的手机吗？

（2）封面图

封面图可以起到吸引用户视线和激发用户阅读兴趣的作用。一般封面图的设计应与文章主题紧密关联，可以采用商品图或商品使用场景图，也可以采用具有趣味性、创意性或视觉冲击力的图片，如图5-14所示。

图5-14 封面图

（3）正文内容

文章的正文可以选择总分的写作结构，也可以采用三段式写法，如开头引入、中间分段论述介绍、结尾总结升华或引导行动等，主要是输出内容、传达商品卖点，写法不限。一般正文内容应尽量口语化，每句话不要太长，最好保持在20个字以内；一个段落的文字不能太多，且每个段落可配图，不能让用户感觉枯燥乏味。为了让文章排版更加美观，可以使用一些专业排版工具，如秀米编辑器、135编辑器等，这些工具均提供有丰富的版式，可以提高排版效率。

素养小课堂

微信公众号发布的信息一般包括文字、图片和视频这3种形式。除了原创，内容创作者有时也需要整合内容，减轻创作原创作品的压力，保持内容的稳定输出。而作为内容"搬运工"，在使用网络素材时要避免侵权行为，可以到专业提供素材的网站下载。发布内容要遵守相关法律法规，做到文明互动、理性表达、不信谣不传谣；不发布政治敏感话题；不发布涉黄、涉毒、涉暴内容；不发布军事资料；不发布涉密内容；不发布来源不明且疑似伪造的视频。

5.5.3 微信营销的技巧

微信营销价值的实现必须依靠合理的管理和运营。无论采用哪种微信营销方式实现推广的目的，在营销推广的过程中都可以结合以下技巧。

- **精准的定位：** 微信公众号在发展前期一定要做好定位，选择好目标用户群体，根据定位策划微信公众号的运营内容，设计目标用户群体喜欢的风格、特色和服务。以此建立起清晰的微信公众号形象，有利于后期吸引精准用户，逐渐形成品牌效应，并达成营销的目的。例如，微信公众号常按地域、风格、行业、商品及功能等对自身进行定位，无论采用哪种定位，实现营利的思路都包括直接售卖商品或提供服务，分享知识和经验引导购买这两种方式。

- **经营好个人微信号的朋友圈：** 一方面，微信朋友圈可以更好地维护与用户的关系，开展精准营销；另一方面，借助微信朋友圈，还可以为微信公众号的文章引流。因此，越来越多的营销人员开始重视经营个人微信号的朋友圈，一些自媒体的创作者创建了自己的个人号，经营微信公众号的运营人员也开始让更多的用户添加自己的个人微信号。

- **提升分享转发率：** 对于用户而言，分享的内容可以向其他用户展示自己的兴趣、爱好、价值观，也可表达自己的立场、态度和观点，就有可能被其他用户转发。此外，利益也是转发的主要影响因素。可以给用户带来某种利益的文章，不管是物质利益，还是精神利益，通常都能被转发，如在微信朋友圈比较流行的生活、健康类文章，都是因为用户觉得文章内容对自己有价值，值得传播出去。

- **好友互动：** 好友互动是微信营销的一种常态，营销效果的好与坏，很大程度取决于与好友的关系。建立关系需要经营，而最重要的经营方式就是互动。互动会让其关系不断加强，常用的互动方式包括日常微信信息互动，微信朋友圈点赞、评论互动，微信群互动等。

知识提示

微信营销还有视频号营销这种方式，视频号是微信推出的内嵌于微信的短视频平台，视频号营销属于短视频营销的范畴。

5.6 微博营销

微博是媒体属性非常突出的社交工具，也是基于用户关注的信息分享、发布和获取平台。如果博主拥有数量非常多的粉丝，其发布的信息就会在短时间内传达给更多用户，甚至产生爆炸式的推广效果；因此不管是企业还是个人，都可将微博作为主要的营销平台之一。

5.6.1 微博营销的主要类型

按照微博主体的不同，微博营销可以分为个人微博营销和企业微博营销。

1. 个人微博营销

个人微博是微博中最大的组成部分，数量最多，包括名人、普通人等。个人微博不仅是个人用户日常表达自己想法的场所，还是个人或团队营销的主要阵地。一般来说，个人微博营销基于个人用户的知名度，发布有价值的信息吸引其他用户关注，扩大个人的影响力，从而达到营销效果。其中，部分企业高管的个人微博还会配合企业或团队微博打造传播链，从而扩大企业和品牌的影响力。

2. 企业微博营销

企业微博营销是利用微博来增加企业的知名度，进行品牌的宣传与推广，最终达到销售商品的目的。由于微博具有更新速度快、信息量大等特点，企业在进行微博营销时，需要先找到目标用户群体，通过与粉丝的互动和交流来增强宣传效果，并以此来扩大粉丝群体。

微博提供微博认证的功能，通过认证的微博名称后会有一个"V"标志。微博认证不仅可以增强、提高微博的权威性和知名度，还更容易赢得微博用户的信任，从而获得关注。此外，微博还为用户提供了内容丰富的会员功能，用户成为微博的会员后，可以享受更多特权，如对封面图和背景图进行个性化设置，进一步展示商品或品牌。

5.6.2 微博营销内容策划

如果说微信是一个基于熟人网络的社交平台，那么微博就是一个公共资讯传播平台，更加开放，消息的传播速度也更快。一般来说，在海量的微博信息中，用户几乎只关注自己感兴趣的信息。因此，对于微博营销来说，除了商品自身的价值，还需要策划极具吸引力的内容来快速吸引用户关注，并使其浏览、转发和评论微博内容。

1. 利用新闻故事"包装"营销内容

热门新闻通常能吸引大量人群的关注，为商品推广或销售提供较多的目标用户，对于营销而言，有了用户就有了营销内容的传播基础。在写作微博营销内容时，将新闻事件与商品或品牌结合，在展现新闻事件的同时，实现推广商品或品牌的目的。例如，俄罗斯世界杯预选赛亚洲区12强赛，中国足球队以1∶0战胜韩国足球队，洽洽食品巧妙地利用了

122 这一热点新闻，发布了"国'仁'骄傲"的微博文案。将"国人骄傲"写为"国'仁'骄傲"，既表达了对中国足球队取得胜利的祝贺，同时又引出了品牌商品。

2. 借助热门话题吸引关注

微博中的热门话题往往是一段时间内大多数用户关注的焦点，凭借话题的高关注度来宣传商品或品牌，可以快速吸引用户的关注。热门话题营销是一种借势营销，在选择话题时，应注意热门话题的时效性，不能选择时间久远的话题。除此之外，营销者也要注意文案的措辞，不能使用生硬、低俗的话语，一定要保证营销内容与话题之间的关联性与协调性。例如，2022年卡塔尔世界杯期间，伊利以"热爱"为主题，与西班牙、阿根廷、葡萄牙等热门球队合作，集结成"热爱之队"，并在微博发布"# 为热爱上场 #"话题。短短1个月，该话题的阅读量达到了1.6亿。

3. 疑难解答

除了新闻故事、热门话题，营销者可以选取与用户工作、生活息息相关的话题或用户普遍面临的问题、难题进行营销，也可以引起用户的注意。若能在微博中针对这些问题给出良好的解决方案，就可以得到用户的认可。例如，分享一个将 PDF 文件转化为 Word 文档的网站，既宣传了网站，又解决了用户转换文档时会遇到的实际问题。

4. 写作趣味内容

当娱乐成为社会生活的重要元素之一，营销也会越来越倾向于娱乐化、趣味化。微博也不例外，娱乐性和趣味性的话题更容易得到广泛和快速的传播，将营销信息巧妙地融入趣味情节中，已成为吸引用户的有效方式之一。

5.6.3 微博营销的技巧

微博营销是基于粉丝基础进行的营销。对于营销者而言，微博上的每一个活跃粉丝都可能是潜在的营销对象。要想使微博营销取得良好的效果，一方面要拥有更多的活跃粉丝，另一方面要有有效的粉丝流量。若粉丝只是关注微博，而不参与信息传播、交流互动，粉丝的价值将大打折扣。因此，在微博营销的实际操作过程中，需要使用一些营销技巧，以获得更多的有效流量。

- **积累更多的粉丝：** 微博粉丝的数量决定营销者的影响力，微博粉丝越多，其所发布的微博信息才能被越多的人看到，才能引导更多的用户参与互动，因此要积极增加粉丝数量。除了运营微博账号，持续发布优质的微博内容吸引粉丝，营销者还可通过转发抽奖、参与话题讨论等活动形式"增粉"，与微博中相同领域或相似爱好的群体"互粉"，以及将其他平台上已有的粉丝引入微博中等。

- **使用微博三要素：** 微博三要素指话题、@ 和链接。营销者可以发布新的话题，也可以参与其他用户已发布的话题，引发用户的讨论和转发，产生广泛的传播。@ 相当于一个连接线，用户可以 @ 他关注的人或其他人。被 @ 的用户会收到通知，能看到原用户发送的内容。链接可以是文章、视频或网址，只要是营销者认为有用、有价值的内容都可以用链接的形式放在微博内容中。如果微博本身的内容就引起了用户的兴趣，大部分用户都会点击链接查看更多的信息。

123

- **保证微博更新的频率：**微博是个快速分享与传播信息的平台，不仅要发布高质量的微博内容，还要保证更新频率，使内容不千篇一律。一般来说，每天发布的微博数量可以控制在 5 ~ 13 条，不能频繁更新造成"刷屏"现象，引起用户的反感。另外，微博发布的时间不能间隔太近，用户往往只能看到最近发布的前一两条信息，如果更新的时间间隔太短，就很容易让用户直接忽略之前发布的信息。

- **积极互动，扩大影响力：**当拥有一定数量的粉丝后，一定要经常保持与粉丝之间的互动，这样才能增强粉丝黏性，不至于出现让粉丝失望和取消关注的情况。发起话题、投票、抽奖和有奖竞猜等互动活动是与粉丝互动的常用方法，如图 5-15 所示。

图5-15 互动活动

5.7 社群营销

社群营销是在网络社区及社会化媒体基础上发展起来的一种基于圈子和人脉的营销模式。社群营销将有共同兴趣爱好的人聚集起来，打造一个共同兴趣圈并促成最终的交易。如今，借助社群进行营销的个人或企业越来越多，一个运营成功的社群不仅能够打造出具有巨大影响力的品牌，促进商品销售，还能增强用户黏性和忠诚度。

5.7.1 社群营销的要点

近几年的社群，大部分是随着微信群的应用而逐渐兴起和发展的。建立社群，将一群有共同兴趣、认知、价值观的用户聚集起来并不难，但要让社群运营成功，持续发展，做好社群营销，则需要掌握一定的运营方法和思维。

1. 清晰的社群定位

在建立社群之前，必须先做好社群定位，明确社群要吸引哪一类人群。社群定位能够充分体现企业的核心价值定位。例如，小米手机的社群，吸引的是追求科技与前卫的人群；逻辑思维的社群，吸引的是具有独立和思考兴趣标签的人群；豆瓣的社群，吸引的是追求文艺和情怀的人群。只有当社群有了精准定位之后，才能推出契合目标用户群体兴趣的活动和内容，不断强化社群的兴趣标签，引起社群成员的共鸣。

2. 持续输出价值

社群群主或管理员每次分享都应该全程投入，不应该有所保留。新成员入群常会遇到这类问题：分享者没有将所有的内容分享出来。有的是因为知识有限，有的则是因为害怕其他成员超越自己，造成成员分流。其实这是一个误区，要让社群发展壮大起来，长久生存，社群群主或管理员应当倾尽所有，将所有内容分享给成员，得到成员的认可和信任，社群群主或管理员与成员之间的关系才会更牢固，从而拥有稳定的影响力和良好的口碑。

3. 维护社群活跃度

社群成员之间的在线沟通多依靠微信、QQ等社交群组，也可用微信公众号、自建的App或网站。对于社群运营而言，能否形成紧密的成员关系直接影响着社群最终的发展，因此社群活跃度也是衡量社群价值的一个重要指标。现在大多数成功的社群运营已经从线上延伸到线下，从线上资源信息的输出共享、社群成员之间的优惠福利，到线下组织社群成员聚会和活动，目的都是为了增强社群的凝聚力，提升社群的活跃度。

4. 打造社群口碑

口碑是社群良好的宣传工具，社群口碑与品牌口碑一样，都必须依靠好商品、好内容、好服务进行支撑，并经过不断的积累和沉淀才能逐渐形成。一个社群要拥有良好的口碑及影响力，必须先从基础做起，抓好社群服务，为成员提供价值，然后逐渐形成口碑，带动成员自发传播社群，逐渐建立以社群为基点的圈子，社群才能真正扩大和发展。

5.7.2 社群活动的策划

一个社群想要做得有声有色、不让成员感到无聊乏味，那么策划线上与线下的社群活动必不可少。通过策划活动，不仅可以调动社群成员参与社群建设和维护的积极性，还能使成员之间建立起信任关系。

1. 开展社群线上活动

社群分享、社群福利等是比较有效的社群线上活动方式，可以不同程度地提升社群活跃度，提高社群成员的积极性。

- **社群分享：** 社群分享是指社群群主或管理员面向社群成员分享一些知识或心得体会等，也可以是针对某个话题的交流讨论。为了保证分享质量，应该对分享内容、分享模式进行确定，特别是对于没有经验的新手社群群主或管理员而言，确定分享内容和流程必不可少。在分享期间或分享结束后，可以引导社群成员宣传分享情况，提高社群的整体影响力。
- **社群福利：** 社群福利是提升社群活跃度的有效方式，不同的社群通常会采取不同的福利制度，或者多种福利形式结合使用，包括物质福利、现金福利、荣誉福利等。

2. 策划社群线下活动

在移动电子商务时代，线上线下融合是大势所趋，社群营销也不例外。社群线上的交流更多的是信息传递，线下的交流则更能建立起情感联系。社群中的成员，在从线上走到线下的过程中，其关系不再局限于社交平台，而是进一步延伸到实际生活的交往中，关系将更牢固，信任感也更强。

对于社群而言，线下活动主要包括核心成员聚会、核心成员和外围成员聚会、核心成员地区性聚会等。在这几种聚会方式中，核心成员和外围成员聚会人数最多，组织难度最大，核心成员地区性聚会则方便组织，很容易举行。不管是哪一种聚会形式，为了保证活动顺利开展，在活动开始前都应该有一个清晰完整的活动策划，包括制订活动流程、准备活动内容和宣传推广形式等，方便社群群主或管理员更好地把控活动全局。

5.8 短视频营销

短视频是一种视频长度以秒计数，主要依托于移动智能终端实现快速拍摄和编辑，可在社交媒体平台上实时分享的新型视频形式。短视频营销就是借助短视频这种媒介形式用以营销的一种方式。短视频营销主要借助短视频确定目标用户，并向他们传播有价值的内容，吸引目标用户了解商品或服务，最终完成交易。短视频营销具有感染力强、形式内容多样、富有创意等特点，借助互联网可以在短时间内进行大范围、低成本的传播，为企业带来巨大的营销价值。

5.8.1 短视频营销的主要类型

随着短视频市场规模持续扩大，众多视频媒体涌入短视频行业中。除了主流的快手、抖音、西瓜视频等短视频平台，淘宝、京东等电子商务平台也开通了短视频功能，方便平台上的商家、达人进行短视频营销。在短视频营销实践中，短视频营销分为以下几种类型。

- **"短视频＋电商"营销：**短视频可与电子商务平台结合，获得更加直接的利益。用户可以边看短视频，边购买商品。用户可以通过短视频直观地了解商品特征和功能，故该类型的短视频营销效率较高。
- **广告植入：**广告植入是最简单的短视频营销方法之一，由于短视频平台采用算法推荐技术，容易实现精准营销。其一般的做法是依托于短视频达人的高人气，以贴片广告、主播口播等形式植入广告。
- **"短视频＋线下活动"营销：**"短视频＋线下活动"也是一种简单高效的营销方式，即邀请网络达人出席线下活动。除了对线下活动进行现场直播，针对直播内容或线下活动的内容，还可以剪辑一段精彩的短视频在线上进行二次传播。
- **短视频粉丝互动营销：**短视频粉丝互动营销通常是由企业发起某一活动，借助短视频平台和短视频达人的粉丝影响力，吸引粉丝参与活动，并实现短视频的快速传播。
- **短视频创意定制营销：**短视频创意定制营销指短视频内容采用 PGC（Professional Generated Content，专业生成内容）和 UGC（User Generated Content，用户生成内容）

等形式，按企业的要求进行内容定制生成。创意定制的短视频可以最大限度地体现内容的价值，让营销信息植入得更加自然。由于这类短视频更具真实性，所以很容易引起其他用户关注和讨论。

5.8.2 短视频营销的策划

在正式拍摄短视频前需要根据营销目标策划短视频。一般来说，短视频营销的策划内容包括选题、明确短视频的拍摄时间与地点、搭建短视频内容框架、筹备拍摄场地和设备等。

1. 选题

选题是创作优质短视频的关键。选题反映了短视频内容的主题思想，为创作者提供了内容创作的方向。一个好的短视频选题，应具备以下两个基本要素。

- **选题的用户面足够广：** 一个好的选题要保证内容的用户面足够广，一般，娱乐类、趣味类、情感类内容选题的用户基数大。
- **选题角度能引起共鸣：** 共鸣越大，产生的传播效果就越大。短视频能引起用户的共鸣包括观念的共鸣、遭遇的共鸣、经历的共鸣、身份的共鸣等。感人瞬间和正能量事件，就可以引起用户情感上的共鸣，自然而然地就会点赞，甚至关注加转发。

2. 明确短视频的拍摄时间与地点

确定拍摄时间不仅能够尽快落实拍摄方案，还可以提前与摄像人员约定拍摄时间，规划好拍摄进度。不同的拍摄地点对布光、演员和服装等的要求不同，提前确定拍摄地点可以在一定程度上规避因布光、演员等导致的问题。

3. 搭建短视频内容框架

搭建短视频内容框架，主要工作就是确定通过什么样的内容细节及表现方式展现短视频的主题，包括人物、场景、事件和情节等。

- **人物：** 明确演员的数量，以及各演员的人物设定、作用等。
- **场景：** 故事发生的地点。
- **事件：** 发生的故事的主要内容，包括起因、经过、结果。
- **情节：** 把主题内容通过各种场景呈现，而脚本中具体的内容就是将主题内容拆分成单独的情节，并使之能用单个的镜头呈现。
- **镜头的运用：** 镜头的运用即镜头的运动方式，包括推、拉、摇、移等。
- **景别：** 景别即拍摄时被摄主体在摄像机中呈现的范围，包括特写、近景、中景、全景、远景等。
- **时长：** 单个镜头的时长。在短视频脚本中明确单个镜头的时长，可以增强内容的表现力，方便后期剪辑。

- **背景音乐：** 背景音乐可以营造画面氛围、渲染主题，在脚本中明确背景音乐，不仅可以让摄像人员进一步了解短视频主题，还可以让剪辑工作更加顺畅。

知识提示

对于剧情复杂的短视频而言，除了搭建短视频内容大体的框架，通常还需要在内容框架的基础上写作短视频的脚本，即拍摄短视频的剧本，对画面内容、人物动作语言、拍摄方式等进行详细说明，为后续的拍摄、剪辑等工作提供细致的指导。

4. 筹备拍摄场地和设备

短视频拍摄场地分为室内场地和室外场地，室内场地如居家场所、办公室、宿舍、健身房等，室外场地如运动场、野外、专业工种的室外工作场地、街头等。不同的短视频适合不同的拍摄场地，如宿舍可展示宿舍生活、搞怪表演、正能量互动、同学间的友谊、个人才艺等；办公室可展示职场关系的各种剧情故事、办公室娱乐和职场技能教学等；野外可展示采集（如采蘑菇）、户外旅游、钓鱼、赶海等。

短视频的拍摄需要一定的设备支持，常见的拍摄器材包括手机、相机和无人机等。其中，手机拍摄方便、操作智能、编辑便捷，使用门槛较低，是主流的短视频拍摄器材；相机的画质更高，可用于拍摄追求电影感的高质量短视频，运动相机适合拍摄各类运动纪实类短视频；无人机具有高清晰、大比例尺、小面积等优点，拍摄自然、人文风景等大全景的时候适合使用。为了保证短视频的拍摄质量，有时候还需要使用一些辅助器材，如话筒、三脚架、稳定器和补光灯等。

5.8.3 短视频营销获取流量的技巧

随着短视频营销的"走红"，如何让短视频广泛传播，获得更多的流量，是营销者需要关注的重要问题。

1. 设计具有吸引力的标题

标题是"点燃"短视频传播的引线，标题有没有吸引力，能不能抓住用户的眼球至关重要，能让人眼前一亮的文案标题是提高点击量的重要因素。标题起得越好，观看短视频的用户越多，获得的点击量就越大，更容易获得平台的推荐。

营销者可采用以下技巧设计短视频的标题。

- **借助名人：** 名人是大众所关注的对象，很多广告都在利用名人效应。短视频的标题也可以借助名人，增加短视频的播放量，但短视频内容应与名人有所关联。如果标题中涉及专业人士或名人的观点，那么可以将其姓名直接放在标题中。
- **稀缺化：** 标题稀缺化能够带给用户稀有感、紧缺感，能够促使用户立马采取行动，如民宿酒店的短视频标题"跟我打卡最热闹的地标，室内滑梯，有趣好玩"，如果用户有去当地旅游的计划，就会点击并观看短视频。

- **数字化：** 数字化标题是将短视频的重要内容用数字表现出来。用户在平台上浏览内容，停留在标题上的时间一般很短。数字化标题直观、简洁明了，能够让用户瞬间抓住短视频内容的关键信息。
- **疑问化：** 利用人容易产生疑问的特点，将标题变成简单的疑问句，激发用户的点击欲望，增加短视频的播放量。
- **利益化：** 对于商家发布的宣传商品的短视频，一定要以"利"诱人，在标题中就直接指明商品的利益点。

2. 优化封面

用户在选择是否观看短视频时，首先会注意短视频的标题和封面。封面比标题更加直观，一张引人注目的封面会为短视频加分不少。封面一般是从短视频中截取的画面，在保证封面清晰和完整的前提下，在封面的选取上，还应注意两点：第一，使用户通过封面知道视频内容是什么；第二，使用户从封面中看到实用且有价值的信息。

3. 蹭热点

蹭热点是短视频营销快速获取流量的便捷方法之一。只要热点和短视频账号运营内容有关联，就可以通过蹭热点来获取流量。

4. 连续发布系列短视频

如果短视频营销使用的是一系列的短视频内容，就应当连续发布短视频。即当第一段短视频达到浏览量的目标后，应立即上传第二段短视频，此时对第一段短视频感兴趣的用户会继续关注第二段短视频。短视频发布的间隔时间过长将失去热度，用户的热情也会降低，同时上传又会失去系列短视频的神秘感和悬念感。

5. 多渠道传播

短视频的传播渠道是营销与运营中非常重要的一环，很多时候，单一的传播渠道往往无法取得良好的营销效果，此时，可以采用多渠道传播的方式，即除了将短视频发布在短视频平台，还可以利用微博、微信朋友圈、微信公众号、视频网站等平台进行推广，以扩大短视频的影响范围，获取更多的流量。

5.9 直播营销

直播营销于2015年兴起，并迅速成为移动营销中的主流营销方式。直播营销是以直播平台为载体，在现场随着营销事件的发生和发展，同时制作和播出的营销方式。如今，淘宝、京东、拼多多等大型移动电子商务平台都提供了直播的入口，如淘宝直播、京东直播、拼多多直播等；快手、抖音等短视频平台在发展过程中也延伸出了直播功能。另外，一些专注于直播的平台也可进行直播营销，如花椒直播、虎牙直播等。

5.9.1 直播营销的主要类型

随着直播的发展，直播营销演化出了"直播＋电商""直播＋发布会""直播＋企业日常""直播＋广告植入""直播＋活动""直播＋访谈"等细分模式。对企业来说，要根据营销的目的、前期的策划选择合适的模式。

1. 直播+电商

"直播＋电商"是直播和电子商务相结合的产物，是一种以直播的方式销售包括实体和虚拟商品在内的经营活动。从直播形式上看，目前"直播＋电商"主要有店铺直播、KOL（Key Opinion Leader，关键意见领袖）直播带货和佣金合作3种形式。

- **店铺直播：** 店铺直播是以线下实体店为直播场景，直接在店铺开展直播营销活动。店铺直播最大的优势就是商品和店铺真实可靠，可以提高用户对直播间的信任度。

- **KOL 直播带货：** KOL 在某一特定的领域具有话语权和影响力，能够较容易地引导用户的消费想法。KOL 直播带货一般采用商家合作的模式，通常由商家主动联系KOL 敲定商品和价格。

- **佣金合作：** 佣金合作主要是主播通过直播销售与平台合作的商家的商品来获取商家的佣金，这是很多新手主播会选择的形式。

"直播＋电商"是最常见的直播营销模式之一，时下非常火爆的"直播带货"即"直播＋电商"模式的典型应用。与传统电子商务主要通过商品详情图引导用户购买商品不同，"直播＋电商"是一对多的实时互动。对于传统电子商务而言，用户只能通过浏览商品详情图来进行购物决策。另外，传统电子商务往往不能给予用户足够的安全感，不能预测实物穿戴或使用效果，用户对商品展示始终存有疑虑。"直播＋电商"却不一样，商品实物会实实在在地展示在画面中，主播甚至把商品的细节、优缺点、使用效果等都通过视频化的媒介展现出来，不仅在对话中与用户实时互动，完成商品"导购"，还能保证用户所见即所得，这些特性都是传统电子商务无法同时满足的。

2. 直播+发布会

"直播＋发布会"已经成为众多品牌抢夺流量、制造热点的营销法宝。直播平台上的直播地点不再局限于会场，互动方式也更多样和有趣。直播可以对商品进行直观展示和充分说明，结合直播平台，将直播流量直接变现。小米的无人机发布会放弃了一直使用的发布会场地——新云南皇冠假日酒店，转而举办了一场新品直播发布会。雷军借助十几家视频网站和直播 App，发布了小米传闻已久的无人机新品。仅小米直播 App 中，同时在线人数最高时已经超过了 50 万。

3. 直播+企业日常

在社交时代，营销强调人性化，如同普通用户分享自己日常生活中的点滴，企业分享自己日常做的事，也可以成为与用户建立密切联系的社交方式。例如，为了宣传新一代Mini Clubman，宝马 Mini 联手《时尚先生 Esquire》杂志在映客上连续 3 天直播了时尚大片拍摄现场。直播的主角是几位名人，利用名人效应吸引了众多年轻用户观看，最终获得了530多万人次的在线观看量。

4. 直播+广告植入

直播中的广告植入能够摆脱生硬感，原生内容的形式能收获粉丝好感，在直播场景下主播能自然而然地进行商品或品牌的推荐。例如，很多主播通过直播与粉丝分享化妆秘籍，植入面膜、去油纸、保湿水、洁面乳等护肤产品广告，同时导入购买链接，实现销售转化。

5. 直播+活动

直播最大的优势在于其带给用户更直接的使用体验，甚至可以做到零距离互动。"直播＋活动"最大的魅力在于通过有效的互动将流量"链接"到品牌中。品牌通过实时互动问答，为用户进行全方位的商品卖点解读，使品牌得到大量曝光。

直播的互动形式多样，如弹幕互动、商品解答、打赏粉丝、分享企业的独家情报等。企业或商家通过发布专属折扣链接、红包口令、新品预购等信息和福利，可以让粉丝感受到企业或商家对他们的重视，从而增加对企业或商家的好感度。

6. 直播+访谈

"直播＋访谈"是从第三方的角度来阐述观点和看法，如可采访行业KOL、特邀嘉宾、专家、路人等，利用第三方的观点来增加商品信息的可信度，对传递企业文化、提高品牌知名度、塑造企业良好的市场形象都有着促进作用。这种直播方式切忌作假，在没有专家和嘉宾的情况下可以选择采访路人，以拉近与用户的距离。

5.9.2　直播活动的策划

直播营销需要在明确营销目的、目标用户的基础上进行设计，策划专门的营销活动执行方案，并根据执行方案开展活动。一般来说，直播活动可以分为直播开场（帮助用户获取相关信息）、直播过程（提升用户的兴趣）和直播结尾（促使用户接受营销内容）。

1. 直播开场

直播开场的目的是让用户了解直播的内容、形式和组织者等信息，给用户留下良好的第一印象，以使用户判断该直播是否具有可看性。开场的用户主要为前期宣传所吸引的粉丝、在直播平台随意浏览的网友。这些用户一般在观看直播的1分钟内就可以作出决定，因此需要做好直播活动的开场设计。直播活动的开场主要有5种方式。

- **直接介绍：** 在直播开始时直接告诉用户本次直播的相关信息，包括主播自我介绍、主办方介绍、直播话题介绍、直播时间介绍、直播流程介绍等。需要注意的是，这种方式比较枯燥，容易引起部分用户的不耐烦，因此建议添加一些吸引用户的活动环节，如抽奖、发红包、特约嘉宾互动等，以最大限度地留住用户。
- **提出问题：** 提出问题可以引发用户思考，带动用户与主播互动，使用户有一种参与感。同时，又能通过用户的反馈预测本次直播的效果。

- **数据引入：** 对于专业性较强的直播活动，可以以展示数据的方式来开场。这种开场方式要求数据必须真实可靠，否则容易引起用户的质疑，为直播带来负面影响。
- **故事开场：** 趣味性、传奇性的故事可以快速引起用户的讨论与共鸣，为直播活动营造良好的氛围。注意不要选择争议性太大的故事，容易引起用户的激烈讨论，无法快速进入主题，得不偿失。
- **借助热点：** 参与直播营销的用户大多为喜爱上网的互联网用户，这些用户对目前的热门事件非常熟悉，借助热门事件可以快速拉近与用户的距离。

2. 直播过程

直播活动的过程主要是对直播内容的详细展示，除了全方位、详细地展示信息，还可以设计一些互动活动来吸引用户，如抽奖、赠送礼物、发放红包等提升用户对直播活动的兴趣。发放红包前，主播要提前告知用户活动的时间，如"10分钟后有一大波红包来袭""21:00准时发红包"等。这是为了让用户知道发放红包的时间，在做好准备的同时，暗示用户邀请更多人进入直播间领取红包，提高直播间的人气。此外，主播要在直播过程中关注弹幕的内容，特别是对于用户的一些提问、建议、赞美等内容，如"能介绍一下商品的原材料吗？""主播皮肤真好，是用的这个护肤品吗？"等，可挑选一些具有代表性的话题与用户互动。

3. 直播结尾

直播从开始到结束，用户的数量一直都在发生变化，到活动结尾时还留在直播间的用户，在一定程度上都是本次直播活动的潜在目标用户，因此，一定要注重直播活动的结尾，最大限度地引导直播结束时的剩余流量，实现品牌宣传与商品销售转化。

- **引导关注：** 直播结尾时可以将企业的自媒体账号和关注方式告知用户，引导用户关注，使其成为自己的粉丝，便于后期维护。
- **邀请入群：** 直播结尾时邀请用户加入粉丝群。加入粉丝群的这部分用户对直播内容的认可度较高，能够积极参与直播互动，具有成为忠实粉丝的潜力。
- **销售转化：** 直播结尾时告知用户进入官方网址或网店的方法，促使其购买，从而实现销售转化。采用这种方式时建议传达给用户一些信息或营造一种紧迫感，如打折、优惠等。

5.9.3　直播粉丝的发展与维护

直播活动吸引的粉丝需要定期维护才能提高他们的活跃度，实现企业的营销目的。直播活动吸引的粉丝可以在直播结束后利用线上与线下活动、信息分享、邀请参与策划等方式进行维护。

1. 线上与线下活动

刚刚加入粉丝群的粉丝可以参与线上活动来迅速融入群体，与群内其他成员熟悉起来，获得归属感。此时的线上活动以折扣、促销、抽奖、有奖问答等为主。虽然直播是基于互联网进行营销的，但线下活动仍不可缺少。结合线上活动和线下活动可以更好地增强粉丝黏性。常见的线下活动主要有聚会、观影、表演等，在开展线下活动时可以给参加活动的粉丝一些特殊的福利，如新品试用、优惠券等，同时利用这种面对面交流的方式来获取粉丝的反馈，为企业下一阶段的营销做准备。

2. 信息分享

粉丝比普通用户具有更强的消费与互动能力，企业要第一时间让粉丝知晓各种营销信息，并提供一些只有粉丝才能享受的特殊服务。因此，企业可以在粉丝群中定期分享最新资讯，如专属折扣链接、红包口令、新品预购等，让粉丝感受到自己被重视。

3. 邀请参与策划

邀请粉丝参与直播的策划，将粉丝的意见与创意融入营销计划，既可以缓解企业策划直播营销活动的压力，又可以让粉丝得到充分的荣誉感，使粉丝与企业的关系更加紧密，增强归属感。一般来说，粉丝可以在直播的筹备阶段参与选题、文案策划、海报设计和主持人推荐等环节；在直播过程中与主播进行互动；在直播结束后分享内容，转发信息等。

5.10　移动广告

移动广告是移动互联网广告的简称，它是移动营销的重要组成部分。移动广告是指在移动设备上某个移动应用（如 App）或某个移动网页（如微商城、微店）中显示的广告。可以简单地将移动广告理解为以移动设备为载体的网络广告，这种形式的广告具有即时传播、传播速度快、互动性强等特点。

5.10.1　移动广告的表现形式

广告技术和移动设备的优化及发展推动着移动广告表现形式的创新，使移动广告呈现出多元化发展的态势。目前，移动广告的表现形式可大致划分为搜索广告、横幅广告、插屏广告、原生广告及视频广告等。

1. 搜索广告

搜索广告即搜索引擎广告，是传统互联网时代常见的一种广告形式。搜索广告是指广告主根据商品或服务的内容、特点等，确定相关的关键词，制作广告内容并投放在搜索引擎的广告。搜索引擎广告是一种付费广告，要想在搜索结果中获得靠前的排名或展示位置，需要投入一定的资金。

随着移动互联网的快速发展，移动端的搜索入口越来越多，不但可以利用移动搜索引擎，还可以使用各种移动端 App 实现搜索。移动搜索类的广告就是在此基础上产生的。

2. 横幅广告

横幅广告（Banner）又称旗帜广告，是最早的网络广告形式，可以是 GIF 等格式的动态图像文件，也可以是 JPG 等格式的静态图像文件。

在传统互联网时代，横幅广告这种广告形式经常被应用到门户网站网页的顶部或底部。在移动互联网时代，这种广告形式则出现在移动网页或 App 的顶部或底部，如图 5-16 所示。因此，横幅广告的优点是尺寸较小，对用户的干扰影响也较小，且重点突出，尤其是一些购物类 App 首页上的横幅广告，对引导用户消费起到很大作用；其缺点是手机屏幕本身较小，横幅广告尺寸不能太大，同时，移动平台的横幅广告大多是轮播出现，导致横幅广告容易被忽视。

3. 插屏广告

插屏广告是指在开启、暂停或退出 App 时以半屏或全屏的形式弹出的广告，其持续显示时长一般为 3 ~ 5 秒。这种广告形式使用的图片丰富绚丽，以大尺寸展现广告内容，具有强烈的视觉冲击效果，同时巧妙地避开了用户对 App 的正常体验，目前深受广告主喜爱。插屏广告的点击率和转化率较高，但广告费用也相对较高。图 5-17 所示为进入腾讯视频 App 时出现的插屏广告。

4. 原生广告

原生广告（Native Advertising）是近几年新媒体中经常出现的移动广告形式。原生广告是一种让广告作为内容的一部分植入实际页面设计中的广告形式，是以提升用户体验为目的的特定商业模式。它的特点是与所投放页面的信息流具有相关性，不破坏用户的使用体验。也就是说，当一则广告出现在微博上，它就是一条普通的微博；当它出现在微信朋友圈里，它就是一条朋友圈。因此，原生广告被忽略的可能性较低。图 5-18 所示为植入微信朋友圈的一条原生广告。

图5-16　横幅广告　　　　图5-17　插屏广告　　　　图5-18　原生广告

5. 视频广告

视频广告是指在移动设备内插播视频的广告形式。视频广告被广泛应用于手机游戏、

134 电子书，以及移动端的视频播放器中。其具体表现形式为：启动、退出应用，或开始播放视频前、暂停播放视频时，出现视频广告。它的特点与插屏广告相似，不影响用户的使用体验和视频的观看进程。

5.10.2 移动广告的投放步骤

移动广告的投放主要包括以下 5 个步骤。

1. 明确投放移动广告的目标

投放移动广告首先需要有明确的目标，然后才能根据该目标安排后续工作。每个企业投放移动广告的目标是不同的，有的是为了提升某商品的销售额，有的则是为了实现某个 App 的安装或注册。无论出于何种目的，投放移动广告都应做到两个目标：可实现和目标量化。

2. 确定投放移动广告的预算

不同的移动广告形式和不同的移动广告投放平台，所需费用不同。一般来说，在影响力大、用户量多的 App 投放广告的费用，每月在数万到数十万元不等；在影响力相对较小、用户量相对较少的 App 投放广告的费用，每月在数千到数万元不等。一方面，企业应该针对实际目标，合理选择性价比高的投放方式，确定合理的费用预算；另一方面，企业可以根据经验和相关数据，并结合目标确定投放移动广告的预算。

3. 选择移动广告投放渠道

首先，需要根据企业的自身实力和广告预算筛选一部分合理的移动广告投放渠道。其次，要明确企业的目标用户，分析目标用户的性别、年龄、兴趣爱好、生活习惯、消费习惯等，并根据这些数据分析目标用户主要聚集在哪类 App。最后，将聚集了最多目标用户的 App 作为企业投放移动广告的首选渠道。

4. 创作优质的移动广告

企业在投放移动广告时通常需要准备多个优质的移动广告，以便根据投放效果更换广告内容。移动广告内容的创作在微信营销内容策划和微博营销内容策划等章节进行了介绍。简而言之，优质的移动广告要为用户提供有价值的内容，同时，广告语要体现出商品特点或告诉用户能够解决的问题。另外，用户点击移动广告后，若进入 App 中的注册或购买页面，该页面需要有足够的吸引力，同时注册或购买的流程应该简单、易于操作，这样才能实现有效的转化。

5. 移动广告投放测试

为了检测移动广告的效果和可能存在的错误，应在投放移动广告前进行测试，保证移动广告播放正常、链接正确和广告监测系统计数正确，以正常完成移动广告的投放和后续工作。测试工作包括两个方面：一是在不同的 App 测试移动广告的投放效果，二是在同一 App 的不同广告位测试投放效果。

5.10.3　移动广告的计费方式

移动广告的计费方式与传统互联网广告的计费方式基本一致，主要有以下几种方式。

- **按千人展示计费（Cost Per Thousand Impression，CPM）**[①]：按照广告每1000次展示计算广告费用，如横幅广告的单价是1元/CPM，当广告被展示1000次，企业就要向平台支付1元的广告费，以此类推，广告被展示10000次的广告费为10元。

- **按点击次数计费（Cost Per Click，CPC）**：以实际点击的人数为标准计算广告费用，当没有产生点击行为时，就不会产生费用。这种方式能为企业带来真实的流量，直观地反映了用户对广告内容是否有兴趣，因此其成本与收费比CPM高。

- **按行动计费（Cost Per Action，CPA）**：指根据每个用户对移动广告所采取的行动计算广告费用。这种方式对用户行动有特别的定义，包括形成一次交易、获得一个注册用户，或者对移动广告的一次点击等。

- **按每次安装计费（Cost Per Install，CPI）**：指按照用户实际安装情况计算广告费用，主要用于App推广，是前期获取用户的有效方式。

- **按每次观看计费（Cost Per View，CPV）**：指按照广告完整播放次数来计算广告费用。这种计费方式适用于视频类广告，企业仅按用户完整看完广告视频的次数向平台付费。

- **按实际销售额计费（Cost Per Sale，CPS）**：即根据每个订单或每次交易计算广告费用，用户每成功完成一笔交易，企业按比例向平台支付佣金。

👤 实践训练

实训1　为翠香猕猴桃策划微信公众号营销

【实训背景】

农禾推出的翠香猕猴桃品质优良（猕猴桃的基本信息如表5-1所示），是公司具有代表性的商品之一，并促进了当地果业的发展。为了进一步扩大营销效果，农禾准备联合当地果业协会在微信公众号发布翠香猕猴桃的营销文案，将商品推荐给更多用户，并引导他们下单购买。农禾负责撰写营销文案并发布到微信公众号，当地果业协会负责转发宣传。

表5-1　猕猴桃的基本信息

项目	描述
名称	陕西周至翠香猕猴桃（国家地理标志产品）
商品图片	配套资源：\素材\第5章\翠香猕猴桃\
口感	香甜馥郁、甜糯柔软、果肉细腻
卖点	秦岭山脚、农家种植；现摘现发、个大肉厚；日照充足、健康美味

---

① CPM又可译作千人广告成本，本节中CPM、CPC、CPA、CPI、CPV、CPS等简写皆按惯用说法翻译。

【实训要求】

（1）写作微信公众号营销文案，要求突出翠香猕猴桃的卖点。

（2）使用135编辑器排版营销文案，要求排版美观。

【实施过程】

（1）搜集整理资料。搜集整理陕西周至翠香猕猴桃的更多资料，为完善营销文案提供支持。

（2）确定选题并写作营销文案标题。营销文案的主旨是推荐翠香猕猴桃，那么选题可以是"好物推荐"。根据选题，可以采用利益式标题直接将商品卖点展现在标题中，如"本周好物推荐——翠绿多汁的陕西周至翠香猕猴桃"。

（3）确定营销文案正文结构。营销文案标题已经表明目的，因此可以采用三段式结构，在正文中点出翠香猕猴桃，然后分列叙述卖点，最后在结尾处呼吁用户下单购买。

（4）使用135编辑器写作并排版文案。在135编辑器中写作营销文案并排版，效果示例如图5-19所示。完成后，可授权同步至微信公众号素材库。

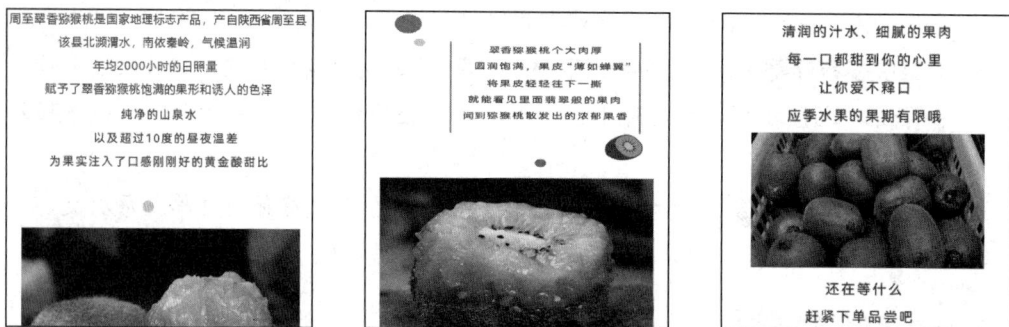

图5-19 营销文案效果示例

实训2 为农禾策划微博话题营销

【实训背景】

随着公司名气的扩大，为更好地宣传公司和商品，农禾开通了微博账号，作为官方的营销渠道之一，用于发布公司信息并宣传商品。为了引起用户对微博账号的关注，农禾将在微博开展话题营销。

微课视频

为农禾策划微博话题营销

【实训要求】

（1）策划与微博账号定位相匹配的微博话题。

（2）写作并发布微博文案。

【实施过程】

（1）策划微博话题。微博账号主要发布公司信息和商品，微博话题也应该与公司和商品相关。由于农禾首次开通微博账号，因此，可以围绕这一事件策划微博话题，如"农禾来啦"。

（2）写作微博文案。为搭配微博话题，还需要写作与话题相关的微博文案，如"朋友们，初次见面，请多关照"。

（3）发布微博文案。打开微博 App，登录微博账号，点击右上角的➕按钮，在打开的下拉列表中点击"写微博"选项；打开"发微博"界面，点击"话题"按钮#，在打开界面的搜索框中输入"# 农禾来啦 #"话题；返回"发微博"界面，在话题后面输入"朋友们，初次见面，请多关照"文字，适当添加表情包和公司主推商品的图片（配套资源:\素材\第5章\商品图片\），然后发布微博文案，效果如图5-20所示。

图5-20 微博文案发布效果示例

实训3 为农禾开通抖音直播

【实训背景】

随着直播影响力的增强，农禾计划在抖音开通直播，期望通过直播营销农产品，并向用户传递公司"用专业回馈农业，让大家吃得放心，用得安心"的经营理念，进一步扩大公司的影响力。

【实训要求】

（1）为农禾开通抖音直播账号，要求体现公司的理念和形象。

（2）开通企业认证和抖音直播。

【实施过程】

（1）查看并确定开通抖音直播的方式。在抖音 App 查看开通抖音直播的方式，可以开通抖音直播的账号主要有两种，一种是拥有至少1000个粉丝，且至少发布过10条短视频的个人账号，直播前需要开通商品分享功能；另一种是认证为蓝"V"的企业账号，0粉丝也可以开通直播，但需要有营业执照，且要缴纳一定的押金。农禾是新入驻抖音的企业账号，想要马上通过直播营销农产品，因此农禾可以利用企业账号的身份开通直播功能。

（2）设置抖音直播账号。抖音直播账号也就是抖音账号，一般由账号名称、头像和简介组成。在设置账号时，为体现公司形象并联合其他新媒体平台的账号打造营销矩阵，可以与其他新媒体平台的账号名称、头像保持一致，即直接使用农禾作为账号名称，公司Logo 作为头像（配套资源:\素材\第5章\农禾 Logo.jpg）。同时，为使用户加深对公司的了解，可将公司理念作为简介。抖音直播账号的设置效果如图5-21所示。

（3）开通企业认证。认证流程为：在抖音 App 点击"我"选项，在打开的列表中点击▣按钮，点击"抖音创作者中心"选项；进入"创作者服务中心"界面，点击"全部"按钮▦，在打开的列表中点击"进阶服务"栏中的"企业号"按钮▣（见图5-22），在打开的界面中根据提示进行企业认证。认证后，"抖音创作者中心"选项将更新为"企业中心"。

（4）开通抖音直播。返回"我"界面，点击▣按钮，点击"企业中心"选项进入"企业中心"界面，在"变现能力"栏中点击"开始直播"选项（见图5-23），开通抖音直播。

图5-21 抖音直播账号的设置效果

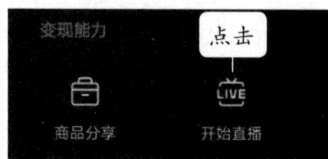
图5-22 点击"企业号"按钮

图5-23 点击"开始直播"选项

思考与练习

1. 单项选择题

（1）下列关于移动营销的描述，正确的是（   ）。

A. 移动电子商务模式下，移动营销是唯一的营销模式

B. 移动营销就是指互联网移动营销

C. 移动营销是在移动互联网环境下，基于移动终端的一种营销模式

D. 移动营销与互联网营销的载体相同

（2）属于二维码线下推广渠道的是（   ）。

A. 实体包装 B. 微信朋友圈 C. 微博 D. 网站

（3）饿了么属于LBS+O2O的（   ）模式。

A. 商店 B. 餐饮 C. 社交 D. 地图

（4）移动广告是移动营销的重要组成部分，下面（   ）不是常见的网络广告。

A. 横幅广告 B. 原生广告 C. 音频广告 D. 视频广告

（5）（   ）一般使用JPG或GIF格式的图像文件，放置在移动应用的页面顶部或底部，以快速吸引用户的注意。

A. 原生广告 B. 视频广告 C. 旗帜广告 D. 插屏广告

2. 多项选择题

（1）移动营销的关键要素包括（   ）。

A. 用户思维 B. 资源整合 C. 粉丝效应 D. 社交因素

（2）下列关于微信营销的描述，正确的有（   ）。

A. 运营微信公众号，首先要做好平台定位

B. 微信营销依靠熟人社交传播信息，因此可不注重内容策划

C. 微信朋友圈的营销内容不宜过长

D. 微信营销的效果很大程度取决于与用户的关系

（3）微博营销的内容策划可以从（   ）入手。

A. 新闻故事 B. 热点话题 C. 疑难解答 D. 趣味内容

（4）直播活动吸引的粉丝需要进行维护才能增强他们的黏性，维护粉丝的方法包括（   ）。

A. 信息分享 B. 邀请参与策划 C. 线上线下活动 D. 销售商品

3. 案例阅读与思考题

UC 借势航天热潮

截至 2022 年，我国航天之路已经走过了 66 个年头。随着我国载人航天技术的不断发展，我国的航天实力也越来越强，在推动我国科技进步、提升我国综合国力、增强民族自豪感和自信心方面起着促进作用。神舟十三号的返回、神舟十四号的发射等重大航天事件的发生，也让航天文化成为借势的焦点。

2022 年 6 月 5 日，神舟十四号载人飞船发射成功，在这历史性时刻，UC 借助国人对航天事业的关注，推出了短视频《飞向苍穹》致敬航天筑梦人。该条短视频讲述了我国航天事业的发展历程，一经播出就掀起了一股航天浪潮，相关话题 #有一种骄傲叫作中国航天# 迅速登上微博热搜。

除此之外，UC 还做了多方面的营销策划。一是邀请多位航天领域内的知名学者，打造了一系列航天主题观察评论类节目，从多维度解读我国航天事业，帮助普通用户了解我国航天事业的发展。二是在神舟十四号发射当天，UC 上线"神州十四出征"专题页，实时直播发射实况，强化用户对其作为综合信息服务平台的认知。三是制作"探索宇宙空间"H5，让用户在自主探索中感受我国的航天实力。四是联合阿里巴巴公益、湖北省图书馆等，发起"飞向苍穹，益起筑梦"的航天科普公益活动，为贵州、湖北山区学校建设图书角，捐赠航天科普读物，在孩子们的心中种下航天梦的小种子。

结合上述案例资料，思考下列问题。

（1）上述案例中，UC 采用了哪些移动营销方式？

（2）移动营销模式是否是孤立存在的？

（3）在开展移动营销时，如何最大程度地发挥营销推广作用？

6

移动电子商务数据分析

本章导读

随着大数据时代的到来，企业开展移动电子商务活动面临的数据量与日俱增。为了获取更多有用的信息，数据分析成为企业运营必不可少的环节。通过数据分析，企业可以实时、全面地了解商品与用户信息，有利于更好地制订运营策略。本章主要介绍移动电子商务数据分析的主要内容、分析方法与常用工具。

学习目标

【知识目标】

│ 熟悉移动电子商务数据分析的主要内容。

│ 掌握移动电子商务数据分析的常用方法。

│ 掌握移动电子商务常用的数据分析工具。

【能力目标】

│ 学会运用各种数据分析方法与数据分析工具。

│ 基本具备移动电子商务业务开展过程所需要的数据分析能力。

【素养目标】

│ 不通过弄虚作假等手段美化数据，保证数据的真实性、准确性。

│ 合理使用数据，不侵犯或泄露用户的隐私数据。

经营网店就是经营数据

对于网店经营者而言，经营网店（包括 PC 端和移动端）就是经营数据，不能实时了解和掌握数据，网店很难取得成功。李云玲刚加入淘宝的时候，完全是凭感觉在经营网店，后台数据想起了就去看看，看了也只是看看，从来不分析数据。李云玲的网店主要出售果园现摘的特色时令水果，主打原生态品质，比较能够迎合用户的喜好，在此基础之上，也还有一些流量。

但是好景不长，网店近段时间内的流量忽然少了很多。李云玲很奇怪，自己既没有改过主图和标题，又没有编辑过页面，流量怎么就忽然下降了？没有流量就没有销量，果园里的水果即将成熟，这个时候没有流量，对网店的打击是非常大的。

不得已之下，李云玲开始仔细查看并分析网店的经营数据。这一分析才发现，网店的付费流量和自然流量下滑得非常厉害，并且一两个星期前就有了这种趋势。付费流量点击较少，可能是商品主图、商品价格、商品销量、商品选款或商品关键词出了问题。自然搜索流量下滑，可能是行情有变、关键词有问题，也可能是某个引流商品出了问题。李云玲依次对每个可能的因素进行分析排除，先查询了当前行业的热搜词，再查看了同类目网店的销售情况，最后她发现原来换季之后，用户纷纷开始搜索应季鲜果，网店之前的主打水果成了过季商品，搜索人数也因此下降了一大部分。市场行情变了，但自己网店的主推品依然是上个季节的水果，不仅主推品的流量损失了很多，还影响了网店的整体排名。

找出问题之后，李云玲立刻着手整改网店，重新编辑当季鲜果的商品标题、主图、详情图和价格等，又设置好橱窗推荐和商品上下架时间，借助数据分析工具密切关注编辑后的流量动向，并慢慢调整，总算扭转了网店流量减少的趋势。

启示：移动电子商务市场竞争激烈，商业活动中数据分析十分重要。一个合格的网店经营者必须养成时刻观察网店数据的习惯，才能及时发现并优化网店问题，不断增强竞争能力。同时，网店经营者要知道，引起一个问题的原因可能是多方面的，因此必须学会仔细分析问题，逐步排除错误选项，找到真正影响结果的原因。

6.1 移动电子商务数据分析概述

数据分析并不是移动电子商务出现后才出现的，它一直存在于各种营销过程中。只是在需要处理庞大数据量的移动电子商务行业，数据分析的重要性体现得更为明显。

6.1.1　数据分析的重要性

数据分析是指有针对性地收集、加工、整理数据，并采用适当的统计分析方法判别数据，提取其中有用的信息并形成结论。它是一个对数据进行详细研究和概括总结的过程。

随着大数据、人工智能等技术的不断发展，在技术的支撑下企业可以获取到更丰富的有效数据。数据分析成为企业开展移动电子商务活动的重要手段，它贯穿于企业和商品的整个生命周期，图 6-1 所示为数据分析的过程。

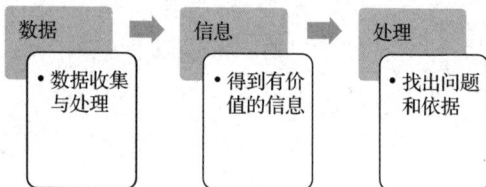

图6-1　数据分析的过程

总体而言，结合大量的统计数据及资料，数据分析能够实时、全面、准确地反映用户的消费情况和企业商品的销售情况，为移动电子商务的运营提供决策性意见。

6.1.2　认识数据分类

移动电子商务中的常用数据可以分为数值型数据、分类数据和顺序数据。

- **数值型数据（Numeric Data）：** 数值型数据是直接使用自然数或度量单位进行表示的观察值，其结果表现为具体的数值，是可以进行数值运算的数据类型，如重量 5 千克、收入 300 元、销售量 15 000 个、好评率 98% 等。
- **分类数据（Categorical Data）：** 分类数据是按照现象的某种属性对其进行分类或分组而得到的反映事物类型的数据，又称定类数据。分类数据之间没有数量上的关系和差异，如商品类型、品牌类型等。
- **顺序数据（Rank Data）：** 顺序数据是归于某一有序类别的非数字型数据，顺序数据也存在分类，但这些分类是有序的。例如，商品按其好坏分为一等品、二等品、三等品等，会员等级分为钻石会员、金卡会员、银卡会员等。

6.1.3　移动电子商务数据的特点

移动电子商务数据的特点与移动互联网环境下用户的消费行为和消费特点息息相关，具体体现在以下 3 个方面。

- **庞大的数据量：** 基于移动互联网环境下用户碎片化的消费行为和消费特点，数以亿计的用户每时每刻都在移动终端上产生海量的数据。除了统计用户年龄、性别、消费场所、消费频率、消费金额、位置信息等与用户自身相关的数据，移动电子商务需要统计的数据还包括移动终端设备型号、App 版本、进入应用的渠道等。
- **以用户为中心：** 移动互联网的数据核心节点是"人"，即"以用户为中心"，移动

电子商务的所有数据都是用户利用移动终端进行的各种行为而产生的结果。**143**

● **以移动终端为分析基础：**移动电子商务的数据是以移动终端为分析基础来统计的，绝大部分情况下每个移动终端的使用者是唯一的。所以，在移动电子商务数据分析的基础上可以为用户提供更个性化的服务和更精准的营销。

6.2　移动电子商务数据分析的主要内容

移动电子商务市场是用数据说话的地方，根据各项数据就能知道企业的移动电子商务业务经营情况的好坏。通常，移动电子商务的数据分析主要包括移动端网店数据分析和App数据分析这两方面的内容。

6.2.1　移动端网店数据分析

商家通过分析移动端网店的数据才能做出正确的运营策略。移动端网店数据分析的内容主要是流量分析、商品销量分析和交易分析。

1. 流量分析

流量是移动端网店能否在激烈的移动电子商务竞争中存活下来的关键因素。没有流量就表示网店无人问津，即使商品质量再好也无济于事。因此，流量数据是商家关注的焦点，如何引流也成为众多商家需要解决的问题。在解决引流的问题之前，商家需要了解流量分析的主要内容，才能更好地制订营销推广策略。通常，流量分析的重点内容包括访客数、用户来源、关键词、用户分布地区、不同时段流量等。

（1）访客数

访客数指的是网店的访客数量，网店有销量的首要条件就是有用户进入网店。访问网店的用户数量越多，代表该网店的流量越大；访问网店的用户数量越少，代表该网店的流量越小。

（2）用户来源

用户来源是指用户进入网店的途径。用户进入网店的途径较多，主要包括以下4种类型。

● **直接访问：**直接访问带来的用户流量非常稳定且转化率也很高，因为这些用户通常是之前已经在网店中有过成功的交易经历，所以才会通过网店或商品收藏、购物车、已购买的商品等渠道直接进入网店。同时，用户会再次进店购物，也说明他们对网店中的商品很满意，这时商家只要维护好与这些用户的关系，无疑会提高用户的复购率并且能促使他们将网店介绍给亲戚朋友，为网店带来更多流量。

● **搜索进入：**搜索进入是指用户通过平台的搜索功能和分类导航功能搜索商品进入网店。通过搜索进入的用户，是网店借助关键词优化、主图优化等方式获取到的

自然流量。这类流量的获取成本较低，流量的精准度比较高。通常，通过该方式进入网店的用户有很强的购物意向，但是他们在购物过程中容易受到商品价格、功能、详情页效果等因素的影响，从而影响成交转化率。

- **付费推广引流进入：**付费推广引流进入是指用户通过付费推广工具或平台进入网店，如用户点击商家在付费推广平台中投放的广告图片进入网店。这类流量的精准度高，容易吸引有相应需求的用户，但会增加获取流量的成本。

- **外部平台引流进入：**外部平台引流进入是指商家在微信、微博等这些外部平台上开展营销推广活动，用户通过商家分享的链接进入网店。通常，这类流量的成交转化率不是很高，但是在提升网店知名度和影响力方面能够发挥巨大的作用。

（3）关键词

关键词分析是针对搜索进入的用户而言，即对用户搜索商品时输入的关键词进行统计。当某关键词占比较高时，说明通过该关键词搜索商品从而进入网店的用户较多。那么，商家在设置商品标题时，就可以包含该关键词，增加被用户搜索到的可能性。

（4）用户分布地区

用户分布地区分析主要统计用户的地区分布、地区用户数量及不同地区的用户比例等。不同地区的风俗或气候条件不同，用户消费习惯和消费水平也不同，这些因素都会影响当地用户的购物需求和偏好。例如，一款羽绒服在不同地区的销售情况是不同的，像处于热带气候的地区根本就没有需求，因此，在分地区投放广告时便可以忽略这类地区，否则，既增加营销成本又毫无收获。

（5）不同时段流量

不同时段流量的统计是指在每日、每周等时间范围内分析不同时段的网店流量变化。针对不同时段的流量变化，商家可以集中在用户访问网店的高峰期推送商品信息、促销信息，这样会取得比较好的效果。

2. 商品销量分析

商品在不同时期、不同展示位置、不同价格区间，其销量有所不同。商家需要了解和跟踪每个商品的销量，以便根据不同情况进行及时调整，完善销售计划，促进商品销量的增长。

一般来说，商品销量可以针对访客数、成交人数、成交件数、成交转化率、成交金额等数据指标进行分析。

- **访客数：**访客数是指访问商品的用户数量。商品的访客数越大才越有可能提高商品的销售量。

- **成交人数：**成交人数是付款购买商品的用户数量。

- **成交件数：**成交件数指商品的销量，成交人数与成交件数不一定相等，因为同一个用户一次可能购买多件商品，或者一定时间内多次购买商品。

- **成交转化率：**成交转化率是指成交人数占访客数的比例，它是衡量商品销售情况的核心指标。成交转化率越高说明商品页面优化、价格、促销信息等对用户越具

有吸引力。
- **成交金额：** 成交金额是指商品的销售额。

3. 交易分析

网店的销售额由成交人数和客单价决定，即网店的销售额 = 成交人数 × 客单价，或网店的销售额 = 访客数 × 成交转化率 × 客单价。因此，围绕访客数、成交转化率和客单价这 3 个指标进行运营，就是网店运营的核心内容。其中，访客数和成交转化率容易理解，分别表示访问网店的人数和成交人数与访客数的比率。客单价则表示每个用户购买商品的平均金额。

通常，除了提高单个商品的价格，网店还可以通过促使用户购买多件商品来提高客单价，常用的方法如下。
- **提供附加价值：** 设置消费达到某个金额之后就可以享受附加服务。例如，"满 × × 元免费上门安装""满 × × 元包邮"等。
- **价格吸引：** 设置"买一送一""买二送三""第二件半价"等优惠活动。利用"买得多就赚得多"的心理，激发用户的购买欲，提升客单价。
- **商品组合销售：** 将多个商品组合起来，形成商品套餐进行销售。
- **商品关联销售：** 在用户购买某商品时推荐与该商品相关联的商品。现在基于大数据的算法，在搜索页、详情页、订单页等各种页面中都会有关联商品的推荐。许多购物平台推出的"凑单"销售模式，其原理就是如此。

6.2.2　App数据分析

企业如果自行开发 App 来开展移动电子商务业务，那么无论是 App 的功能迭代还是运营活动的推广评估等都需要数据指标去衡量。App 数据分析主要包含五大维度，即用户规模分析、用户参与度分析、渠道分析、功能分析、用户属性与画像分析。

1. 用户规模分析

分析用户规模能够检验商品定位和运营时对用户与市场的判断是否正确，通过用户规模能够较为直观地看到有意向使用 App 的用户量。App 用户规模常见的指标包括用户总量、新增用户、留存用户和活跃用户。
- **用户总量：** 用户总量指 App 中所有用户的数量总和。通常，一款 App 的下载量大于安装量，安装量大于注册用户量，注册用户量大于活跃用户量，活跃用户量大于付费用户量。这里所说的用户总量是指安装并注册 App 的用户数量。虽然，下载量对 App 很重要，但不注重用户质量也是毫无意义的，因为有很多千万下载量的 App，注册用户量可能只有几十万，所以统计 App 注册用户量更有实际意义。
- **新增用户：** 新增用户指统计周期内的新用户数量，按照统计时间跨度不同分为日、周、月新增用户。新增用户主要用于衡量 App 在一定时期内的推广效果。新增用

户占比较高，说明推广效果较好。

- **留存用户：** 很多企业为了提高用户总量，常采用安装注册 App 送奖品、发红包等较为有效的方式来推广 App，但是很多用户在获得奖品和红包后，会直接卸载 App。留存用户就是指没有在安装注册后就马上卸载 App 的用户，该数据主要用来监控统计周期内新增用户的留存情况，如次日留存、7 日留存、30 日留存等。通过留存用户数据，能够判断用户与 App 的契合度。早期的 App 留存用户数据能够展示该 App 在市场上的生存能力，留存率（留存用户占新增用户的比例）越高，App 的生存能力就越强。

- **活跃用户：** 活跃用户指在统计周期内启动过 App 的用户，此外，活跃用户也可以被定义为统计周期内使用过核心功能的用户。活跃用户是客观衡量一款 App 价值及其用户质量的核心指标。根据不同统计周期，活跃用户数可以分为日活跃用户数、周活跃用户数、月活跃用户数等。通常，新闻类 App、社交类 App 等人们高频使用的应用，其产品的关键绩效指标（Key Performance Index，KPI）均为日活跃用户数。而对于某些低频消费需求的应用，如旅游类 App、摄影类 App 等，可能会关注月活跃用户数，甚至更长时间周期内的活跃用户数。

2. 用户参与度分析

用户参与度用于衡量用户 App 使用深度和用户黏性，主要包括每日启动次数、每日使用时长、访问页面数等指标。

- **每日启动次数：** 每日启动次数指用户每日启动 App 的次数。每日启动次数包含两方面的内容：一是启动次数的总量走势，二是人均启动次数（启动次数总量与活跃用户数的比值）。

- **每日使用时长：** 每日使用时长可以从每日使用总时长、每日人均使用时长和每日单次使用时长等角度进行分析。使用总时长是指用户从启动 App 到关闭 App 的总计时长，人均使用时长是指使用总时长与活跃用户数的比值，单次使用时长是指使用总时长与启动次数的比值。如果用户愿意每日在 App 的使用中投入更多的时间，说明用户非常认可和重视这款 App。

- **访问页面数：** 访问页面数指用户启动一次 App 后访问的页面数。在实际分析中，通常会统计一定周期内的 App 访问页面数的活跃用户数分布，如一天或一周访问 3 个页面以下的活跃用户数等。同时，可以统计访问页面分布的差异，即哪些页面的访问量大，哪些页面的访问量小，以便解决用户体验的问题。

3. 渠道分析

渠道分析主要是分析不同渠道下，用户数量的变化和趋势，包括新增用户、留存用户、活跃用户、启动次数、使用时长等数据指标。渠道分析用于评估渠道质量，如哪个渠道所获得的用户更多，哪个渠道获得的用户质量更高等，以调整渠道推广策略。在 Android 系统中，App 的推广渠道包括手机厂商预装、第三方应用商店（百度手机助手、小米应用商店、华为应用市场等）、广告联盟（通过积分墙广告推广）等。

4. 功能分析

功能分析主要分析功能活跃情况、页面访问路径、转化率等数据。

● **功能活跃情况：** 功能活跃情况主要是分析 App 某个功能的新增用户数、留存用户数和活跃用户数等数据指标。这些指标的定义与"用户规模分析"的指标类似。只是分析功能活跃情况只关注 App 的某一功能板块，而不是 App 整体。通过分析功能活跃情况能够有效地优化 App 的功能，合理取舍功能板块。

● **页面访问路径：** 页面访问路径分析主要是统计用户从启动 App 到关闭 App 整个过程中每一步骤的页面访问和跳转情况，即分析用户是从哪些页面访问到当前页面，然后从当前页面访问了其他哪些页面。页面访问路径是分析用户行为的关键，用于评估各个页面对交易额的贡献。例如，用户完成的 500 元交易额，是哪个入口或哪个活动带来的；或者，在用户浏览过程中，用户通过哪些页面完成某商品的选购和交易，本次的访问路径是怎样的。

● **转化率：** 转化率是指进入下一页面的用户数与当前页面的用户数的比值。漏斗分析法可以用来分析 App 中关键路径的转化率，以确定 App 流程的设计，解决用户体验问题。例如，一款电商类 App，可以从"启动 App—浏览或搜索商品—加入购物车—完成支付"来分析不同路径的转化率，判断关键路径是否存在优化的空间，以提升付费转化率。

5. 用户属性与画像分析

用户属性分析主要从用户使用的移动终端设备、网络及运营商、地域分布等角度进行分析。移动终端设备分析的维度有机型分析和操作系统分析等；网络及运营商主要从接入移动互联网的方式（4G、5G、Wi-Fi 等）和电信运营商（电信、移动、联通等）来分析；地域分布主要从不同省市和国家来分析。

用户画像分析包含的内容较多，如性别、年龄、学历、职业、收入、健康诉求、个人兴趣爱好（听音乐、看电影、健身、养宠物等）、商业兴趣爱好（品牌偏好，对房产、汽车等领域感兴趣等）。

6.3 移动电子商务数据分析的常用方法

根据对数据的不同需求，企业可以选择不同的方法分析移动电子商务数据，并以相关分析信息为基础，制订并调整营销策略。

6.3.1 对比分析法

数据分析的结果是企业经营现状的体现，越是精准的数据越能反映当前情况下的业务

148 发展情况。在分析数据时，单一的数据分析只能体现单一变量的情况，如某一天的流量、销量，如果对比某段时间内不同时期的流量、销量，就可以得到更多的信息，如流量提高或降低、销量增加或减少等。将某个确定的因素作为比较的条件，对比分析其他的数据，可以得到企业经营过程中的各种数据变化情况，更好地发现并解决问题。图 6-2 所示为某网店第四季度的商品销售额对比，从中可以看出 11 月的销售额最高，12 月的销售额最低。那么就要详细分析销售额增加与减少的原因，是因为"双十一"活动的原因导致销售额激增，或是市场行情、引流、竞争对手导致销售额降低，降低的幅度是否正常等，分析出原因后再有针对性地解决。

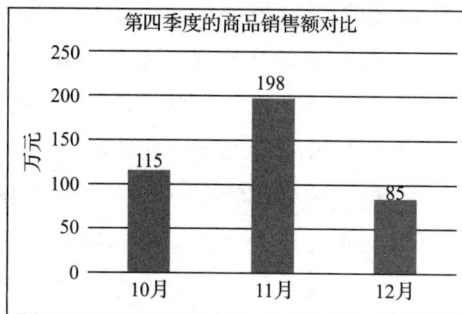

图6-2 第四季度的商品销售额对比

6.3.2 拆分分析法

拆分分析法是指将一个大的问题进行拆分，细分成一个一个的小问题，从小问题中进行分析，进而快速找到问题的原因。这种方法适合用于有直接联系的问题，如网店的销售额由网店的访客数、成交转化率和客单价决定，假设一定时期内的客单价不变，如果发现网店的销售额降低，可从网店的访客数和成交转化率两个方面入手，再分别分析每一个方面，如图 6-3 所示。图中列出了导致网店销售额发生变化的主要因素。通过分析拆分后的数据，可以直观地找到引起问题的原因，从而针对相应的问题根源进行优化、解决。

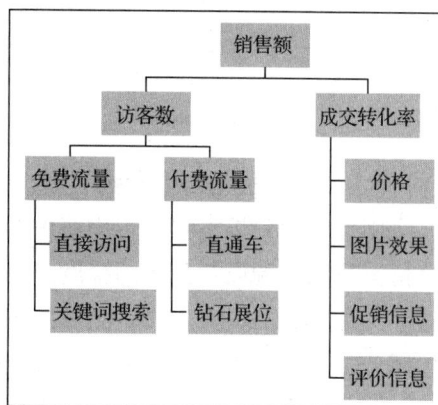

图6-3 拆分分析法示意图

6.3.3 漏斗分析法

漏斗分析法通过分析运营各个环节的流程，能够直观地发现并说明问题，适合用于分析网店的转化率数据；用于营销推广各个环节的转化（从展现、点击、访问、咨询、订单生成的角度）分析；用于用户各阶段的转化比较等。图 6-4 所示为漏斗分析法示意图。漏斗分析各项因素的数据是从上到下逐步变小的，要想达到更好的效果，可以不断扩展漏斗的开口。

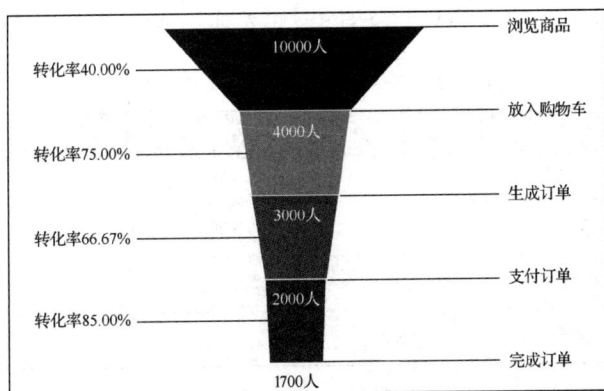

图6-4 漏斗分析法示意图

6.3.4 聚类分析法

聚类分析即基于研究对象的特征，将它们分门别类进行分析。在移动电子商务中，聚类分析的对象可以是用户、商品、页面或流量来源渠道等。例如，用户按性别分类，可以比较男、女用户的购物特点；用户按年龄层级划分，可以比较不同年龄层用户的购物偏好；用户按会员等级划分，可以比较不同等级的会员为网店创造的价值等。

图 6-5 所示为根据百度用户搜索数据，对搜索"连衣裙"关键词的人群属性进行聚类分析，得出的用户所属年龄的分布及排名情况。

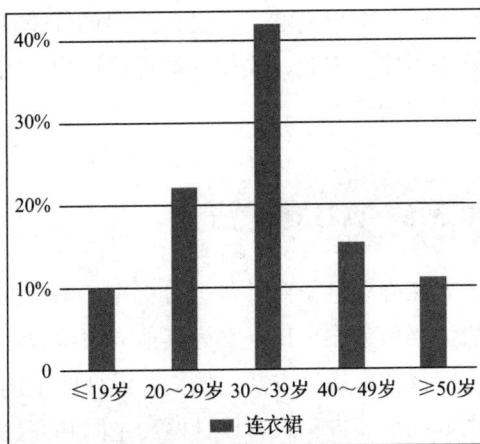

图6-5 聚类分析法示意图

6.3.5 同期群分析法

同期群分析法常用于用户分析，同期群指的是同一时期的群体，可以是同一天注册的用户、同一天第一次发生付费行为的用户等，要观测的指标可以是这群用户在一定周期内的留存率、付费率等。同期群分析法将用户按初始行为的发生时间，划分为不同的群组，进而分析相似群组的行为随时间变化的情况。

例如，某 App 从 2023 年 1 月份上线 VIP 付费服务，并在 2023 年 3 月开始推出"新用户享 1 元购 VIP（1 个月）"的优惠活动，吸引新用户购买。为了解 VIP 付费项目的经营状况，运营人员统计了 2023 年 1 月—2023 年 4 月的新增购买用户及其复购情况，如表 6-1 所示。表中每一行为同一个群组，反映同一期新增购买用户及其复购变化趋势。例如，第一行，2023 年 1 月，有 376 个新增购买用户，之后的 +1 月（2023 年 2 月），有

65% 的用户再次购买，+2 月（2023 年 3 月），仍有 43% 的回头客，以此类推。

表6-1　某App付费用户同期群分析

首次购买月份	新增购买用户	+1月复购率	+2月复购率	+3月复购率	+4月复购率
2023 年 1 月	376	65%	43%	37%	33%
2023 年 2 月	301	63%	39%	32%	
2023 年 3 月	906	20%	11%		
2023 年 4 月	835	15%			

横向比较表中数据可知，2023 年 1 月—2023 年 2 月用户的次月复购率超过 60%，随后依次递减，最终稳定在 33% 左右。纵向比较，从 2023 年 3 月推出"新用户享 1 元购 VIP（1 个月）"活动后，新增购买用户数成倍增长，但次月复购率直线下滑。3 月的新增购买用户次月复购率仅 20%，但有 906 个新增购买用户，按照 20% 的复购率，次月有 182 个用户复购，而之前 2023 年 2 月的新增购买用户最低为 301 人，次月复购率 63%，可知有 190 个用户复购。可见，推出的优惠活动短期内能吸引新增购买用户，但从复购率看，效果不佳。因此，要想挖掘优质用户，需要提高购买 VIP 服务的门槛，如将"1 元购"更改为"10 元购"。

6.3.6　AB测试法

在移动电子商务数据分析中，AB 测试法通常是设计两个或多个方案，其中 A 方案一般为当前方案，B 方案为其他方案或设想方案。通过测试比较这些方案带来的不同效果，从而选择出最佳方案。例如，设计两个创意广告，通过相同平台投放效果的不同来选择使用哪一个广告；或者设计两套主图和商品详情图，根据比较最终的成交转化率来确定使用哪一套主图和商品详情图。

6.4　移动电子商务常用的数据分析工具

用于数据分析的工具很多，简单的数据可以直接使用 Excel 分析。一些专门用于移动电子商务数据分析的平台也可进行数据分析，如百度指数、微信指数、微博指数等。另外，各大移动电子商务平台为了方便商家统计与分析数据，提供相应的数据分析工具，如淘宝的生意参谋等。商家可以根据实际需要选择相应的分析工具。

6.4.1　百度指数

百度指数是以百度搜索引擎的数据为基础进行数据统计与分析的平台，能够帮助用户

查询某个关键词在百度的搜索规模，某段时间内的涨跌态势以及相关的新闻舆论变化，关注这些关键词的用户是什么样的、分布在哪里等。

百度指数的主要功能包括基于关键词的研究趋势、需求图谱和人群画像等。用户登录百度指数网站首页后，可在搜索框中输入关键词，如输入"羽绒服"，如图 6-6 所示，单击"开始探索"超链接可在打开的页面中查看相关数据。

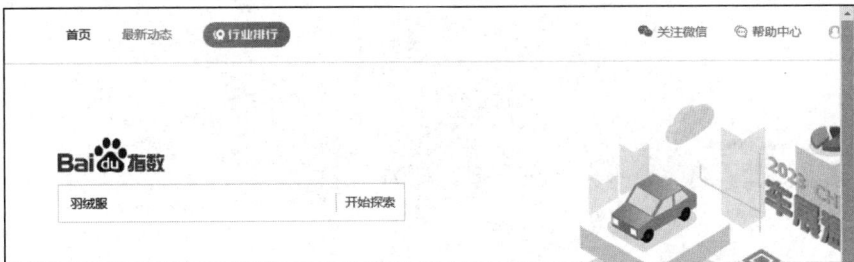

图6-6 在百度指数中输入关键词搜索

1. 趋势研究

用户输入关键词，单击"开始探索"超链接后，默认打开"趋势研究"页面，如图 6-7 所示。在其中可查看关键词的搜索指数，默认显示输入的关键词在全国范围内近 30 天的"PC+ 移动"端的搜索指数趋势图，以及各种日均值（近 30 天的每日搜索量）和同比（一般指本期和上一年同期相比较）、环比（一般指本期和上一期相比较）数值。此外，用户在页面右上方可手动设置统计周期（近 7 天、近 30 天、近 90 天等）、终端来源（PC、移动、PC+ 移动）和统计范围（全国或各省份）。另外，在"趋势研究"页面左上方单击 ＋添加对比 按钮，在弹出的文本框中输入其他关键词，如"风衣"，单击 确定 按钮，即可比较两个关键词的搜索指数。

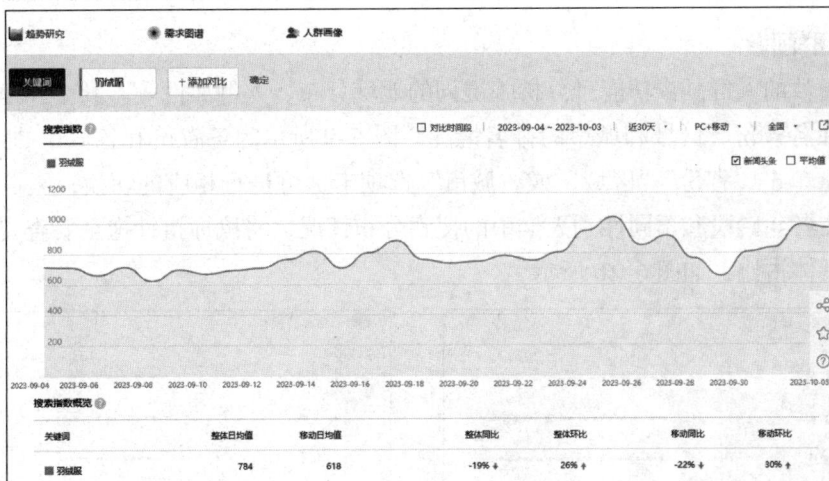

图6-7 "趋势研究"页面

2. 需求图谱

需求图谱利用用户在搜索关键词前后的搜索行为变化中表现出来的相关检索词（简称

"相关词"）需求，显示用户最近 7 天通过搜索关键词关注的主要内容。图 6-8 所示为"羽绒服"关键词的需求图谱，从需求图谱可以看出，用户对羽绒服的品牌和款式等关注度较高。另外，在需求图谱下方还显示有相关词的搜索热度和搜索变化率的排名。

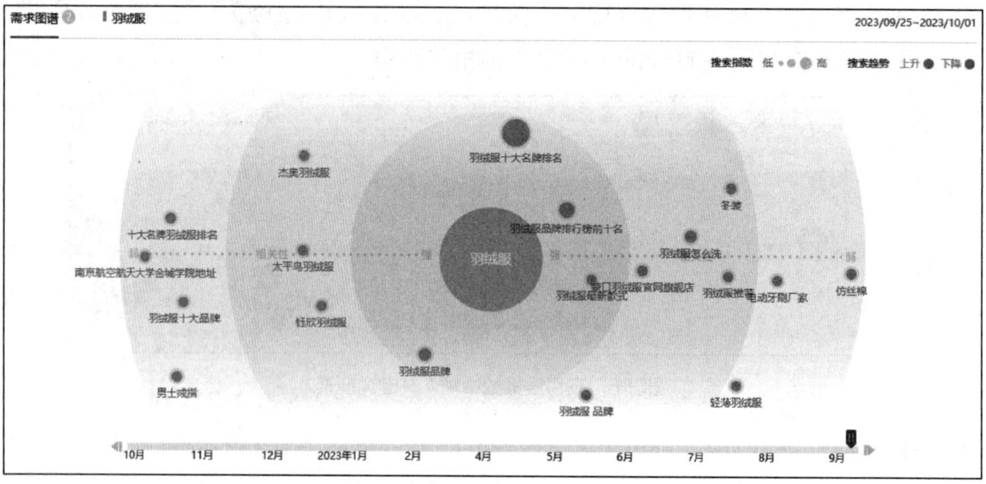

图6-8 "羽绒服"关键词的需求图谱

知识提示

　　根据百度指数的数据选择核心关键词时，关键词的搜索指数越高，说明关键词被搜索的次数越多，流量越大，关键词越热门，这样的词语就越有价值，但其竞争也越激烈。与之相对的被称为冷门关键词，这样的关键词排名更容易靠前，但搜索量较少。

3. 人群画像

　　百度指数的人群画像功能可分析关键词的地域分布、人群属性等。其中，地域分布显示关键词在各省份、区域和城市的排名情况，图 6-9 所示为各省份和各城市的"羽绒服"搜索排名，单击"省份""区域"或"城市"选项卡，可进行相应的切换；人群属性则显示关键词在各年龄段和不同性别人群中的搜索分布情况，将鼠标指针拖至要查看对象的上方会显示具体占比，如图 6-10 所示。

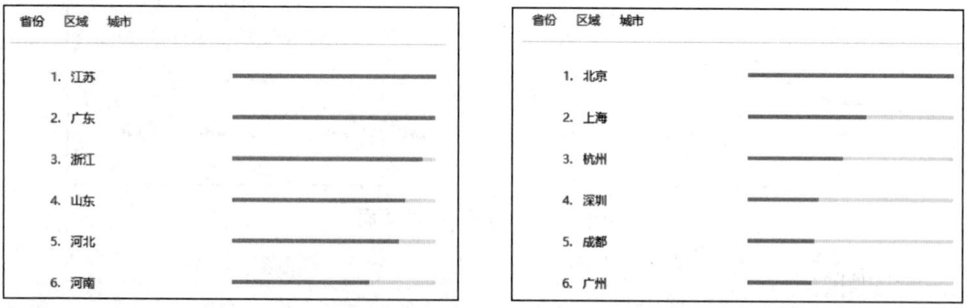

图6-9 各省份和各城市的"羽绒服"搜索排名

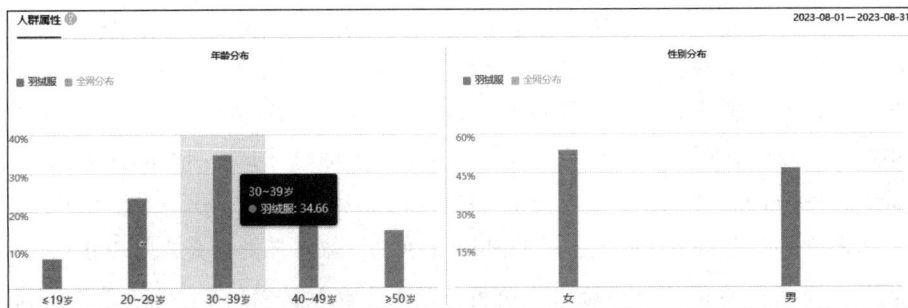

图6-10　搜索"羽绒服"的人群属性

6.4.2　生意参谋

生意参谋是阿里巴巴重点打造的商家大数据产品平台，面向淘宝和天猫全体商家提供一站式、个性化、可定制的商务决策服务。生意参谋整合了海量数据及网店经营思路，不仅可以更好地为商家提供流量、商品、交易等网店经营全链路的数据披露、分析、解读、预测等功能，还能更好地指导商家的数据化运营。生意参谋标准版免费开放给商家使用，部分高级功能需付费使用，商家可以在生意参谋中付费订购。

商家可在移动端便捷地使用生意参谋，在千牛 App 首页的"常用工具"栏中点击"生意参谋"按钮◉，如图 6-11 所示，可启动生意参谋工具，默认显示生意参谋的"看店铺"界面，如图 6-12 所示。移动端生意参谋的数据分析板块可以分为"概况""活动""客户""流量""商品""服务"和"推广"等组成部分。

图6-11　点击"生意参谋"按钮

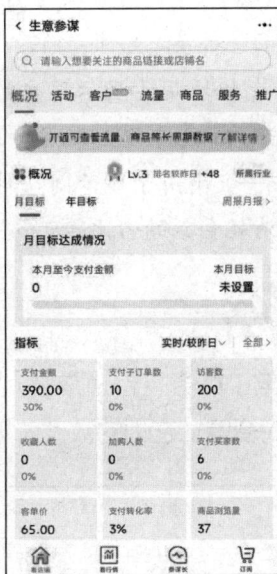

图6-12　"看店铺"界面

● **概况：** "概况"板块展示网店的大概情况，"指标"栏目默认显示统计时间"实时 /

较昨日"的数据，主要指标包括支付金额、支付子订单数（即支付笔数）、访客数、收藏人数、加购人数（将商品加入购物车的人数）、支付买家数、客单价、支付转化率、商品浏览量等。各指标项上方的数据表示今日的实时数据，下方的数据表示实时数据较昨日数据的增长率（增长率＝实时金额与昨日支付金额的差值÷昨日支付金额×100%）。例如，"支付金额"指标项，上方数据为"390"、下方数据为"30%"，表示实时支付金额为 390 元，较昨日增长 30%，即昨日支付金额为 300 元。

- **活动：** 商家需要付费订购后才能使用"活动"板块。"活动"板块是围绕商家日常监控、活动营销、大促作战 3 个场景打造的实时数据分析平台，主要提供作战大屏（可视化动态数据）、活动分析、竞店（竞争网店）监控等数据服务。作战大屏可实时追踪经营动态，显示企业数字化形象；活动分析可利用历史活动数据，深度分析聚划算、"双十一""双十二"等多种活动的成绩；竞店监控可密切关注竞争对手情况。

- **客户：** 淘宝网店中的客户是比访客更宽泛的定义，在访客的基础上增加了未进店但和网店发生交互行为的用户，如在购物车直接购买，所以网店客户数应大于等于网店访客数。"客户"板块用于显示网店客户的分析数据，主要包括日、周、月等统计周期内新访客户、未购客户回访、已购客户回访的人数及这些分类下客户的支付转化率和支付金额占比。

- **流量：** "流量"板块用于显示网店访客的来源渠道，以及各渠道下的访客数、支付金额、支付转化率和支付买家数等。

- **商品：** "商品"板块用于显示网店已售商品的访客数、浏览量（浏览量指商品链接被访问的次数，一个访客多次访问商品链接也会计入浏览次数）、加购件数（加入购物车的商品件数）、支付金额、支付件数等。

- **服务：** "服务"板块用于显示用户对网店的综合体验评分和商品评分，评分标准由物流服务、咨询服务、售后服务和是否发生纠纷等因素组成。

- **推广：** "推广"板块用于显示网店付费推广的相关数据，包括各种付费推广渠道的消耗金额和消耗金额的占比等。

知识提示

　　不同的移动电子商务平台通常都有专属的数据分析工具，如抖音小店的数据罗盘、京东的京东商智等，它们的数据分析范围和操作方法与生意参谋相似。

6.4.3　百度移动统计

　　百度移动统计是一款针对移动应用（主要是 App）的数据统计分析工具，支持 iOS 和

Android 系统。开发者可以嵌入统计 SDK（指软件开发工具包，即开发移动应用时的相关文档和工具的集合），实现对移动应用的全面监测，实时掌握商品情况，洞察用户行为。

使用百度移动统计，首先使用百度账号登录百度移动统计网站（一个账号可以同时管理多个 App），登录成功后将跳转到完善信息页面，填写个人基本信息后，单击 同意以下协议并开通 按钮开通百度移动统计服务，如图 6-13 所示。此时将打开新增应用页面，填写应用的基本信息，包括应用类型、平台、应用名称、内容分类及描述等，如图 6-14 所示，单击 创建应用 按钮，获取该应用的唯一识别码（即 AppKey）。在打开的"新增应用 – 集成 SDK"页面中按照步骤提示完成 SDK 接入配置，如图 6-15 所示。完成配置后可进入百度移动统计平台。

图6-13　完善信息

图6-14　创建应用

图6-15　SDK接入配置

进入百度移动统计后，默认显示"概况"页面，如图 6-16 所示。在"分析"页面左侧的导航栏中可看到用于 App 等移动应用的数据统计分析板块，包括"应用概况""用户分析""使用行为""渠道分析"等数据分析项目，可查看移动应用的大概运营状况。单击"分析"超链接，打开"分析"页面，可对移动应用进行更细致的数据分析。除了"概况"页面的数据分析项目，还有"启动来源""留存分析""转化分析"等数据分析项目，几乎包含了移动应用的所有数据指标，通过可视化展现数据，能够有效帮助用户进行移动应用的运营。

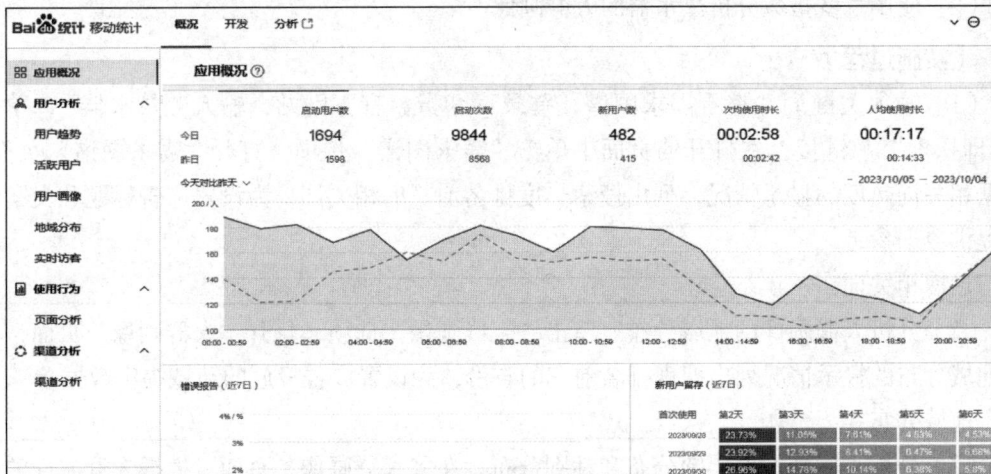

图6-16　"概况"页面

知识提示

App 数据分析工具较多，与百度移动统计类似的工具，还有腾讯移动分析、友盟等，它们的操作和功能与百度移动统计相似。

素养小课堂

运营人员在向用户展示网店或 App 的数据统计时，不能弄虚作假，不能使用不正当的手段美化各项数据指标，影响用户的认知，要保证数据的真实性、准确性。同时，应当合理使用数据，不侵犯或泄露用户的隐私数据。

实践训练

实训1　使用百度指数分析热水器的需求图谱和人群画像

【实训背景】

某热水器品牌将在百度投放广告推广旗下某款型号的热水器，现需要通过百度指数分析热水器的需求图谱和人群画像，为设置广告标题、文案创意和广告投放目标等提供数据参考。

【实训要求】

（1）使用百度指数分析热水器的需求图谱。

（2）使用百度指数分析热水器的人群画像。

【实施过程】

（1）输入关键词并查看需求图谱。登录百度指数官方网站，输入"热水器"，单击"立即探索"超链接，在打开的页面中单击"需求图谱"选项，打开"需求图谱"页面。根据相关词热度的显示情况，列出搜索热度排名前三的相关词，为设置广告标题和文案创意提供数据参考。

热搜相关词：＿＿＿＿＿＿＿＿＿＿＿＿＿＿＿＿＿＿＿＿＿＿＿＿＿＿＿＿＿＿＿＿＿

（2）分析人群画像的地域分布。单击"人群画像"选项，打开"人群画像"页面，根据地域分布的显示情况列出搜索排名前三的省份，为设置广告投放的地域提供数据参考。

地域分布：＿＿＿＿＿＿＿＿＿＿＿＿＿＿＿＿＿＿＿＿＿＿＿＿＿＿＿＿＿＿＿＿＿＿

（3）分析人群画像的年龄分布和性别分布。在"人群画像"页面，根据人群属性的显示情况说明年龄分布和性别分布情况。年龄分布要求列出排名前二的年龄层及其占比；性别分布要求列出男、女用户的占比。

年龄分布：_____

性别分布：_____

实训2　使用生意参谋分析网店新品销售效果

【实训背景】

福瑞百果园销售沃柑半月有余，目前沃柑热销，请通过生意参谋查看并分析该商品的销售情况，为之后的运营提供决策参考。

【实训要求】

（1）获取"近7日/7日环比"统计周期的商品数据。

（2）分析统计周期内的商品数据。

【实施过程】

（1）打开生意参谋的"商品"界面。打开千牛App，在"常用工具"栏中点击"生意参谋"按钮，打开生意参谋，点击"商品"选项，打开"商品"界面。

（2）切换至"近7日/7日环比"统计周期。在"商品"界面的"商品"栏中点击"实时/较昨日"选项，在打开的"选择时间段"面板中点击"近7日数据/7日环比"选项，点击 **确认** 按钮，如图6-17所示。

（3）查看数据。在打开的界面查看统计周期内商品的支付金额、访客数、加购件数，向右侧滑动商品数据栏，继续查看商品的支付件数和浏览量，如图6-18所示。

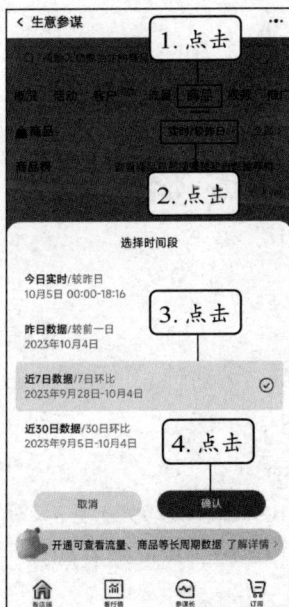

图6-17　设置统计周期

图6-18　商品数据

（4）分析数据。根据获取的数据分析商品的销售情况，为之后的运营提供决策参考。例如，从"7日环比"数据可以看出，近7日与前一个7日的数据相比，各个指标项均呈

158　现正增长，整体销售情况向着更好的方向发展，说明目前的运营方案可行。

思考与练习

1. 单项选择题

（1）通过网店或商品收藏、购物车、已购买的商品等渠道进入网店，属于（　　）型用户来源。

  A. 直接访问   B. 搜索进入

  C. 付费推广引流进入   D. 外部平台引流进入

（2）访问网店的用户数量越多，代表（　　）。

  A. 该网店的收藏率越高   B. 该网店的转化率越高

  C. 该网店的流量越大   D. 以上都不是

（3）在 App 运营中，衡量用户质量的核心数据指标是（　　）。

  A. 用户总量   B. 留存用户   C. 活跃用户   D. 新增用户

（4）在 App 运营早期，能体现 App 市场生存能力的数据指标是（　　）。

  A. 用户总量   B. 留存用户   C. 活跃用户   D. 新增用户

（5）设计两个或多个方案来分析移动电子商务数据，属于（　　）。

  A. 拆分分析法   B. 漏斗分析法

  C. AB 测试法   D. 聚类分析法

2. 多项选择题

（1）下列选项中，属于顺序数据的有（　　）。

  A. 优秀、良、及格   B. 运动鞋、休闲鞋、板鞋

  C. 裤子、背心裙、连衣裙   D. 一级、二级、三级

（2）下列各项中，对数值数据描述正确的是（　　）。

  A. 数值数据可以进行数值运算   B. 好评率 99% 不是数值数据

  C. 长度 5cm 属于数值数据   D. 数值数据没有顺序

（3）通常，移动端网店流量分析的重点内容包括（　　）。

  A. 访客数   B. 用户来源

  C. 用户分布地区   D. 关键词

（4）App 用户参与度用于衡量用户 App 使用深度和用户黏性，主要包括（　　）等数据指标。

    A. 每日启动次数　　　　　　　　　　B. 每日使用时长

    C. 访问页面数　　　　　　　　　　　D. 访问页面路径

（5）下列选项中，属于用户画像范畴的有（　　）。

    A. 听音乐、看电影　　　　　　　　　B. 年龄、性别

    C. 品牌偏好　　　　　　　　　　　　D. 职业、收入

（6）通常，网店的销售额由（　　）数据指标决定。

    A. 访客数　　　　B. 成交转化率　　　　C. 成交件数　　　　D. 客单价

3. 案例阅读与思考题

某企业利用大数据制订销售战略

某母婴企业购买了一款数据分析软件。该软件可以分析海量数据，快速响应不同需求，即时生成复杂报表。该母婴企业将旗下的 App 接入数据分析软件后进行需要的操作，生成关联不同指标的分析模型，获取 App 的用户总量、新增用户、留存用户、活跃用户、用户属性与画像、支付转化率、平均回购周期等数据。有了这些关键数据后，该母婴企业的业务团队进一步分析了自身的营销数据，比如上周有多少新用户？主推新品的收入怎样？上月新增用户这个月的购买表现如何？用户的平均回购周期相对环比是缩短还是延长？各渠道引流占比有何变化……基于对这些问题的全面回答，他们不断制订和调整商品和销售战略。

某日，该母婴企业发现用户搜索关键词排序表上多了"污染"关键词，就想到空气净化器可能会有市场，于是向目标客户投放广告并大获成功。

大数据领域的价值创造机会因行业而异。在零售业，先进的分析方法往往与战略相得益彰，涵盖促销增效、定价、门店选址、市场营销等多个领域；在能源行业，大数据的价值创造重点更体现在对实体资产（如设备和工厂）的优化上；在金融服务业，大数据的应用可能会体现在风险评分、动态定价以及为 ATM 和分行网点寻找最佳地点等方面；在保险业，大数据的价值可能体现在防范理赔欺诈、优化保险金赔付以及跟踪驾驶行为等方面。

总的来说，大数据的终极目标并不仅仅是改变竞争环境，而是彻底扭转整个竞争环境，带来新机遇，企业需要与时俱进。企业只有认识到这一点，使用合适的数据分析工具，有效地使用和管理数据，才能在长期竞争中立于不败之地。

结合上述案例资料，思考下列问题。

（1）移动电子商务面对的数据有什么特点？

（2）移动电子商务数据分析的主要内容有哪些？

（3）上述案例中，该母婴企业仅使用一款软件就能轻松得到各种数据的分析，在实际应用中，移动电子商务的数据挖掘和分析会面临哪些挑战？

7

移动电子商务
客户关系管理

本章导读

在当前"以客户为中心"的经济时代，企业管理必须从过去的"商品导向"转变为"客户导向"，只有快速响应并满足客户个性化与瞬息万变的需求，企业才能在激烈的市场竞争中得以生存和发展。本章从客户信息管理、客户满意度管理、客户忠诚度管理、智能客服等方面对移动电子商务客户关系管理进行介绍。

学习目标

【知识目标】

了解客户关系管理的概念、作用与目标。

掌握客户信息管理、客户满意度管理、客户忠诚度管理的主要内容。

熟悉智能客服的特点、价值与应用。

【能力目标】

学会评测客户信息，以及收集与整理客户信息。

能够根据企业的实际运营状况，制订提高客户满意度和忠诚度的策略。

【素养目标】

培养诚信意识，做到诚实守信、遵纪守法。

培养爱岗敬业、恪尽职守的良好品质，真诚为客户服务。

海底捞的客户关系管理

海底捞是一家主营川味火锅，融汇各地火锅特色于一体的餐饮企业。海底捞秉承"服务至上、顾客至上"的服务理念，以创新为核心，改变传统的标准化、单一化的服务，提倡个性化的特色服务，致力于为顾客提供愉悦的用餐服务，成功打造了火锅行业的"五星级服务"典范。

海底捞门店的众多客人中，大部分都是回头客，而这主要得益于海底捞的客户关系管理。

（1）线下，海底捞将"服务至上、顾客至上"的服务理念体现得淋漓尽致。例如，在等待区等待就餐的顾客可自取免费水果、饮料和零食；点餐时，皮筋、手机袋、围裙都已经全部送到顾客手边，饭后还会送上口香糖；如果顾客中有孕妇，就会为其送上柔软的靠枕；有小孩的会送上小礼物；有顾客过生日的会提供表演，并送上一碗长寿面，诸如此类的创新式服务还有很多。这些贴心的服务，使海底捞获得了良好的口碑。

（2）线上，海底捞开发的海底捞App也很有特色。用户在海底捞App上可进行线下用餐的排号、预订，或是火锅的外卖点餐。此外，海底捞App为用户提供了多种互动方式，包括发起话题讨论，参加各种有奖活动，领取福利等。并且，海底捞App还开设了"投诉建议"频道，顾客可针对线下的用餐体验发表"表扬"和"投诉"信息，以及"商城"频道，在线销售火锅食材、方便食品、生活电器、数码配件、生活日用品等商品。海底捞为用户提供了个性化和趣味性的体验，满足了用户多方面的需求，加深了用户与海底捞的联系。

启示：对于很多企业来说，搞好客户关系，服务是关键。本例中，海底捞的很多客户关系管理措施与方法都值得借鉴和学习，尤其是打造客户满意度方面的服务，以及以人为本的企业管理之道。但是，照搬照抄是不可行的，为了服务客户并保持竞争力，企业需要不断创新，打造独特的商品和服务，提供更好的客户服务。

7.1　移动电子商务客户关系管理概述

移动电子商务时代，市场形态转变为买方市场，即由客户需求决定市场发展。因此，任何企业都需要不断深入思考如何做好客户关系管理，将客户服务贯穿于所有经营环节，从而长期地留住客户。

7.1.1　客户关系管理的概念

客户关系管理（Customer Relationship Management，CRM）最早产生于美国，一开始由高德纳咨询公司提出，当时仅简单理解为"接触管理（Contact Management）"，即专门收集客户与公司联系的所有信息。20世纪90年代初则演变成包括电话服务中心与支持资料分析的客户关怀（Customer Care）。20世纪末，高德纳咨询公司在以前的基础上，结合当时的经济发展与市场需求，提出了新的客户关系管理概念，强调对供应链进行整体管理。

随着信息技术与市场经济的不断发展，客户关系管理的概念越来越丰富、完善。就目前而言，客户关系管理可以被定义为：企业为了提高核心竞争力，以客户为中心，利用相应的信息技术及互联网技术提高对客户服务的水平，提高客户的满意度与忠诚度，进而提升企业盈利能力的一种管理理念。

客户关系管理的核心思想是：客户是企业的一项重要资产，客户关怀是客户关系管理的中心。客户关怀的目的是与所选客户建立长期有效的业务关系，在与客户接触的每一个"接触点"上都更加接近客户、了解客户，最大限度地增加企业的利润并提高利润占有率。

7.1.2　客户关系管理的作用

研究客户关系管理可以对企业的发展、运营和管理起到修正作用，使企业的战略和发展重心得到有效发展和改革。针对企业的未来发展，客户关系管理的重要作用主要体现在3个方面。

- **提高效率：** 采用信息技术可以提高业务处理流程的自动化程度，实现企业范围内的客户信息共享，使企业的销售、营销和服务等工作能够高效运转。
- **保留客户：** 企业可选择客户喜欢的方式进行交流，以方便地获取信息并更好地服务客户。
- **拓展市场：** 建立客户关系、维护客户关系、挖掘客户价值等可以扩大企业经营活动范围，及时把握新的市场机会，占领更多的市场份额。

7.1.3　客户关系管理的目标

要实现客户关系管理的目标，要求企业管理者注重客户关系发展的维度，即客户关系管理的目标主要是实现客户关系在"更多""更久"和"更深"角度的发展。

1. 更多——带动客户数量的增长

"更多"意味着要带动客户数量的增长，可通过获取新客户、挽回流失客户和识别新的细分市场等来增加企业所拥有的客户数量。

- **获取新客户：** 根据研究发现，争取新客户的成本比维持一个老客户要高，但是企业并不能保证已有的客户不会流失。因此，企业在维持老客户关系的同时应当挖掘新的目标客户，这样才能起到补充的作用，并带动客户数量的增长。

● **挽回流失客户：** 在挽回流失客户前，应先分析客户流失的原因，并筛选出具有潜在价值的流失客户，然后改变企业在这些客户心目中的形象，并提升服务质量，来恢复和重建与流失客户之间的客户关系。

● **识别新的细分市场：** 例如，某公司商品定位的是婴儿护肤市场，经过客户需求分析，他们推出了向成人推销婴儿用的护肤品的新业务，从而实现通过细分市场带动客户数量的增长。

2. 更久——延长客户关系的生命周期

"更久"表示延长现有客户关系的生命周期，可通过培养客户忠诚度、挽留有价值的客户、减少客户流失、改变或放弃无潜在价值的客户等来延长客户关系的生命周期，与客户保持长期关系。

● **培养客户忠诚度：** 客户的忠诚度主要体现在重复购买和对商品的拥护与偏爱上，且不会受外部环境变化而引发转换，从而在未来实现持续购买，所以培养客户忠诚度是延长客户关系的生命周期的重要措施。

● **挽留有价值的客户、减少客户流失、改变或放弃无潜在价值的客户：** 目前，很多企业都会定期调查客户关系，了解客户的满意度，并根据数据评估客户与企业的关系质量，并从中挽留有价值的客户，减少客户的流失，放弃无潜在价值的客户。

3. 更深——促进客户关系质量的提高

"更深"意味着提高现有客户关系的质量，其主要方法是交叉销售。交叉销售指的是借助客户关系管理发现现有客户的多种需求，并为满足他们的需求而销售多种不同服务或商品的一种销售方式。例如，购物平台根据客户的购买记录向客户推荐其他可能需要的相关物品。交叉销售作为培养稳固的客户关系的重要方式，实质上是通过为客户提供更多的商品或服务，满足其更多的需求，从而拓宽客户与企业的接触范围，增强客户与企业的关系。

上述 3 个客户关系发展的维度之间存在着相互影响和互动性，如促进客户关系质量提高的同时也可以延长客户关系的生命周期，或增加潜在的客户数量等，因此，企业在进行客户关系管理时，应综合运用上述目标的实现方法，实现客户关系的协调发展。

7.2 移动电子商务客户信息管理

客户是企业的宝贵资源，越来越多的企业将客户信息管理作为重点经营内容，通过全面收集和分析客户信息，从而为企业的市场规划、产品设计和市场营销等提供有力的决策支持。

7.2.1 客户信息的重要性

客户信息是企业客户关系管理的基础，使企业能始终以"客户为中心"，改善客户关系，从而提高企业的竞争力。客户信息的重要性主要体现在4个方面。

- **客户信息是客户分级的依据：** 客户信息是客户分级的依据和基础，企业只有收集全面的客户信息，特别是客户与企业的交易信息，才能知道有哪些客户，识别哪些是优质客户，哪些是劣质客户，才能根据客户带给企业价值的大小和贡献的不同，对客户进行分级管理。例如，银行会根据客户的存款情况，推出白金卡、金卡、银卡和普通卡等级别，并分别采取有针对性的服务方式。

- **客户信息是开展企业决策的基础：** 企业必须全面、准确和及时地掌握客户的信息，并全面细致地分析信息资源，从中提取有价值的信息来支持商业决策。如果企业对客户信息掌握不全面、不准确，就会判断失误，决策就会出现偏差，同时会造成客户关系破裂和客户流失的情况。

- **客户信息是加强客户互动的指南：** 客户信息对企业信息化至关重要，俗话说"三分技术、七分管理、十二分信息"，这便描述了信息的重要性。随着市场竞争日益激烈，客户信息将愈显珍贵。拥有准确和完整的客户信息，不仅有利于了解客户、接近客户和说服客户，而且有利于与客户进行一对一的沟通，从而可以根据每位客户的不同特点进行有针对性的营销活动，如发邮件、打电话或上门拜访，在降低营销成本的同时提高交易成功率。

- **客户信息是达到客户满意的要求：** 企业要满足客户的需求、期待和偏好，就必须掌握客户的需求特征、交易习惯和行为偏好等信息，这样才能有针对地为客户提供个性化的产品或者网络营销服务，以满足客户的特殊需要，从而提高客户的满意度。同时高满意度无疑将会带动新一轮销售行为，使企业的客户资源进入良性的企业价值实现过程中，不断为企业创造收益。例如，某企业按照移动电子商务平台上的客户订单进行生产，不仅满足了客户对数量的要求，而且满足了客户对质量、颜色和样式等方面的要求。

7.2.2 评测客户信息的原则

评测客户信息的原则主要包括基本信息、拓展信息和增值信息3个方面。其中，基本信息即代表客户的基本数据，如性别/年龄、职业/收入、居住区域等客户信息；拓展信息包括兴趣爱好、活动场所、媒体偏好、关注类型等客户信息；增值信息包括利益侧重、决策特点、关联需求等客户信息。

评测客户信息的原则实际上也就是针对商品开发或推广需要，分析出相关数据，以便于企业决策者开展相应的市场活动，它适用于多种行业。例如，表7-1所示便是利用评测客户信息的原则评测的甲壳虫汽车品牌的相关客户信息，通过这些信息便可以评测出该商

品的市场定位，并为制订营销市场方案和个性服务提供决策依据。　　　　　　　　　**165**

表7-1　客户信息评测表

评测原则	客户信息
基本信息	性别/年龄：女性、30～40岁； 职业/收入：工作较为稳定，年收入在30万～40万元； 居住区域：靠近市中心区域
拓展信息	兴趣爱好：做SPA； 活动场所：美容馆、SPA店； 媒体偏好：互联网、移动终端（手机、平板电脑）、电视； 关注类型：关注甲壳虫车型及类似车型
增值信息	利益侧重：汽车外观； 决策特点：感性大于理性； 关联需求：杂志、电影、旅游、时尚

7.2.3　客户信息的收集与整理

企业要获取有利用价值的客户信息，需要采用有效的信息收集方法，并对信息进行整理，从而为企业开展移动电子商务活动提供有力支持。

1. 客户信息的收集

要建立成熟的客户信息数据库系统，其信息来源要求稳定、可靠，因此必须建立多渠道集成的客户信息收集平台。客户信息常见的收集渠道主要包括以下几种。

- **通过市场调查获取客户信息：** 目前，很多企业已经越来越多地利用市场调查来实现对客户开发和客户导向发掘，然后详尽地记录客户信息，根据被调查人的倾向性，发现潜在客户的分布规律，为企业开发新商品、开拓市场提供依据。

- **通过移动应用获取客户信息：** 随着移动电子商务的发展，移动应用已成为企业收集客户信息的重要渠道。因为很多客户都通过移动应用来了解商品或接受服务，并及时完成订单支付等操作，所以企业通过移动应用可以获取丰富的客户信息。

- **通过客服服务获取客户信息：** 客户服务的过程本身就是全面的客户信息收集的过程，不仅信息容量大，而且准确性较高，因为在服务过程中可以与客户建立互动，客户通常会反馈对商品的看法和期望、对服务的质量评价等。

- **通过各种媒体获取客户信息：** 企业既可以通过报纸、杂志等传统媒体，也可以通过微博、微信等新媒体发布的公开信息中获得客户信息。

- **从已建立客户信息数据库的公司租用或购买：** 目前市场上有很多专注于客户信息收集整理，集合各个企业资源进行整合营销的渠道公司，这些公司大部分都建立有客户信息数据库，有需要的企业可以通过租用或购买的形式来获取客户的信息。

2. 客户信息的整理

由于收集的信息量大或信息本身可能存在缺陷，因此，为了得到更为准确和丰富的信

166 息，有必要进一步加工与整理信息。

一般而言，客户信息整理主要有以下 3 个步骤。

- **信息校验：**把从多渠道集成平台获得的信息进行一些基本的校验，剔除有明显错误的信息。例如，根据身份证号的号码规则，剔除不符合号码规则的信息；根据性别的定位要求，剔除不符合定位的信息等。

- **结构化信息：**结构化是指把性质类似或相同的信息归为相同的客户属性，转化为易于处理的二维表，而获取的原始信息大都是非结构化、多维的，因此需要进行转化，如前面介绍的利用评测客户信息的原则评测客户信息也是一种结构化信息的方式。

- **信息的使用和分析：**信息的使用是指企业的内部人员以一种可预测的、重复性的方式使用信息，如将采集的信息放到企业 CRM 系统或客户工具表单中使用，这样客服人员便可借助信息数据库咨询客户。信息的分析是一种不可预测、非重复性的信息使用模式，参与者一般都是公司的管理者或者战略制订者，需要充分考虑市场变化和当地的行业变化因素，查询大量的客户信息，分析的结果往往是不确定的，但对于有价值的信息，会给企业带来好的决策。

知识提示

　　收集和整理好客户信息后，便可建立客户信息数据库，并用计算机化的手段管理，它将是分析和维系客户关系最有效的方式之一。客户信息数据库是指经自主加工与核实、具备完整数据格式、提供每月动态更新的数据库。企业的内部队员在客户信息数据库中可以通过客户名称、地址等多种要素进行独立或组合查询，从而有助于企业赚取利润、提供商品和服务、维持客户关系等营销目标。

7.3 移动电子商务客户满意度管理

让客户满意是企业追求的共同目标，也是增强客户黏性的必备基础。要让客户满意，需要企业专注于客户满意度的管理。客户满意度管理这种经营理念，其核心内容为企业的整个经营活动以客户满意度为指南，从客户的角度分析客户需求，尽可能尊重和维护客户的利益。

7.3.1 客户满意度的概念

客户满意度即客户满意的程度，它反映客户对企业提供的商品或服务的直接性综合评价，是客户对企业的商品或服务的不同满意程度。

实际上，客户满意度是客户通过对一种商品可感知的效果与其期望值相比较后得出的指数，是一个感性评价指标。客户满意度的层级包括不满意、一般、满意等。客户对企业的商品或服务不满意，通常会产生气愤、烦恼等情绪，在这种状态下，客户可能会进行反宣传，提醒其亲朋好友不要去购买同样的商品或服务；客户认为企业的商品或服务一般，通常无明显的正、负面情绪；客户对企业的商品或服务满意，通常会呈现出心情愉快的状态，不仅对自己的选择予以肯定，还会认可企业的商品或服务。

7.3.2 影响客户满意度的因素

"满意"不仅仅是客户对服务、商品质量和价格等方面的满意，更深一层的含义是企业所提供的商品或服务与客户期望吻合的程度。因此，影响客户满意度的因素包括客户期望和客户感知价值。

1. 客户期望

客户期望是指客户在购买商品或服务之前对其价值、品质等方面的主观认识和心理预期。客户期望对客户满意度有很大的影响，也就是说，若企业提供的商品或服务可以达到或超过客户期望，那么客户就会满意或很满意；反之，客户就会不满意。

例如，客户对自己等待时间是否满意，取决于客户期望等待时间与实际等待时间的对比。若客户期望等待 30 分钟，而实际上等待了 40 分钟，其很可能会不满意。若客户期望等待 30 分钟，而实际上只等待了 10 分钟，其就会比较满意。

2. 客户感知价值

客户感知价值（Customer Perceived Value，CPV）是指客户在权衡购买或消费过程中能感知到的利益与在获取商品或服务时所付出的成本后，对商品或服务的总体评价。客户感知价值是客户对企业提供的商品或服务所具价值的主观方面的认知，不同于商品或服务的客观价值。

客户感知价值对客户满意度有直接的影响，若客户对企业提供的商品或服务所感知到的价值大于付出的成本，那么就会满意；反之，就会不满意。

- **客户对企业提供的商品或服务所感知到的价值：** 客户对企业提供的商品或服务所感知到的价值主要包括商品价值、服务价值、形象价值等。也就是说，衡量价值收益时除了考虑商品质量（内部特性），还应考虑包装、颜色等外部特性，以及品牌或企业所附带的信誉、便利程度、形象等抽象利益。
- **客户在获取商品或服务中需要付出的总成本：** 客户在获取商品或服务中需要付出的总成本主要包括客户在获取时所支付的货币成本、时间成本、精神成本、体力成本等，如购买价款、运输与安装费用、维护修理费用等。对于一些价格敏感程度高的客户而言，货币成本是关键性的因素，减少货币成本可以增加感知

价值；对于那些价格敏感程度低的客户而言，减少时间成本、精力成本更能增加感知价值。

7.3.3 提高客户满意度的策略

从影响客户满意度的因素可以看出，要想让客户满意，应当从两个方面着手，一是把握好客户期望，二是让客户感知价值超越客户期望。

1. 把握好客户期望

客户期望过高、过低都不利于提高客户满意度。客户期望如果过高，客户就很容易感到失望，产生不满；相反，客户期望过低，客户就很难对企业的商品或服务产生兴趣。要把握好客户期望，可以从以下角度入手。

- **适当承诺：** 通常情况下，企业作出的承诺越多，客户产生的期望也越高。如果过度承诺，会使客户期望过高，导致企业难以满足客户期望。因此，企业不能过度宣传，应合理承诺，将客户期望保持在合理的状态，这样客户感知价值才有可能大于客户期望，客户才更容易感到物超所值，因而感到满意。
- **通过合理的价格、包装、环境布置等定位引导客户期望：** 商品或服务的价格、包装、环境布置等都可以影响客户期望，如果定价较高，包装、环境布置等较有档次，客户就会产生较高期望。当然，如果企业不想让客户产生那么高的期望，就应当将价格、包装、环境布置等的定位定得低一些。

2. 让客户感知价值超越客户期望

在把握好客户期望的基础上，为客户提供超过客户期望的感知价值，就能使客户产生惊喜感，即可有效地提高客户满意度。由上文的分析可知，只有使客户获得的总价值大于付出的总成本时，才能提升客户的感知价值。

- **提升客户的总价值：** 提升客户总价值的具体方法包括提高商品质量，提升服务质量和水平，塑造良好的品牌形象等。
- **降低客户的总成本：** 降低客户总成本的具体方法包括降低客户付出的货币成本（如降低价格、提供灵活的付款方式、延期付款或赊购等）、时间成本、精神成本（如提供细致周到的服务等）、体力成本（如送货上门、负责安装调试等）。

素养小课堂

诚实守信是每个人应当具备的优良品质。虽然在移动电子商务环境下，大多时候人与人之间通过网络进行沟通交流，彼此看不见摸不着，但在网络这个虚拟空间，约定的事情也一定要遵守，如网店应在承诺的时间内发货。

7.4 移动电子商务客户忠诚度管理

使客户忠诚于企业是每个企业所期望的，客户对企业越忠诚，越会给企业创造更多的价值，因此，企业有必要进行客户忠诚度管理。客户忠诚度管理这种经营理念，其核心内容为企业的整个经营活动以客户忠诚度为指南，既让客户满意企业的商品或服务，又让客户信任企业，实现企业与客户的双赢。

7.4.1 客户忠诚度的概念

客户忠诚度又称为客户黏性，是指客户对某一特定商品或服务产生了好感，形成了"依附性"偏好，进而产生持续性的购买行为，它是客户满意效果的直接体现。例如，小米手机的一些客户就具有较高的忠诚度，这些忠诚客户被称为"米粉"，他们常年使用小米手机，且往往希望能在第一时间购买到小米公司刚发布的新款手机。

客户忠诚度反映了客户对企业商品或服务的依恋或爱慕的感情，它主要通过客户的情感忠诚和行为忠诚表现出来。其中，情感忠诚表现为客户对企业的理念、行为和视觉形象的高度认同和满意；行为忠诚表现为持续、重复购买企业的商品或服务，并且购买决策时间短、能承受较大的价格变动、对瑕疵问题抱有宽容和理解的态度。客户的忠诚度越高，其情感忠诚和行为忠诚就表现得越明显。

7.4.2 影响客户忠诚度的因素

影响客户忠诚度的因素包括客户满意度、客户因忠诚而获得的利益、客户的转移成本，以及企业管理因素等。

- **客户满意度：**客户满意度是影响客户忠诚度的重要因素，客户忠诚度和客户满意度之间有十分密切的关系。通常客户满意度越高，客户忠诚度就越高；客户满意度越低，客户忠诚度就越低。
- **客户因忠诚而获得的利益：**追求利益是客户的主要价值取向之一，客户保持忠诚

的主要动力是能够从忠诚中获得利益。很多情况下，客户之所以愿意与企业建立长久关系在于客户预期能从忠诚中得到一定的优惠和特殊关照。

- **客户的转移成本：** 转移成本是指因转换购买而要面临的障碍或增加的成本，是客户为更换商品或服务所需付出的各种代价的总和，不仅包括货币成本，还包括由不确定性所引发的心理成本和时间成本。一般而言，客户的转移成本与客户忠诚度之间呈一定的正向变动关系。

- **企业管理因素：** 企业的管理水平也会影响客户的忠诚度，若企业的客户管理不规范，没有形成系统化的客户管理制度，客户服务工作交接不顺畅，就可能影响客户的服务体验，造成客户流失。若企业没有及时、妥当地处理客户的投诉，也会对客户的忠诚度产生影响。

7.4.3 提高客户忠诚度的策略

从影响客户忠诚度的因素可以看出，要想让客户忠诚，可从提高客户满意度、提供忠诚奖励、提高客户的转移成本、提高企业管理水平等方面着手。

- **提高客户满意度：** 客户满意是客户忠诚的前提，企业想让客户忠诚，必须先让客户满意，只有在客户满意的情况下，才有可能实现客户忠诚。

- **提供忠诚奖励：** 企业能否提供忠诚奖励将对客户能否保持长期的忠诚产生影响。对老客户，企业要尽量给予更多奖励，否则将会影响他们的忠诚，导致老客户流失，同样，新客户也不愿成为老客户。企业实行的累计优惠政策，如积分送礼品等，是维持频繁、重复购买的老客户忠诚度的一种策略。当然，给予的奖励要合理，奖励过多会增加财务负担，过少则不能起到应有的激励作用。

- **提高客户的转移成本：** 适当提高客户的转移成本，将有利于客户建立和维持更高的忠诚度。企业可以采取累计优惠、赠送成套礼品等方法来提高客户的转移成本，使客户产生放弃该品牌会很可惜的想法，如参与了"充1年送1年VIP"活动的客户，一旦发生转移，就将损失剩余年限的VIP权益，这让客户从主观上舍不得转移，从而提升客户忠诚度。

- **提高企业管理水平：** 提高企业管理水平要完善规章制度工作，制定技术标准、管理标准和工作标准，标准化执行和管理的工作过程。同时做好基础教育工作，提高职工的政治、文化和技术素质。

素养小课堂

忠诚是移动电子商务从业人员的可贵品质，不仅要对企业充满信任和忠诚，还要对客户保持高度的责任感和专业精神。忠诚于自己的岗位，真诚为客户服务，才能立足职场，获得客户的信任，提高客户的满意度和忠诚度。

7.5　移动电子商务智能客服

随着人工智能技术的不断进步，智能客服逐渐成熟，成为各大移动电子商务平台的重要组成部分，以解决一些碎片化的、简单的、重复的客户需求。

7.5.1　智能客服的概念

智能客服，是基于人工智能的在线客服系统，通过模拟人与人的对话，为用户提供商品咨询、问题解答、售后服务等支持。其主要通过自然语言处理和机器学习等技术实现，能够在较大程度上替代人工客服，帮助企业构建强大的客户服务系统，提高客户满意度，并为客户提供快速响应、高效解决问题的渠道。

7.5.2　智能客服的特点和价值

智能客服是一种集成了各种工具和技术的智能系统，具有显著的特点和价值。

1. 智能客服的特点

作为智能系统，智能客服具备出色的人机对话能力和自动化处理能力，智能化与高效是其显著的特点。

- **智能化：** 智能客服可以通过人工智能技术自动识别客户需求，并快速响应客户的问题和需求。
- **高效：** 智能客服可以在任何时间和任何地点为客户提供服务，不需要像传统人工客服一样要求员工在工作时间内完成客户服务，且可实现自动化处理大量的客户请求，其工作十分高效。

2. 智能客服的价值

对于企业来说，智能客服具有多重价值，具体体现在以下几个方面。

- **降低成本：** 智能客服大大提高了工作效率，减轻了人工客服的工作负担。因此，智能客服有效降低了企业的人力资源成本。
- **提高客服接待效率：** 智能客服在这方面的价值主要表现在智能回复、智能访客分配以及辅助人工客服3个方面。首先，智能客服可以单独接待客户，且通过强大的知识库和自主学习能力，在不断接待访客的过程中学习处理各种问题的方法。因此，一个成熟的智能客服能够快速解决大部分客户的问题，问题解决率非常高。其次，智能客服能实现智能访客分配，即能根据客户与智能客服的交互行为、沟通内容进行分流判断，依据预设的分配规则合理分配客户，提高响应效率，保证客户服务的即时性与连续性。最后，智能客服还能辅助人工客服，通过提供推荐

回复等方式使客户的咨询得到更快的回复。

- **提高客户服务质量：** 首先，智能客服能够让相关管理人员实时监控客服会话，及时地对会话中可能出现的问题加以预警，甚至迅速介入，参与接待，以稳定客户的负面情绪，提高客户的满意度。其次，智能客服可以提供很多标准、规范的回复模板，使人工客服服务更加标准、规范，智能客服的智能质检还能提供精确的分析结果，指导人工客服改进服务，帮助企业提升客户服务质量。

- **提升客户体验：** 智能客服可以及时回复客户问题，保证客户服务的连续性，从而提升客户体验。一般而言，智能客服自动回复的时间不会超过 1 秒，提高了响应客户的效率，同时智能客服还能够实现 24 小时全天候接待，满足客户特殊时段的服务需求。

- **提高企业客服管理效率：** 在传统的客服工作管理中，仅靠人工质检不仅耗时耗力，而且要求较高，质检结果不一定准确。而智能客服则能对客户会话实现自动质检，大大提高了质检效率。同时，智能客服还可以统计智能数据，根据预设的指标来统计客服工作，并自动生成报表，整个过程便捷、高效、直观。

- **促进团队协作和知识共享：** 智能客服可以促进团队协作和知识共享。通过共享知识库、内部沟通工具和任务分配功能，客服可以更好地协同工作，提供一致的客户体验。

7.5.3　智能客服的应用

智能客服对企业理解用户需求、了解外部真实世界有着不容替代的价值。人工智能的快速发展，使智能客服的功能更加强大和成熟。智能客服成为移动电子商务时代的发展趋势，能够适应客户碎片化的消费习惯，应用很广泛。

- **商品咨询与推荐：** 智能客服可应用于商品咨询与推荐，根据客户的需求和偏好，为客户提供个性化的商品咨询与推荐服务，提高客户购买决策的准确性和满意度。

- **售后服务：** 智能客服可应用于售后服务，能够快速解答客户在购买或使用过程中遇到的问题，提供快速、准确的售后服务，增强客户的购物体验。

- **营销活动推广：** 智能客服可实现营销活动的推广，根据客户的消费记录和兴趣偏好，给客户提供个性化的促销和推广信息，提高客户的参与度和购买意愿。

- **客户信息管理：** 智能客服可应用客户信息管理，集中存储客户数据，包括联系信息、历史记录和兴趣偏好等，从而为企业提供丰富的数据资源。

- **客户数据分析：** 智能客服可应用于分析客户数据，帮助企业更好地了解客户需求，为企业提供商品改进和创新的参考。

 实践训练

实训1　健身App的客户信息评测

【实训背景】

某企业推出了一款为客户提供健身指导的健身 App，帮助使用者随时随地充分利用闲暇时间锻炼，省去去健身房请健身教练的麻烦，运动项目包括跑步、健走、骑行、登山、游泳、瑜伽等。该健身 App 可以即时记录使用者的运动数据，让使用者的运动"有据可查"，同时该健身 App 提供有社交功能，满足使用者期望结识更多有同样爱好的朋友的需求。另外，该健身 App 还可以将运动数据与好友共享并排位，让使用者收获运动的成就感。

现从基本信息、拓展信息和增值信息 3 个方面评测该健身 App 的客户信息，以便为该款健身 App 的市场定位和营销方案提供决策依据。

【实训要求】

（1）评测客户的基本信息。

（2）评测客户的拓展信息。

（3）评测客户的增值信息。

【实施过程】

（1）评测客户的基本信息。从性别/年龄、学历/职业、地域分布等维度分析客户的基本信息。例如，分析客户的性别/年龄，该健身 App 同时适用于男性和女性客户，客户年龄主要分布在 25～35 岁，这类人群精力旺盛，具有较强的娱乐和消费需求，也重视健身锻炼。

（2）评测客户的拓展信息。从兴趣爱好、媒体偏好、内容偏好等维度分析客户的拓展信息。例如，分析客户的兴趣爱好，该健身 App 使用者的兴趣爱好包括运动、时尚等，喜欢运动的人对健身 App 提供的各项功能有需求，而时尚爱好者重视良好的体形，其健身的目的更多是塑造好身材等。

（3）评测客户的增值信息。从利益侧重、决策特点、关联需求等维度分析客户的增值信息。例如，分析客户的利益侧重，该健身 App 的使用者一是追求身心健康，二是追求美，保持健康的身材、享受健身的乐趣。

（4）制订客户信息评测表。分析客户信息后，制订健身 App 的客户信息测评表，如表 7-2 所示。

表7-2　健身App的客户信息评测表

评测原则	客户信息
基本信息	性别/年龄：男女、25～35 岁； 学历/职业： 地域分布：

续表

评测原则	客户信息
拓展信息	兴趣爱好：运动、时尚； 媒体偏好： 内容偏好：
增值信息	利益侧重：身心健康与美； 决策特点： 关联需求：

实训2　调研智能客服产品

【实训背景】

健身 App 上线后，为了减少人工客服的工作量，提高客户满意度，企业准备接入智能客服，现在需要调研市场上的智能客服产品，为企业选择合适的智能客服产品提供信息参考。

【实训要求】

（1）调研至少 3 款智能客服产品。

（2）通过比较各智能客服产品的主要功能选择合适的智能客服产品。

【实施过程】

（1）查询智能客服产品信息。在计算机或手机中查询智能客服产品信息，根据网络上的评论信息，至少挑选出 3 款智能客服产品作为分析目标。

（2）查询智能客服产品的功能。进入智能客服产品的官方网站，查看各智能客服产品的主要功能，对比后，为健身 App 选择合适的智能客服产品，并将信息填入表 7-3 中。

表7-3　智能客服产品调研分析表

智能客服产品	主要功能

选择的产品：

选择的原因：

思考与练习

1. 单项选择题

（1）（　　　）又称为客户黏性，它是客户满意效果的直接体现。

　　A. 客户满意度　　　　　　　　　　B. 客户忠诚度

　　C. 客户价值　　　　　　　　　　　D. 客户终身价值

（2）在移动电子商务时代，企业的客户关系管理的核心理念是（　　）。

    A. 企业利润最大化   B. 以客户为中心

    C. 以产品为中心   D. 以技术应用为中心

（3）下列关于客户满意与客户忠诚关系的认识，正确的是（　　）。

    A. 正相关关系   B. 客户满意等于客户忠诚

    C. 负相关关系   D. 客户满意不等于客户忠诚

（4）下列对智能客服的描述，错误的是（　　）。

    A. 智能客服是基于人工智能的在线客服系统

    B. 智能客服可以完全替代人工客服

    C. 智能客服能够有效降低企业的人力资源成本

    D. 智能客服可以提高客服接待效率和客户服务质量

2. 多项选择题

（1）客户关系管理的目标主要是实现客户关系的发展，包括（　　）。

    A. 增加客户数量   B. 延长客户关系的生命周期

    C. 提高客户关系的质量   D. 提高客户满意度

（2）客户信息的重要性主要体现在（　　）。

    A. 是进行客户分级的依据   B. 是开展企业决策的基础

    C. 是加强客户互动的指南   D. 是达到客户满意的要求

（3）影响客户满意度的因素主要包括（　　）。

    A. 客户期望   B. 客户感知价值

    C. 客户忠诚度   D. 客户的转移成本

（4）影响客户忠诚度的因素主要包括（　　）。

    A. 客户满意度   B. 因忠诚获得的利益

    C. 客户的转移成本   D. 企业管理水平

3. 案例阅读与思考题

星巴克的客户忠诚度管理

星巴克独特的客户忠诚度管理制度，为其积累了一批忠诚度很高的客户，其中，为人所熟知的管理制度就是星巴克的星享卡制度。

自从星巴克推出星享卡制度之后，星享卡就成为星巴克重要的会员营销工具，有效促进了星巴克客户忠诚度的提升。星享卡制度是一种会员制度，以会员的消费行为为依据对会员进行分级，将会员从低到高依次分为银星级、玉星级、金星级。

星享卡制度的会员升级采用付费制，以前，客户需要支付88元才能获得星享卡，而星巴克调整会员制度后，客户只要注册星享俱乐部，就可以自动成为银星级会员。成为银星级会员后，客户每累计消费50元就能积累1颗星星，积累4颗星星后可以成功晋升为玉星级会员，积累16颗星星后可以晋升为金星级会员，使用星巴克App的星礼

卡支付还可以加速积累星星（每消费 50 元积累 1.25 颗星星）。等级越高的会员享受的优惠就越多，具体如下。

（1）银星级。银星级会员只能获得参与各类奖励星星的活动。

（2）玉星级。玉星级会员可以获得 3 张有效期为 7 天的饮品券：晋级券——晋级当日发放；生日券——生日当日发放；金星在望券——升级金星过程中发放。

（3）金星级。金星级会员不仅能获得一系列的饮品券，还能获得直接使用积累的星星兑换饮品的权益，如使用 9 颗星星可兑换 1 杯中杯咖啡，使用 25 颗星星可兑换价值 78 元的指定单品好礼券。当然，积累的星星也有一定的期限，如银星级会员如果未在 3 个月内积满 4 颗星星，所积累的星星就会清零，这就给会员带来了一定的时间压力，提高了会员在星巴克消费的概率，以避免之前积累的星星过期。

对社交属性很强的星巴克来说，这套积星制度具有非常强的传播力，因为星巴克的粉丝们经常会把星星数目当作一种谈资与身边的朋友进行交流、分享。同时，星享卡制度也设计得十分简单易懂，每个会员都可以很明确地掌握自己目前的积星情况，计算距离升级所需的星星数，进而管理自己的消费计划。

星巴克通过这套制度，在客户心中建立起消费与积星之间的联系，从而在一定程度上消除了客户对消费的抵触心理。一旦客户转而寻求其他替代品，之前为积累星星付出的成本就将浪费，这增加了客户的转移成本，有助于打消客户放弃星巴克的想法。此外，赠送的饮品券还可以有效地刺激客户的消费需求。出于"有券不用，过期作废"的消费心理，客户在获得饮品券、礼券后往往会在短时间内前往星巴克消费，有助于帮助客户养成在星巴克购买咖啡的习惯。

结合上述案例资料，思考下列问题。

（1）星巴克的星享卡制度有何特点？

（2）星巴克是怎样刺激会员消费需求的？

（3）星巴克的星享卡制度为什么可以提高客户忠诚度？

8

移动电子商务支付与安全管理

本章导读

　　在移动电子商务快速发展、线下消费和支付崛起等因素的共同作用下，移动支付迎来高速发展，成为移动电子商务主流的支付方式。移动电子商务和移动支付快速发展的同时，也为人们开展商务活动提出更高的安全管理要求。本章主要介绍移动电子商务支付与安全管理的相关知识。

学习目标

【知识目标】

| 掌握移动支付的定义、特点与分类，以及移动支付的常用方式和应用场景。

| 熟悉第三方移动支付的发展现状、主要应用及其发展趋势。

| 熟悉移动电子商务安全管理涉及的技术与管理措施。

【能力目标】

| 能够分辨移动支付的分类、常用方式和应用场景。

| 能够做好移动电子商务的日常安全防范和管理。

【素养目标】

| 积极关注移动支付的发展动向，提升自我。

| 增强保守商业机密的意识。

无人自动售货机

移动支付的普及推动了无人零售行业的发展。近几年兴起的无人自动售货机便是无人零售的典型应用。无人自动售货机是一种与传统售货机相比更先进的技术产品，它具有很大的发展潜力和广阔的市场前景，而且因其使用方便灵活，也非常受广大消费者群体的欢迎。

第一，无人自动售货机具有极高的便利性和效率。无人自动售货机可以随时随地向消费者提供商品或服务，无需等待和人工操作，并且通过智能识别技术和移动支付系统，实现自动售卖和结算，大大节省了时间和人力成本，提高了购物体验和效率。

第二，无人自动售货机可以满足消费者个性化的需求。无人自动售货机可以根据消费者的喜好和需求，提供更加多样化的商品选择。消费者可以根据自己的口味和偏好，在无人自动售货机上找到喜欢的商品，实现个性化定制，增加了购物的乐趣和满足感。

第三，无人自动售货机具有市场竞争力和商业机会。随着人工智能技术的不断发展，无人自动售货机在各个行业中有着广泛的应用前景。除了传统的零售业，无人自动售货机还可以用于办公楼、机场、酒店等场所，提供更方便快速的服务。同时，无人自动售货机还可以与其他技术进行整合，实现更多场景的应用，如无人超市、无人餐厅等。

总的来说，无人自动售货机是未来零售业的一大趋势，具有很大的发展潜力和广阔的市场前景。它将以高效便利、个性化定制和商业机会为特点，满足人们日益增长的消费需求。然而，无人自动售货机也要面对技术问题和市场竞争的挑战，需要持续创新和管理风险。相信随着技术的不断进步和人们消费习惯的不断变化，无人自动售货机将在未来蓬勃发展，为人们的生活带来更大的便利和惊喜。

启示： 近年来，移动支付在提升居民生活便利程度，有效促进居民消费、助力企业发展等方面发挥了重要的作用。移动支付深入地影响和改变着人们传统的消费习惯，也为移动电子商务商业模式的创新提供了支撑。无人自动售货机的发展显然深受移动支付的影响，移动支付的接入，极大改善了消费者的购物体验，也降低了运营成本。

8.1 移动支付

移动支付由于具有支付便捷、管理方便等特点，受到了人们的青睐。人们对移动支付

的接受度和信任度越来越高，它在日常生活中的使用范围也越来越广，超市、餐厅，甚至是大街小巷中的任意一家杂货店都可以使用手机进行移动支付。

8.1.1　移动支付的定义

移动支付是指消费者使用移动终端（通常是手机）对所消费的商品或服务进行账务支付的一种服务方式，是交易双方为了交易某种商品或服务，使用移动终端为载体，通过移动通信网络实现的商业活动。现阶段移动支付的主要方式是手机支付，因此，人们现在所说的移动支付通常也被称为手机支付。

就移动支付的过程而言，消费者通过手机、互联网或近距离传感器向银行金融机构发送支付指令产生货币支付与资金转移行为，从而成功使用移动支付功能。总体来说，移动支付将终端设备、互联网、支付应用提供商和金融机构相融合，可以为消费者提供货币支付、缴费等金融业务，是继卡类支付、网上支付后的又一种受广大消费者青睐的新型支付方式。

8.1.2　移动支付的特点

移动支付广受欢迎与其所具备的特点相关，包括支付便捷、管理方便、高度融合性和资金账户的安全性等。

- **支付便捷：** 传统支付以现金支付为主，需要消费者与商家面对面支付，因此，对支付时间和地点都有限制。移动支付打破了传统支付对于时空的限制，消费者可以随时随地通过手机进行各种支付活动，消费者出门可以不用带钱包，商家也不用找零。
- **管理方便：** 消费者可以随时随地对个人账户进行查询、转账、缴费、充值等功能的管理。基于先进的移动通信技术和简易的移动端操作界面，消费者可定制个性化的账户管理服务，随时了解自己的支付信息，极大地方便了消费者对个人账户的管理。
- **高度融合性：** 移动支付为消费者提供了移动电子商务的远程支付功能，涉及衣食住行、教育、医疗健康等领域，为消费者提供购物、娱乐、交通等多样化的服务。在理财方面，移动支付企业通过设计多样化的理财产品，优化业务流程，满足消费者多样化的投资理财需求。除了远程支付业务，移动支付也可以满足消费者对乘坐公交、食堂用餐、小卖部购物等小额支付的需要，还可以提供门禁、考勤等服务。
- **资金账户的安全性：** 移动支付直接涉及消费者和商家的资金安全，所以，支付安全是移动支付的核心问题之一。移动支付采用的是高安全级别的智能卡芯片，比银行磁条卡具有更高的安全性，同时以数字签名和数字证书为核心技术，使消费者和商家在共享支付信息的同时，保障了支付环节的有效性、可靠性和安全性。

8.1.3 移动支付的分类

移动支付的形式非常多，可以按照不同的标准进行分类，如传输方式、运营模式和结算模式等。

1. 按传输方式分类

按完成支付的传输方式分类，移动支付可以分为近场支付和远程支付两类。

- **近场支付：** 近场支付指消费者在支付现场利用移动终端，通过近距离通信技术实现信息交互，完成货币资金转移的支付方式。

- **远程支付：** 远程支付指消费者利用移动终端，通过移动通信网络接入移动支付后台系统，实现各种转账、消费等的支付行为。

2. 按运营模式分类

按运营模式分类，移动支付主要分为金融机构主导的移动支付和第三方支付平台主导的移动支付。

- **金融机构主导的移动支付：** 金融机构主导的移动支付指金融机构提供的手机银行服务，使用银行卡进行移动支付要求消费者将银行账户和手机银行绑定。

- **第三方支付平台主导的移动支付：** 第三方支付平台主导的移动支付指消费者使用第三方支付平台提供的移动支付工具完成资金转移和支付结算的一种支付方式。使用第三方支付平台进行移动支付时，消费者需在第三方支付平台中创建账户并关联一张银行卡，然后在智能手机上输入密码。

3. 按结算模式分类

按结算模式分类，移动支付可以分为即时支付和担保支付。

- **即时支付：** 即时支付指支付服务提供商将交易资金从消费者的账户及时划拨到商家账户。即时支付一般应用于"一手交钱一手交货"的业务场景（商场购物等），或应用于信誉度很高的B2C或B2B电子商务，如首信、云网等的业务。

- **担保支付：** 担保支付指支付服务提供商先接收消费者的货款，但并不马上支付给商家，而是通知商家消费者已付款，请商家及时发货；消费者收到货物并确认后，支付服务提供商才将货款划拨到商家账户。支付服务提供商不仅负责资金的划拨，同时还要为买卖双方提供信用担保。这种模式的代表是第三方移动支付平台。

8.1.4 移动支付的常用方式

移动支付的方式非常多，目前，主要包括App客户端支付、二维码支付、NFC（Near Field Communication，近场通信）支付、刷脸支付、指纹支付、数字人民币支付等方式。

1. App客户端支付

App客户端支付是目前普遍使用的移动支付方式，其是指直接在App中完成支付过程。App 客户端支付多用于移动端购物，例如，在淘宝 App 和手机天猫 App 中购物，默认使用支付宝进行支付；在京东 App 中购物，可选择使用京东支付和微信支付等方式进行支付。选择支付选项后，启动对应的支付工具，输入密码即可完成支付。

2. 二维码支付

二维码支付是指把付款账号、商品价格等交易信息输入二维码中，然后通过扫描二维码来完成支付。二维码支付是目前国内较为流行的移动支付方式，其中又以支付宝扫码和微信扫码最为典型。扫码支付主要有两种支付方式：一种是消费者让商家扫描付款码进行付款；另一种是由消费者扫描商家给出的二维码进行转账付款。

3. NFC支付

NFC 支付是指消费者通过 NFC 技术在手机等移动终端设备中完成支付行为。NFC 即近场通信，是在射频识别（Radio Frequency Identification，RFID）技术的基础上，结合无线互联技术研发而成。NFC 支付需要在线下面对面支付，但不需要使用无线网络。使用 NFC 支付需要移动终端设备支持 NFC 技术，目前市面上支持该技术的移动终端设备主要有 NFC 手机、NFC POS 机等。

4. 刷脸支付

刷脸支付是一种新型移动支付方式，消费者可以在支付宝等 App 中设置使用该方式进行支付验证，也可以设置到店刷脸支付。设置后，商家只需要使用刷脸收款设备扫描用户的面部信息即可完成收款。随着支付宝和微信对刷脸支付的大力推广，刷脸支付已进入大规模应用阶段，消费者既可以在线上网购时使用刷脸支付，也可以在线下大型超市、连锁餐厅使用该支付方式。

5. 指纹支付

指纹支付是采用已成熟的指纹系统进行身份认证，从而完成消费过程的一种新型支付模式。要使用指纹支付，消费者首先要将指纹录入手机，然后在支付宝等 App 中开启指纹密码功能。开启后，消费者在使用支付宝等 App 进行支付和转账时，就无需再输入密码，只需进行指纹验证即可。

6. 数字人民币支付

数字人民币是一种数字货币，它是由中国人民银行发行的数字形式的法定货币，由指定运营机构参与运营并向公众兑换。数字人民币实际上就是数字化的人民币，是可以作为一般支付工具使用的法定货币。

数字人民币的问世是金融数字化的大势所趋，也得益于移动支付相关技术的日渐成熟。我国 2014 年正式提出研发数字货币，2022 年 1 月 4 日，数字人民币（试点版）App 在各大手机应用商店上架，同年 1 月 6 日微信支持数字人民币支付，这意味着数字人民币开始逐步进入大众视野。

从使用体验上来看，数字人民币支付与微信支付、支付宝等第三方移动支付类似，同样支持转账、支付、充值等，可广泛地用于个人和企业等各类日常交易场景。但第三方移

动支付使用时必须接入网络，数字人民币离开网络照样可以使用。此外，数字人民币是法定货币（相当于花出去的是现金），而微信支付和支付宝只是一种支付工具（花出去的是银行账户里的余额），收款方可以不支持微信支付和支付宝，但不得拒收数字人民币。

知识提示

虽然目前全球数字货币的种类有数千种，但其中很多都属于匿名币（匿名币是在交易过程中能够隐藏交易金额、隐藏发送方与接收方身份的一种特殊的数字货币），由于其脱离监管体系，有较大的金融风险。正如党的二十大报告所强调的，我国要依法将各类金融活动全部纳入监管，守住不发生系统性风险底线，所以在我国真正能够流通的数字货币主要是数字人民币。

8.1.5　移动支付的应用场景

移动支付覆盖的领域非常广，可以概括为线上移动支付场景和线下移动支付场景。

1. 线上移动支付场景

线上移动支付是移动支付最先被普遍应用的场景。消费者可以使用手机购买商品、进行电话费缴纳和手机充值等。在 PC 端选购商品的消费者，可以扫描购物网站生成的付款二维码完成支付。使用手机选购商品的消费者，可以直接通过手机完成支付。另外，除了消费购物等活动，消费者还可以通过手机完成理财、信用卡还款、缴纳水电费和转账汇款等支付活动。

2. 线下移动支付场景

线下移动支付主要依赖于手机的扫码付款和 NFC 付款功能，主要用于消费者在线下门店消费（超市、健身房、饭店等），并通过手机完成结账流程。企业收款主要依赖于扫码器、手机、NFC 刷卡器等设备。无人贩卖机也是线下移动支付的应用场景，如无人超市、自助点餐机等需要消费者自主结账的场景，消费者通过手机扫码支付、NFC 支付等技术实现移动支付。除了以上几个消费场景，线下移动支付还被应用于乘坐地铁、公交等出行场景。

8.2　第三方移动支付

第三方移动支付是指通过第三方支付平台，利用移动终端完成移动支付的方式，它是第三方支付（第三方支付又称非金融机构支付、非银行支付服务）的衍生品。第三方移动支付是移动支付的主要模式。

8.2.1　第三方移动支付的发展现状

在电子商务发展过程中，为了消除由于买卖双方信息不对称而产生的信用风险问题，为交易的支付活动提供一定的信用保障，第三方支付应运而生。第三方支付平台就是买方和卖方在交易过程中的资金"中间平台"，并不涉及资金所有权，只起中转作用，为买卖双方提供资金代收代付，促进交易的完成。随着移动电子商务的兴起，线下消费场景的日益多样化，第三方互联网支付（通过 PC 端完成支付）已不能满足人们的移动支付需求。这种情形下，第三方支付平台顺势推出第三方移动支付工具，与传统的电子商务平台推出移动端 App 是同样的道理。这种方式使支付不受时空限制，在很大程度上与人们追求的快捷方便的生活方式相吻合，因此自诞生以来便得到飞速发展。

根据易观分析的报告显示，第三方移动支付 2023 年第一季度市场交易规模为 83.33 万亿元，环比增长 8.97%，国内经济进入向上修复阶段，在消费的强有力拉动下，我国第三方移动支付无论是交易笔数还是交易规模均取得强劲增长。

就市场格局而言，我国第三方移动支付市场竞争格局已基本形成，支付宝和财付通（腾讯集团旗下的第三方支付平台）已然是第三方移动支付市场里的"双寡头"。两者在第三方移动支付市场占有份额超过 90%，支付宝占比为 55% 左右，财付通占比为 38% 左右，其他第三方支付平台还有快钱、壹钱包等。就支付场景而言，线上交易以 App 支付为主，线下交易以扫码支付为主。就交易结构而言，第三方移动支付交易规模结构仍以个人应用、移动金融、移动消费为主。

总体而言，目前移动支付以小额支付为主，是对传统金融机构提供的大额支付服务的补充和细化，且支付场景趋于日常化和平民化，在日常生活各个领域中都普遍使用。

8.2.2　第三方移动支付的主要应用

目前的第三方移动支付工具中，使用范围较广，影响较大的是支付宝 App 和微信支付。

1. 支付宝App

支付宝 App 是支付宝推出的手机应用软件，用户可通过它进行各种支付活动。支付宝是阿里巴巴旗下的第三方支付平台，2003 年淘宝网首次推出支付宝服务，但只作为淘宝网的支付工具，2004 年支付宝率先推出"担保交易"的模式，此时支付宝从淘宝网的第三方担保平台向独立的第三方支付平台发展，支付宝网站正式上线并独立运营。

2008 年，支付宝发布移动电子商务战略，开始推出手机支付业务。背靠淘宝、天猫等国内主流电子商务平台，支付宝积累了大量的用户资源，培养了用户的使用习惯。随着移动电子商务行业的发展，支付宝还陆续推出了多样化的服务。

● **基础功能：** 包括付款、收款、转账等。

- **生活服务：**包括信用卡还款、充值中心、市民中心（包括政务、医疗等）、交通出行、电影演出、外卖、天猫超市、爱心捐赠等。
- **财富管理：**包括余额宝、理财产品、基金、黄金、股票、保险、理财小工具等。
- **社交：**包括红包（普通红包、口令红包）、AA收款、亲情卡等。

2. 微信支付

微信支付是由腾讯公司与腾讯旗下第三方支付平台财付通联合推出的移动支付工具。微信支付功能可在微信App上使用，2013年8月，微信5.0版本上线，正式推出微信支付功能。微信支付通过绑定银行卡的快捷支付为基础，为用户提供安全、高效、快捷的支付服务，包括收付款、转账、手机充值、生活缴费等。

就微信支付而言，其实质是基于微信社交关系链延伸的功能，源自用户间彼此转账的社交需求。与支付宝兼具支付、储蓄、理财等服务相比，微信支付更像是简易方便的钱包。支付宝一直是线上购物的重要支付工具，涉及的金额较大。而在线下支付场景，微信支付率先进行了大规模的线下支付场景推广，线下支付场景涉及的支付金额小，用户不用过分担心受到太大的损失，因此乐于接受微信支付这种便捷的支付方式。

素养小课堂

移动支付给众多行业都带来了天翻地覆的变化。作为新时代青年，应该多关注移动支付相关的报告和研究成果，思考移动支付对自身及未来想从事的行业带来的机遇和挑战，有针对性地提升自我，成为与时俱进的新型人才。

8.2.3　第三方移动支付的发展趋势

移动支付已成为人们开展移动电子商务活动的主要支付方式，根据目前移动支付的应用情况，第三方移动支付在未来将呈现如下发展趋势。

- **市场发展逐步规范化：**中国人民银行等相关部门对第三方移动支付市场的监管趋于严格，未来第三方移动支付市场将朝标准化和规范化的方向发展。严格的监管，在一定程度上限制了第三方支付企业参与金融服务的准入度，市场经济发展中同质化严重的小企业将逐步被淘汰，行业集中度将进一步提高。
- **产品和服务向多元化方向发展：**未来移动支付企业对于市场的争夺将更加聚焦于支付场景的争夺，而在线上线下融合程度不断加深的趋势下，支付产品对线下场景渗透布局的重视程度也在不断提高。随着市场的激烈竞争和支付场景的多样化，市场需求不断增加，第三方支付平台会在其功能和服务上不断革新，并将带动新一轮产品和服务创新的浪潮。

- **加速线下实体商业的数字化转型：** 虽然我国电子商务规模一直保持增长势头，但是线下实体商业一直是主流消费模式。而移动支付通过促进线下实体商业营销、运营以及用户管理的数字化转型，带给了传统线下实体商业新的活力与生机。一方面，商家可以通过线下扫码支付进一步了解用户实际需求，改善商品或服务，提升用户满意度；另一方面，移动支付在掌握市场数据的情况下，为商家的精准营销提供了新的渠道，并能根据用户的积分及到店情况定向推出到店促销等方案，提高投资回报。

- **移动支付全球化：** 我国移动支付市场的发展较其他国家而言较为成熟，因此我国的移动支付企业具备了"走出去"进行全球化拓展的基础。而较为可行的两种拓展方式：一是通过战略投资，输出技术、运营经验，入股并扶持国外本土移动支付企业，建立全球化用户移动支付服务；二是通过剧增的中国游客出国消费行为，向国外商家推广移动支付服务，通过国外商家的改变来拓展国外本土市场，并加深国外本土市场对移动支付的认知程度，建立全球化商户移动支付网络。当前，以支付宝、财付通为代表的我国移动支付平台不断开拓海外市场，已经获得不少国家和地区用户的信赖。

8.3　移动电子商务安全管理

移动电子商务极大地改变了人们的日常生活和工作习惯，但与此同时，不法分子也看中了其潜力进行诈骗，因此各种与移动电子商务相关的诈骗案例层出不穷。这说明了移动电子商务实际也存在着各种各样的安全问题，需要引起人们极大的重视。

8.3.1　移动电子商务安全概述

移动电子商务是基于无线网络的交易双方不谋面的商务活动，整个过程容易受到网络环境、人员素质和数据传输等因素的影响而产生各种各样的安全问题。如何让用户在安全、可靠的环境中进行移动电子商务活动，保障自身权益不受损害，是移动电子商务需要重点解决的问题。

1. 移动电子商务面临的安全威胁

计算机技术和网络技术的不断发展，使移动电子商务所面临的安全威胁变得多样化。

- **无线网络面临的安全威胁：** 移动电子商务的运营和使用都是在无线网络环境中进行的，相较于有线网络，无线网络的开放性、移动性等特征容易导致无线网络存在信息被窃取、信息被篡改的安全隐患。

- **移动终端面临的安全威胁：** 移动终端是正常开展移动电子商务活动必不可少的组成部分，因此移动终端面临的安全威胁，将直接影响移动电子商务活动的开展。

移动终端面临的安全威胁分为物理安全威胁、硬件攻击和软件攻击。物理安全威胁即手机损坏或丢失；硬件攻击主要是手机被识别、监听、监视、跟踪；软件攻击主要是指手机病毒造成的安全威胁。

- **移动支付面临的安全威胁：** 移动支付作为移动电子商务活动交易过程中的重要环节，其作用不言而喻。一旦移动支付环节出现安全问题，不仅影响移动电子商务活动的正常开展，还容易造成用户和商家的资金损失。总体而言，移动支付面临信息泄露、隐私资料被窃取等安全风险，从而导致经济损失。

2. 保障移动电子商务安全的基本要求

通过移动电子商务安全的概念和面临的安全威胁，可以总结出保障移动电子商务安全的基本要求。

- **机密性：** 机密性也叫保密性，是指信息在传输或存储时不被他人所窃取。一般可通过密码技术对传输的信息进行加密处理。
- **完整性：** 完整性主要包括两个方面：一是保证信息在传输、使用和存储等过程中不被篡改；二是保证信息处理方法正确，不因不正当操作导致内容丢失。
- **认证性：** 认证性是指在独立、公正和客观的原则上，采用科学合理的方法，经过权威机构的认证，保证个人或移动电子商务经营主体的真实性和有效性。在移动电子商务环境中一般通过认证机构（Certificate Authority，CA）来进行认证。
- **不可否认性：** 不可否认性也叫不可抵赖性，是指移动电子商务活动的双方不能否认自己的行为与参与活动的内容。传统方式下，可以通过用户在交易合同、契约或贸易单据等书面文件上手写的签名或使用的印章来鉴别。在移动电子商务环境下，一般通过数字证书机制的时间签名和时间戳来验证。
- **可靠性：** 移动电子商务的可靠性直接关系到活动双方的权益，因此要保证计算机、网络硬件和软件工作的可靠性，尽量排除网络故障、操作错误、App错误和病毒等威胁因素对移动电子商务的影响，打造安全、可靠的交易环境，保证商务活动的可靠性。

8.3.2 移动电子商务安全技术

为保证移动电子商务中信息和基础设施等对象的安全，相关人员开发了许多移动电子商务安全技术，主要包括无线公开密钥体系（Wireless Public Key Infrastrcture，WPKI）、可信执行环境（Trusted Execution Environment，TEE）、虚拟专用网（Virtual Private Network，VPN）技术和生物特征识别技术等。

1. 无线公开密钥体系

无线公开密钥体系是将传统电子商务中公开密钥体系（Public Key Infrastructure，PKI）的安全机制改进之后引入无线网络环境中的一套遵循既定标准的密钥及证书管理平台体

系，能为无线网络中的各种应用提供数据加密和数字签名等安全服务，以此创造安全的无线网络环境，从而为移动电子商务环境中的信息传输和身份认证提供安全保证。

2. 可信执行环境

可信执行环境是移动终端设备主处理器上的一个安全区域，用于保证加载到该环境内部的代码和数据的安全性、机密性和完整性。在移动终端设备上，可信执行环境与移动操作系统（iOS、Android）并行存在，它具有其自身的执行空间，能够提供比常见的移动操作系统更高级别的安全保障（可同时应对对移动终端设备软硬件的攻击），能够满足大多数应用的安全需求。

3. 虚拟专用网络技术

虚拟专用网络技术属于远程访问技术，简单地说，就是先利用公用网络架设专用网络，再进行加密通信，在企业网络中被广泛应用。在传统的企业网络配置中，要进行远程访问，传统的方法是租用数字数据网（Digital Data Network，DDN）专线，这样的通信方案必然会带来高昂的网络通信和维护费用。对于远程访问的用户而言，一般是通过公用网络进入企业的局域网，但这样必然会带来安全隐患。VPN 的解决方法是在企业内网中架设一台 VPN 服务器。远端用户在当地连接互联网后，通过互联网连接 VPN 服务器，然后再通过 VPN 服务器进入企业内网。为了保证数据安全，VPN 服务器和客户机之间的通信数据都进行了加密处理。有了数据加密，就可以认为数据是在一条专用的数据通道上进行安全传输，就如同专门架设了专用网络一样。

4. 生物特征识别技术

在无线环境下，信息在传输过程中更容易被窃听、假冒和篡改等，传统的密码技术已经跟不上无线通信的发展，必须寻找一种安全系数更高、更难识别的密码保护体系来为移动电子商务服务。因此，近年来不断发展的生物特征识别技术被越来越多地应用于移动电子商务活动中的身份识别，从而有效地保护了用户隐私。

目前，移动电子商务中常用的生物特征识别技术主要是指纹识别技术和人脸识别技术。

- **指纹识别技术：**指纹识别即通过比较不同指纹的细节和特征来进行身份鉴别。指纹识别技术是目前移动电子商务中应用较广泛、价格较低廉的一种生物特征识别技术。它是一种接触性的识别技术，但由于每次用手按的位置不完全一样，着力点不同会带来不同程度的变形，同时又存在大量模糊指纹，因此正确提取特征和实现正确匹配，是指纹识别技术的关键。

- **人脸识别技术：**在现实生活中，人与人之间的辨认一般是通过对人面部（人脸）的识别来实现的。因此，在众多的生物特征识别技术中，人脸识别技术符合人们的认知规律，并且设备不需要和用户直接接触就能获取人脸图像。但目前的人脸识别技术的识别准确率会受到环境的光线、识别距离等多方面因素影响，出现识别耗时较长，或无法识别的情况。另外，当用户通过化妆、装扮等方式对面部进

行一些改变时也会影响人脸识别的准确性，这些都是需要企业突破的技术难题。

> **知识提示**
>
> 　　除了指纹识别技术和人脸识别技术，生物特征识别技术还包括掌纹、虹膜、声音、签名等。当前单一的生物特征识别技术各有优缺点，在应用上难免会出现一些问题。所以，在一些安全等级要求较高的应用场景当中，往往会采用两种甚至两种以上的生物特征识别技术进行验证。

8.3.3　移动电子商务安全管理措施

　　移动电子商务安全问题是移动电子商务发展过程中不可避免的一个问题，为了更好地规避风险，保障用户在移动电子商务活动中的利益，需要重视移动电子商务的安全问题，采用综合防范的思路，全方位地保障移动电子商务的安全。

1. 增强安全防范意识

　　增强移动电子商务的安全防范意识十分有必要，用户在进行网络活动时应时刻保持防范意识，才能最大限度地降低风险。

- **保护账户安全：** 密码是用户在开展移动电子商务活动时经常面对的对象，如用户在进入移动电子商务平台时，需要使用登录密码，完成交易进行付款则需要使用支付密码。不同密码的作用各不相同，但却是成功完成移动电子商务交易活动必不可少的元素。因此，设置安全性较强的密码是保护账户安全的基本保障方法。强密码一般具有以下特征：强密码至少有8个字符；不包含全部或部分用户账户名；由大小写字母、数字，以及键盘上的符号（如！、@、#等）混合组成。

- **增强移动支付安全防范意识：** 虽然现有的安全技术能够在一定程度上保证用户的信息和资金安全，但用户自身养成良好的支付习惯，增强移动支付的安全防范意识，才能更有效和更全面地保障用户信息安全和财产安全。例如，扫码支付时，需要核实付款二维码；远程支付时，要仔细核对商家信息和订单信息；不在非法网站上使用移动支付工具；付款时不连接附近未知的免费 Wi-Fi 等。

- **提升防骗能力：** 由于参与移动电子商务活动的用户数量越来越多，不法分子针对不同人群使用的网络诈骗方式也花样繁多。虽然行骗手段多种多样，但只要用户增强安全防范意识，克服一些侥幸心理，对诈骗行为保持应有的警醒，做到"三思而行、三查后行"，是可以有效避免上当受骗的。

2. 建立安全管理组织体系

　　企业应该建立并完善自身的移动电子商务安全管理组织体系，明确各职能部门的职责，并做好移动电子商务的风险控制。移动电子商务安全管理组织体系的日常工作主要包括以下4个方面。

- 组织相关人员学习并参加移动电子商务安全会议，讨论信息安全问题。
- 审查电子商务信息，保证信息来源的准确性与真实性。
- 识别与评估移动电子商务信息系统的安全漏洞，保证移动电子商务系统的正常运行。
- 提供移动电子商务安全的实施方案，并检测信息安全措施的实施效果及安全事故的处理效果。

3. 建立安全管理制度

建立科学合理的移动电子商务安全管理制度，可以帮助企业更好地进行安全管理，增强工作人员的移动电子商务安全防范意识。移动电子商务安全管理制度包括以下几方面的内容。

- **保密制度：** 保密制度主要包括移动电子商务系统涉及的企业的市场、生产、财务和供应链等多方面的机密。建议划分这些信息的安全级别，并加大重点防范对象的监督，实施不同的保密措施。
- **跟踪审计制度：** 跟踪审计制度即网络交易日志机制，用来记录网络交易过程。通过检查、审查系统日志，发现隐藏的安全隐患，监控各种安全事故易发处，维护和管理系统安全。
- **网络系统的日常维护制度：** 网络系统的日常维护制度主要包括硬件和软件的日常维护。硬件维护主要是定期巡查、检修相关的网络设备服务器、客户机和通信线路等；软件维护主要是定期清理和整理、监测软件，并卸载过期软件，升级软件性能等。
- **病毒防范制度：** 建立完善的防病毒系统的整体安全规划和安全策略，做好防病毒系统的安装、调试、检测、监控、维护、版本升级和病毒代码库更新等工作。
- **数据备份与恢复制度：** 为了避免移动电子商务系统遭受意外自然灾害或黑客攻击而受到重大破坏，需要建立相应的数据备份与恢复制度。数据备份一般包括存储信息系统数据，定期为重要信息备份、系统设备备份，同时要定期更新这些备份。数据恢复能在数据遭受破坏时最大限度地保证数据资源的完整性，降低移动电子商务活动的风险。

素养小课堂

各种移动电子商务安全技术的成熟，虽然能在很大程度上保障企业的信息安全，但人为因素有时也会造成商业机密的泄露。保证企业的商业机密不被泄露，需要整个企业的员工一起努力才能实现。对员工而言，不该说的企业情况，绝对不说；不该看的企业资料，绝对不看；不在私人交谈场合中涉及企业隐私；不在不利于保密的地方存放资料。这些是移动电子商务从业人员基本的职业素养，既是企业所需要的，也是社会所需要的。

实践训练

实训1　开通并使用数字人民币钱包

【实训背景】

中国互联网络信息中心（CNNIC）发布《第 52 次中国互联网络发展状况统计报告》称数字人民币推广应用正驶入快车道。数字人民币作为我国数字形式的法定货币，属于数字金融基础设施，可以助力金融数字化发展，其势必在移动电子商务领域发挥巨大作用。请开通并使用数字人民币钱包，体验数字人民币的应用。

【实训要求】

（1）下载并安装数字人民币 App（试点版）。

（2）开通中国工商银行钱包（无须中国工商银行银行卡）。

（3）开通钱包快付。

【实施过程】

（1）注册数字人民币账号。在应用商店搜索下载数字人民币 App（试点版），安装后，按照系统提示注册账号。

（2）开通中国工商银行钱包。进入 App，点击底部的"我的"选项，在打开的界面中点击"开通/添加钱包"选项，如图 8-1 所示。再在打开的界面中点击"中国工商银行"选项。

（3）设置钱包。在打开的界面根据提示设置钱包名称（如图 8-2 所示）、支付密码等。

（4）开通钱包快付。钱包开通成功后，提示开通钱包快付，点击开通钱包快付的 App（见图 8-3）进行开通。开通钱包快付实际上就是为对应 App 开通免密快捷支付（可设置限额），开通后用户在使用该 App 进行消费并付款时，只需要在付款方式中选择数字人民币。

图8-1　点击"开通/添加钱包"选项　　　图8-2　设置钱包名称　　　图8-3　点击开通钱包快付的App

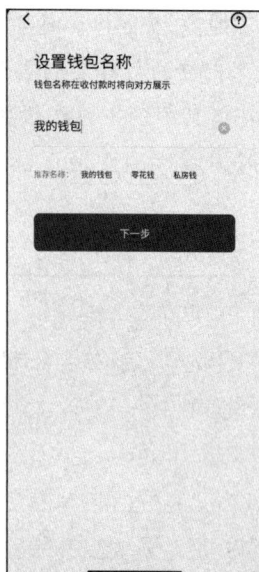

实训2 掌握手机银行安全常识

【实训背景】

用户使用手机银行时要了解必要的安全常识，养成良好的使用习惯，尽量减少因自身原因造成的安全威胁。

【实训要求】

（1）查找与收集手机银行安全常识资料。

（2）总结手机银行安全常识。

【实施过程】

（1）查找与收集手机银行安全常识资料。利用计算机或手机在网络中查找手机银行安全常识的资料。

（2）总结手机银行安全常识。整理收集的资料，整理总结手机银行安全常识信息，并将信息填入表 8–1 中。例如，提高警惕，留心假冒 App 和假冒银行信息，对于伪装成来自银行的电子邮件、手机短信等不要打开或回复。

表8–1 手机银行安全常识

序号	安全常识具体描述
1	提高警惕，留心假冒 App 和假冒银行信息，对于伪装成来自银行的电子邮件、手机短信等不要打开或回复

思考与练习

1. 单项选择题

（1）（　　　）指用户使用移动终端对所消费的商品或服务进行账务支付的一种服务方式。

　　A. 移动互联网支付　　B. 网上支付　　C. 移动支付　　D. 自助支付

（2）下列选项中，不属于第三方支付平台的是（　　　）。

　　A. 微信　　　　B. 支付宝　　　　C. 财付通　　　　D. 快钱

（3）将移动支付分为即时支付和担保支付的分类依据是（　　　）。

　　A. 支付账户的性质　　　　　　　　B. 支付的结算模式

　　C. 支付的运营模式　　　　　　　　D. 用户支付的额度

（4）移动电子商务活动的双方不能否认自己的行为与参与活动的内容，是指移动电子商务安全（　　　）的基本要求。

　　A. 机密性　　　　B. 完整性　　　　C. 认证性　　　　D. 不可否认性

（5）微信支付是（　　）的第三方移动支付工具。

    A. 京东金融　　　B. 支付宝　　　C. 财付通　　　D. 壹钱包

2. 多项选择题

（1）移动支付中，常用的支付方式包括（　　）。

    A. 刷脸支付　　　B. NFC支付　　　C. 二维码支付　　　D. App客户端支付

（2）以下应用场景中，可以使用移动支付的有（　　）。

    A. 网上购物　　　B. 支付打车费　　　C. 预订电影票　　　D. 订购外卖

（3）移动支付的特性包括（　　）。

    A. 支付便捷　　　　　　　　　　B. 管理方便

    C. 高度融合性　　　　　　　　　D. 资金账户的安全性

（4）按完成支付的传输方式分类，移动支付可以分为（　　）。

    A. 在线支付　　　B. 远程支付　　　C. 离线支付　　　D. 近场支付

3. 案例阅读与思考题

移动电子商务诈骗案例

案例1：积分兑奖诈骗

刘女士收到一条自称是10086的手机短信，短信称："尊敬的用户，您已满足兑换249元现金大礼包的条件，请登录移动商城10086.****.pw，根据提示下载并安装App点击允许，即可领取"。刘女士当时没有理会，隔天她再次收到相同短信。刘女士想到可以兑换现金，于是便下载安装了应用软件并进入兑奖界面，按照要求输入了银行账号、密码及身份证号等信息。没过多久，她发现自己银行卡上的1.6万元被不法分子通过网银分5次全部消费。

案例2：网购退款诈骗

"双十一"当天，陈某在网上购买了几件毛衫。第二天他收到一条短信："亲！我是××店客服人员，你购买的商品因系统升级导致商品订单被冻结，请尽快联系客服（退款电话400-****-390）办理人工退款。"陈某收到短信后就通过对方留下的客服电话与其取得联系，对方说出了陈某的名字、手机号、网购地址，并告知陈某购买的毛衫中有一件未交易成功。见对方说的信息都对，有着多年网购经验的陈某放松了警惕，对方先后向他索要和支付宝相关联的银行卡卡号和手机收到的验证码信息，他没有多想便告诉了对方。过了一会儿，他收到了一条银行发来的短信，提示卡内的3000元被转走，这时陈某才意识到自己被骗。

结合上述案例资料，思考下列问题。

（1）上述诈骗案例中，不法分子利用了哪些手段实施诈骗？

（2）开展移动电子商务活动应该具备哪些安全防范意识？